管理、决策与信息系统丛书

互联网债权众筹风险管理

刘佳佳 董 志 李秀婷 董纪昌 等 著

科学出版社

北 京

内 容 简 介

本书基于我国互联网债权众筹市场发展现状，从理论和实证两个角度分析我国互联网债权众筹市场的风险管理问题，为我国政府部门加强互联网债权众筹市场的风险管理提出政策建议，也为广大市场投资人在互联网债权众筹市场投资提供策略建议。本书最大的特色是从现状出发，将现状提升为理论，并通过实证研究进一步指导实践，发现我国互联网债权众筹市场发展过程中存在的问题，经过一系列探讨和实践分析后为我国互联网债权众筹市场风险管理提出有效建议。

本书可供政府相关部门在制定和调整政策时参考，也可供市场投资人投资决策时参考。同时，本书对互联网金融相关研究机构和学者开展学术研究有一定的参考价值。

图书在版编目（CIP）数据

互联网债权众筹风险管理 /刘佳佳等著. —北京：科学出版社，2019.4

（管理、决策与信息系统丛书）

ISBN 978-7-03-056790-1

Ⅰ. ①互… Ⅱ. ①刘… Ⅲ. ①互联网络-应用-债权-融资模式-风险管理 Ⅳ. ①F830.45-39

中国版本图书馆 CIP 数据核字（2018）第 048333 号

责任编辑：马 跃 李 嘉 /责任校对：王丹妮
责任印制：张 伟 / 封面设计：无极书装

科 学 出 版 社 出版
北京东黄城根北街 16 号
邮政编码：100717
http://www.sciencep.com

北京建宏印刷有限公司 印刷
科学出版社发行 各地新华书店经销

*

2019 年 4 月第 一 版 开本：720×1000 B5
2019 年 4 月第一次印刷 印张：14 1/4
字数：280 000
定价：112.00 元
（如有印装质量问题，我社负责调换）

《管理、决策与信息系统丛书》
编辑委员会

主　编　　汪寿阳
副主编　　陆汝铃　章祥荪　杨晓光
委　员　　（按姓氏笔画排列）

于　刚	邓小铁	石　勇	杨晓光
邹恒甫	汪寿阳	张汉勤	陆汝铃
岳五一	金　芝	赵修利	黄海军
章祥荪	程　兵		

编者名单

刘佳佳	中国科学院数学与系统科学研究院	博士后
董 志	中国科学院大学经济与管理学院	讲师
李秀婷	中国科学院大学经济与管理学院	副教授
董纪昌	中国科学院大学经济与管理学院	教授
沙思颖	中国科学院大学经济与管理学院	博士
戴 伟	中国科学院大学经济与管理学院	博士
苗晋瑜	中国科学院大学经济与管理学院	博士
孙翼瑶	中国科学院大学经济与管理学院	博士
何 静	中国科学院大学经济与管理学院	博士
代高琪	中国科学院大学经济与管理学院	博士
尹利君	中国科学院大学经济与管理学院	博士

总　序

　　管理理论、决策科学与信息系统技术在 20 世纪获得了巨大的发展。在 20 世纪 80 年代，为了推动这三大领域在中国的发展以及推动这些领域之间的学科交叉研究，中国科学院管理、决策与信息系统重点实验室在科学出版社的支持下编辑出版了这套"管理、决策与信息系统丛书"。这套丛书不求全而求新，以反映最新的研究成果为主。经过编委会的各位专家，特别是前任主编许国志院士的努力和作者们的辛勤劳动，这套丛书在社会上尤其是在科学界得到了广泛的关注和好评。

　　回顾管理理论的发展历史，我们不难发现一个趋势：系统的概念和方法越来越多地应用到管理的各个方面，并成为管理理论发展的第三阶段的重要特征。管理理论的第一阶段形成于 20 世纪初，以 F. W. Taylor 为代表，倡导科学的管理，为提高工厂劳动生产率而提出了标准化原理。管理理论的第二阶段，从 20 世纪 20~30 年代开始，以行为科学为特点，主要代表人物有 A. H. Maslow、K. Lewin、R. Jannen baum 和 D. McGregor 等。他们研究人的需要、动机、激励和定向发展；研究正式和非正式团体的形成、发展和成熟；研究个人在团体中的地位、作用、领导方式和领导行为等。管理理论的第三阶段出现在第二次世界大战后，这一阶段有各种学派，如社会系统学派、决策理论学派、系统管理学派、管理科学学派和经验主义学派等。他们从不同角度强调系统的概念、理论和方法。这三个发展阶段并非截然分开，而是相互交叉的。

　　不论管理理论有多少学派，人们大致可以将它们分成三种模式：机械模式、生物模式和社会模式。生物模式认为：组织像一个生物，有头脑机构，有职能部门和分支机构。一个企业的目标可以分解，各部门完成其中的一部分。在这种模式下，目标管理得以发展。社会模式认为：各级组织都是一个交互的系统，它们有共同的目标、交互作用和信息联系，管理者是交互作用的中心。其特点是强调交互式管理（interactive management）和强调以系统方法来管理。这正是它不同于传统管理的地方。而传统管理大致可分为三类：回顾式（reactive）管理、被动式（inactive）管理、预测式（preactive）管理。回顾式管理是在自下而上地总结过去经验的基础上，去发现组织的弱点，找出克服其弱点的措施，并在条件允许下去逐个地解决问题。被动式管理的特点是危机管理，是"救火队"，领导疲于处理当前各种各样的问题。而预测式管理的决策基于对今后的经济、技术、顾客行为和环境等的预测。这三类管理可以混合成各种样式的管理方式，正像红、黄、蓝可以组成各种颜色一样。交互式管理强调系统的方法，认为某个企业出现的市场问题绝不仅仅是一个市场问题，而与 R&D、生产、原材料供给和人事等有关，是一个系统的问题。回顾式管理的弱点是缺乏系统的观点。交互式管理强调要设计可见的未来，创造一条尽可能实现它的道路，这是"救火队"所不能做到的，但它又不把一切都寄托于预测。交互式管理还强调"全员参与"和"不断改进"。

决策理论学派以 E. W. Simon 等为代表，是从社会系统学派中发展起来的。它认为决策贯穿于管理的全过程，管理就是决策。决策的优劣在很大程度上依赖于决策者的智慧、素养和经验。计算机技术的发展不仅使人们能够快速地解决决策中的复杂计算问题，而且可以有效地进行决策过程中的信息处理、分析等工作，从而达到提高决策质量的效果。今天正处在新的发展阶段的决策支持系统（DSS）和管理信息系统（MIS）正是集管理理论、系统理论和信息技术三大领域的交叉学科方向，它们为解决许多复杂决策问题提供了有力的工具。粗略地说，决策问题大致可分为三个层次：战略决策、结构决策和运行决策。战略决策是指与确定组织发展方向和远景有关的重大问题的决策。结构决策是指组织决策，运行决策是指日常管理决策。

从信息论的观点看，整个管理过程就是一个信息的接收、传输、处理、增功与利用的过程。计算机信息处理技术应用于管理走过了三个阶段：数据处理（EDP）、管理信息系统和决策支持系统。作为管理信息系统和决策支持系统的支持环境，相对独立于计算机软件的开发，需要研究和建立各类管理信息系统独特的支持软件系统和开发环境，如分布式数据库管理系统和分布式知识库管理系统，面向用户、通用性较强和面向特殊用户的模型库、方法库管理系统，以及一些专门的用户接口语言。

展望未来，管理、决策与信息系统这个交叉学科的研究领域的发展有以下几个趋势：

（1）更加重视人的行为的研究，企业的管理将不仅强调竞争，而且应在竞争的前提下注重合作与协调；

（2）非线性建模与分析，将取得大的突破；

（3）互联网的飞跃发展，将为管理与决策分析提供新的研究问题以及支持平台。

这些趋势有两个重要特点：①利用信息技术与数学中的最新成就去研究管理

与决策问题；②通过观察管理决策与信息系统发现其规律，形成数学与信息科学中具有挑战性的研究课题。

在这套丛书的编辑出版中，我们将不仅注重每本书的学术水平，而且也关注丛书的实用价值。因此，这套丛书有相当的适用面。丛书的作者们将竭尽全力把自己在有关领域中的最新研究成果和国际研究动态写得尽可能地通俗易懂，以便使更多的读者能运用有关的理论和方法去解决他们工作中遇到的实际问题。

本丛书可供从事管理与决策工作的领导干部和管理人员、大专院校师生以及工程技术人员学习或参考。

第三世界科学院院士、中国科学院大学经济与管理学院院长

序

　　互联网债权众筹市场在拓展中小微企业融资渠道、优化结构产业升级、提高金融市场资金配置效率等方面发挥了重要的作用。作为一种新兴起的融资方式，互联网债权众筹市场受到国内外金融学者的重视，并成为他们的研究热点。

　　互联网债权众筹行业相对于传统银行贷款有很大的优势，第一，其平台相对独立，投资门槛较低，成本也不需要那么高；第二，交易方式更加灵活高效；第三，其交易主体所能覆盖的范围更加广阔，服务对象更加平民化。这种金融模式更好地解决了国家中小微企业的资金问题，从而为国家经济的发展做出了巨大的贡献，但是互联网债权众筹行业在带来巨大好处的同时也带来了巨大的风险。由于监管不严等，出现了平台管理者卷钱私逃等现象。这些问题为投资者带来了巨大的损失，也严重阻碍了互联网债权众筹行业的健康发展。

　　该书针对目前我国互联网债权众筹市场存在的风险问题，通过详实地分析、严谨地实证和科学地验证，提出了行之有效的风险管理策略。该书研究理论依据可靠，方法科学严谨，资料丰富翔实，为以后研究者的相关研究提供了非常有用的帮助，也对企业界有着重要的借鉴意义，相关的企业管理人员可以通过该书找到公司更好的发展方向，让公司能够得到更好的发展。

　　同时，该书对以前相关资料少有提及的方面也进行了创新研究：其一，细化债权众筹市场的信用风险，将信用风险分为平台的信用风险及借款人的信用风险，前者是平台给投资者带来的信用风险，而后者是平台的借款人给投资者带来的信用风险。该书立足于平台角度，对平台在资产端和资金端所面临信用风险的风险管控措施进行了合理分析。其二，从债权众筹平台的角度出发，对平台整个交易过程中客户对平台信任的作用机理及动态变化进行了研究。根据不同的驱动因素，将投资者信任分为初始信任和持续性信任两种信任机制，从理论分析和实证检验两个方面探索了不同阶段信任形成和作用机制的差异，为客户决策及平台建设提供了相应的参考意见。其三，根据对资产端建设和资金端建设情况的分析结果，以目前的交易模式为基准，设计了不同情境来分析不同的风控策略对平台发展的影响，从而有针对性地从平台建设及市场监管等角度对互联网债权众筹市场的风险监管提出策略建议。

该书的研究推动了学术界对互联网债权众筹市场的关注，促进了企业界对该领域的关注，促进了互联网债权众筹市场更好、更快的健康发展。

汪寿阳

2018 年春

前　　言

随着社会经济的发展，互联网债权众筹项目规模不断扩大，并受到国内外金融学者的重视。而且，这些项目也随着国内金融学者的研究逐渐进入公众的眼中，得到人们的青睐。

互联网债权众筹概念进入我国以来，发展速度极快。P2P（peer-to-peer，个人对个人）作为现下我国互联网债权众筹项目中最为火热的一种，在国内已经遍地开花。随着我国金融行业的不断发展进步，P2P 行业也成为满足我国商业发展对于资本巨大需求的一种有效的解决方法。

P2P 是指手里有资金而且对投资有想法的人通过网络中介机构的穿针引线，以类似于信用贷款的方式把资金贷给需要资金的人。而它和传统贷款的最大区别就是 P2P 不需要银行来担任中介，在这里由 P2P 中介机构对借款方的经营情况、财务情况、发展前景等进行调查，并收取相关的账户管理费和服务费，以此作为机构运行的利润。事实上这就是一种线上民间借贷，它通过互联网技术来进一步扩展中介机构的业务范围。

但是随着时代的快速发展，也出现了 P2B（person-to-business，个人对企业）、B2B（business-to-business，企业对企业）这些创新模式，它们将众筹的方向转向了个人与企业、企业与企业之间的借贷。

作为一种新兴起的融资方式，P2P 行业相对于传统银行贷款有很大的优势，如投资门槛较低、交易更加灵活高效等。但是随着 P2P 产业的快速发展，这个行业出现的风险问题也在快速增加，相关部门监管的不足和行业规范的缺失，导致 P2P 跑单、平台提现困难、停业、老板跑路等现象层出不穷。所以，必须采取有效的监督管理措施对债权众筹市场进行合理的规范，让这些金融机构为国家的经济发展做出更大的贡献。

此外，在国外这种互联网债权众筹模式发展已经十分成熟，如美国、英国等国家对这种平台的监管已经有了一套切实可行的措施和规范，并且这种互联网债权众筹方式也为这些国家的经济发展做出了很大的贡献，更好地解决了这些国家中小型企业的资金问题。

因此，我们国家也应该对这种互联网债权众筹平台给予更大的关注，通过对国外先进经验和管理模式的借鉴，结合本国国情，制定出更符合我们国家情况的监督管理制度，针对现有平台制定合理的规范，降低网络信贷的风险性，让互联网债权众筹平台能够更好地为我国经济发展贡献力量，更好地促进中华民族伟大复兴的中国梦的实现。

董纪昌

2018 年春

目　　录

第二部分 互联网债权众筹市场理论研究

第三部分　互联网债权众筹市场实证研究

第四部分 互联网债权众筹市场风险管理的策略建议

绪论——互联网债权众筹市场概述

0.1 引　　言

0.1.1 本书的研究背景

伴随互联网行业与虚拟经济的迅猛增长，互联网与传统金融领域的融合逐步得到深化，互联网金融应运而生，并成为各方关注的焦点。债权众筹市场就是依托互联网思想产生的一种金融创新。它是依托第三方的互联网平台的中介作用，以个体为单位匹配资金，撮合借贷双方的需求，通过借款人发标、投资人竞标，最终完成向借款人放贷的直接融资行为。债权众筹整个交易过程既包含了理念创新也包含了模式创新。平台以互联网技术为基础，实现了个体与个体之间的信息交流、资源分配、资金融通，形成了一种崭新的融资方式与商业模式。可以说，债权众筹是应时而生，也是应需而生，结合互联网及大数据优势，在一定程度上解决了合理配置资金的问题，因此，其发展具有重要的现实意义。

1. 中国债权众筹市场的发展现状

作为新兴的互联网金融产物，虽然我国债权众筹市场的发展历程只有短短十几年，但是其成长速度不可小觑。2005 年世界上第一家债权众筹平台在英国成立，随后欧美等国家也相继发展了债权众筹平台，2007 年我国第一家债权众筹平台成立，然而我国债权众筹平台发展时间相对较短，债权众筹平台起初规模不大，但发展速度极快。进入 2010 年，我国债权众筹平台规模开始迅速扩大，当时市场交易规模年平均增长率一度超过 300%。相关数据显示，截至 2016 年 10 月，我国正在运营的平台约有 4.4 万家。

目前我国债权众筹市场规模不大，但是发展速度很快，并于 2010 年开始进入爆发式增长阶段。目前我国债权众筹市场规模的平均年增长率超过 300%。图0.1 显示了我国债权众筹平台成交量及平均利率。可以看出，在 2016 年 10 月，债权众筹平台成交量为 1 885.61 亿元，总体的借贷成交量同比增长 57.6%，累计贷款金额同比增长 128.34%。从用户群体来看，平台所涉及的人数多，拥有巨大的用户群。截至 2016 年 10 月，其投资人数达到 344.39 万人，借款人数达到 144.42 万人。从 2013 年开始，平台的平均利率一路下滑，2016 年 10 月平均利率跌破 10% 达到 9.68%，虽然 2016 年专项整治方案实施，但平均利率仍有下滑趋势。图 0.2 显示了平台参与人数及累计贷款额，可以看出平台用户呈上升趋势。

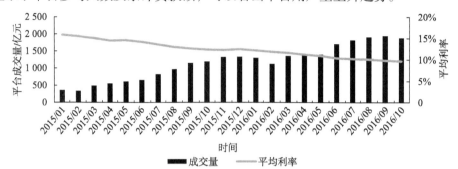

图 0.1   我国债权众筹平台成交量及平均利率

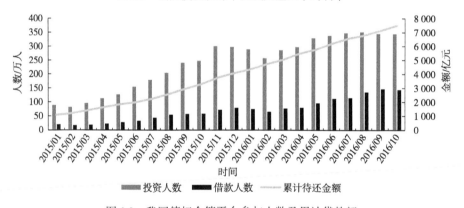

图 0.2   我国债权众筹平台参与人数及累计贷款额

整体来看，虽然我国债权众筹市场规模迅速扩张，但该市场由于存在监管缺失、行业缺少规范性等问题频频面临诸多风险。2013 年下半年，在市场竞争的催化下，由于问题得不到有效疏通，最终出现平台频频倒闭的现象。如图 0.3 所示，跑路、停业是造成问题平台的主要原因，其次是提现困难及经侦介入。统计数据显示，到 2015 年底，该行业中已经存在上千家问题平台（图 0.4），数量超过总平台数的 30%。从平台运营看，我国债权众筹平台主要面临法律风险和信用风险等。其中，前者来源于现有平台相关法律法规及监管的缺失，导致平台法律定位模糊；后者则是因为信用评级体系的不完善。此外，还存在债权众筹行业因进入门槛低而导致的风控能力弱等问题。由于对平台准入条件没有明确法律规定，目前市场上的平台良莠不齐，许多平台风控能力不足。虽然债权众筹由于近些年的快速发展，在我国金融市场上已具有一定规模，但平台运作中存在的诸多风险不仅阻碍了债权众筹行业的发展，还影响了我国金融市场的稳定，因此，解决平台面临的风险，是一个十分迫切的问题。

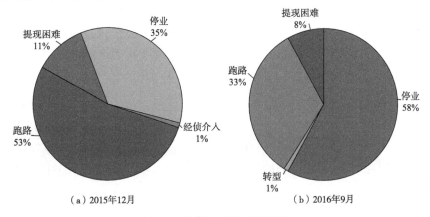

（a）2015年12月 （b）2016年9月

图 0.3 问题平台的成因构成

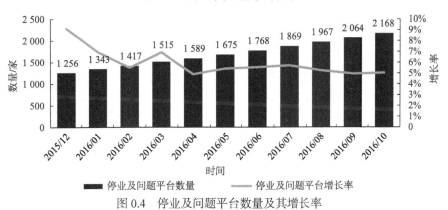

图 0.4 停业及问题平台数量及其增长率

如图 0.5 所示，2016 年以来，正常运营平台的数量开始逐渐下降，下降幅度基本稳定，这是 P2P 行业从未有过的情况。当然这与 2011 年以来逐渐规范化的监管制度有关，但直接原因是 2016 年实施的互联网金融专项整治。

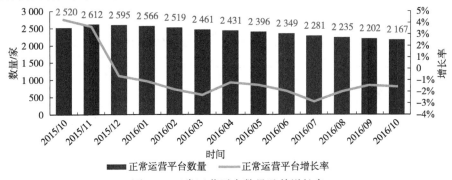

图 0.5 正常运营平台数量及其增长率

问题平台数增长速度从 2016 年 7 月开始小幅下降，截至 2016 年 10 月，问题平台增长率为 5.04%，与年初相比下降了 1.89%。通过分析问题平台的构成可以发现，行业内部风气已有所好转。通过图 0.3 的对比可以看出，从 2015 年 12 月到 2016 年 9 月，跑路平台比例下降 20%，停业平台比例上升 23%。随着监管政策导向越来越明确，不少平台因为无法满足监管要求而选择资金清算后良性退出，这充分说明了整体行业在不断规范化和标准化。

2. 中国债权众筹行业相关政策

2014 年 3 月互联网金融监管首次被提到政策层面，互联网金融结束了监管真空状态，此后相关监管意见和政策陆续出台，如表 0.1 所示。在债权众筹行业蓬勃发展的同时，各种问题平台的数量不断增加，停业及问题平台发生率一度高于新增平台增长率。

表 0.1 我国债权众筹行业监管政策的发展历程

时间	出处	内容
2014.03	李克强总理在《政府工作报告》中特别提出	完善金融监管协调机制，密切监测跨境资本流动
2014.03	《关于办理非法集资刑事案件适用法律若干问题的意见》	向社会公众非法吸收的资金属于违法所得
2014.09	中国互联网金融创新与发展论坛	六大原则，9 月扩展为十大原则，包括明确 P2P 平台的信息中介地位，落实实名制，设立行业门槛，限制借贷额度等原则
2015.07	《人民银行等十部门发布〈关于促进互联网金融健康发展的指导意见〉》	组建中国互联网金融协会。协会要按业务类型，制订经营管理规则和行业标准，推进机构之间的业务交流和信息共享
2015.08	《最高人民法院关于审理民间借贷案件适用法律若干问题的规定》	信贷双方约定的利率未超过年利率 24%，出借人请求借款人按照约定的利率支付利息的，人民法院应予支持
2015.12	《网络借贷信息中介机构业务活动管理暂行办法（征求意见稿）》	提出的"备案管理""资金存管""借贷决策""信息披露"等要求
2016.03	《中国互联网金融协会会员自律公约》	要求会员开展业务创新，应当以依法合规为前提，以风险防控为原则
2016.04	《国务院办公厅关于印发互联网金融风险专项整治工作实施方案的通知》	对 P2P 的摸底排查正式启动
2016.08	《网络借贷信息中介机构业务活动管理暂行办法》	地方金融监管部门负责为网络借贷信息中介机构办理备案登记

各项政策的提出说明政府逐渐认识到互联网金融监管的重要性。为保护投资者利益维护市场稳定，中央和地方政府都加强了对互联网金融的监管，出台了多项相关政策。2016 年中央开始对互联网金融进行专项整治，互联网金融行业进行了一次大洗牌。随着监管要求的不断严格、行业竞争的加剧，各类平台在这场革新中将被优胜劣汰、去伪存真，进而促进市场的良性发展。

0.1.2　本书的研究意义

概括以上研究背景，本书以互联网金融债权众筹模式为研究对象，主要围绕债权众筹平台信用风险、借款人的信用风险，以及投资人在债权众筹市场的投资策略三个核心问题，对包括互联网金融债权众筹模式发展规律、债权众筹市场运作机理、信用风险的产生机制、超额收益率影响因素、借款人信用风险的影响因素、投资人信任的形成机制、风险管理和投资策略等相关问题进行研究。本书研究具有重要的理论意义和实践意义。

1. 理论意义

本书从宏观和微观两个角度总结和拓展了有关互联网金融债权众筹市场的相关理论研究。从宏观研究角度，一方面，互联网金融债权众筹市场与传统金融市场的本质区别是金融中介作用的弱化，本书构建传统金融市场与互联网金融债权众筹市场对比模型，研究互联网金融债权众筹市场收益率的影响因素，并通过两者对比得到互联网金融债权众筹市场投资人的投资策略。另一方面，本书系统地梳理了债权众筹行业信用风险产生、度量及管控的理论基础，分析了平台及借款人方面信用风险的形成机理及影响因素等，对促进行业信用风险相关领域理论体系的发展、完善债权众筹领域信用风险的评价体系、健全平台的风险管理办法具有一定理论意义。

2. 实践意义

现阶段，与国外市场相比，我国债权众筹市场发展比较缓慢，相关法律法规、行业标准，以及平台自身能力等还存在很多不足，平台的风控能力也相对较弱。2011 年以来有大量问题平台出现，本书重点关注债权众筹平台的信用风险，不仅为投资者对平台进行投资决策、平台完善自身建设提供了参考，同时也对我国债权众筹行业的发展及监管提出了建议。对实现互联网金融市场的有效监管，提升债权众筹行业的贷款及融资质量，促进整个行业的可持续良性发展有着重要的现实意义。

此外，互联网金融打破了金融市场的信息垄断，使信息在一定程度上实现了共享，降低了信息不对称水平，使投资者在进行投资项目之前，可以依据平台提供的信息对借款人还款能力进行合理的判断，进而做出可靠的、有效的投资决策。本书根据互联网金融债权众筹平台提供的交易大数据，改进了样本抽样方法，采用 Lasso-Logistic 方法对变量进行了筛选，提高了违约概率计算的效率和预测的精度。这对今后互联网金融债权众筹市场的违约评价实践，具有重要的借鉴意义。

0.1.3　本书的研究目标

本文的研究目标如下：

（1）深入了解互联网债权众筹市场的概念、运行类型，以及债权众筹平台信用风险产生、度量与管控的理论基础。在剖析我国市场环境和监管环境的前提下，通过调研实践，深入了解我国典型债权众筹平台的业务模式及其风险点，并分析其战略定位。

（2）运用博弈论、计量模型等方法，从网络借贷发生的事前、事中和事后三个阶段分析互联网债权众筹市场信用风险产生机制。通过分析投资人对平台的信任及借款人信用风险等影响因素，从投资人及借款人微观行为的角度，探究平台信用形成机理，为平台决策和风险管理提供参考。

（3）为中央政府监管互联网债权众筹市场风险提供政策建议，也为投资者在互联网债权众筹平台投资提供投资策略建议。

0.1.4　本书的研究内容

本书的研究思路是提出问题、分析问题和解决问题，围绕互联网债权众筹市场风险管理这一核心问题，回答互联网金融债权众筹模式的发展现状、理论基础、超额收益率影响因素、信用风险影响因素及风险管理策略及投资策略等相关问题。本书共 16 个章节，根据具体研究内容，可分为五部分，具体内容介绍如下：

绪论分析了我国债权众筹市场发展的相关背景，指出我国债权众筹市场目前存在的问题，点明本书的研究意义，提出本书的研究内容和主要创新点。

第一部分为互联网债权众筹市场发展现状及主要风险。首先，本部分梳理与探究国内外互联网金融众筹模式的历史过程及典型案例；其次，通过 SWOT 分析方法讨论债权众筹市场的优势、劣势、机会和威胁，总结目前我国债权众筹市场存在的问题，并提出改进建议；最后，讨论我国债权众筹市场的战略定位。

第二部分为互联网债权众筹市场理论研究。第一，本部分基于供求理论、社会资本理论、信息不对称理论和信用风险管理相关理论分析互联网债权众筹市场发展的理论基础；第二，互联网债权众筹市场与传统金融模式相比，本质区别是互联网债权众筹市场减少了金融中介机构在金融市场的作用，因此，本部分构建理论模型探讨了互联网债权众筹市场与传统金融模式的重要区别；第三，本部分分析了债权众筹市场的定价机制；第四，分别采用信用体系不完善下的逆向选择博弈分析和缺乏有效监督机制下的道德风险博弈分析，讨论了债权众筹市场信用风险的形成机理。

第三部分为互联网债权众筹市场实证研究。基于债权众筹市场投资人的交易流程，安排章节内容。第一，采用结构方程模型研究在债权众筹市场中投资人初始阶段对交易模式的选择；第二，采用最小二乘回归和 VaR（value at risk）模型研究互联网债权众筹市场投资人超额收益率的影响因素；第三，分别采用 Multi-Logistic 模型和 Lasso-Logistic 模型实证研究我国债权众筹市场和美国债权众筹市场借款人信用风险的影响因素；第四，运用问卷调查等方法进行数据收集，采用结构方程模型探索了不同阶段信任形成和作用机制的差异，为投资人决策及平台增加客户黏性提供参考；第五，提出未来我国债权众筹平台创新的发展模式。

第四部分为互联网债权众筹市场风险管理的策略建议。投资人在债权众筹市场投资的前提是市场发展的规范性，因此，该部分在提出投资策略建议之前，基于第一部分至第四部分的分析总结了适用于平台信用风险的风控措施，从平台及监管等角度为债权众筹行业的良性发展提供建议，促进债权众筹行业及整个互联网金融行业的可持续良性发展。之后，该部分为投资人在债权众筹市场投资提出策略建议。

0.2　互联网债权众筹市场概述

0.2.1　互联网债权众筹市场概念

互联网债权众筹，是指投资者购置企业债券等票据或者签订投资合同，对项目或公司进行投资，以期获得一定比例的债权，未来获得利息收益并收回本金（龚鹏程和臧公庆，2014），互联网债权众筹本质包含了一定程度的契约要素下的线上融资模式。

互联网债权众筹运行的具体模式包括 P2P、P2B 等，也包含购置 P2P 公司发行的证券，如 Lending Club 平台出售的借贷票据。Lending Club 刚成立时是通过互联网平台从事私人之间的借贷，没有第三方担保机构提供平台资金保障，后来因为监管要求，改用类似资产证券化的借贷模式，并隶属于美国证监会监管。目前为止，我国债权众筹平台仍采用最初的发展模式，也就是 P2P 网络借贷模式。P2P 的全称是 Peer-to-Peer，P2P 网络借贷与传统的借贷行为相比最大的不同在于不存在银行担当中介，通过互联网工具线上进行借贷双方的匹配，最终实现借款人与投资人的借贷活动。中国人民银行有关 P2P 网络借贷的定义是，个体和个体之间通过互联网平台实现的直接借贷。这里，P2P 代表互联网点对点的信息交互方式，而 P2P 网络借贷平台则是以互联网为媒介，促成借款人与投资人之间直接借贷的行为。传统意义上平台本身负责提供必要的借款人和投资人的信息并对其进行审核，但是平台并不会参与到实际交易中。

0.2.2 互联网债权众筹市场特点

作为近年来新兴的融资手段，互联网债权众筹市场与传统的银行信贷和民间借贷相比存在较大差异。

1. 平台独立，信息透明

平台在借贷过程中只提供中介服务，促使双方达成交易，平台既不是交易主体，也不倾向于交易中的某一方，平台是独立于交易双方的。由于平台的独立性，平台上无论是借款人还是投资人的交易信息都是完全透明的。在平台上，投资人可以自由选择借款人，同时能查看借款人的相关信息，如借款人身份、信用等级、贷款额度和期限等，同时还能查看还款信息，跟踪还款进度。而在传统金融机构里，投资人和借款人之间没有相互匹配的过程，对投资人来说，自己投资的资金最后的去向和用途是不透明的，投资人其实最终是根据银行的风控水平、声誉等因素来进行投资决策的，在银行和投资人之间存在着一定的信息不对称。然而平台下的借贷行为对于借贷双方来说交易信息都是透明的。

2. 交易门槛及成本低

银行等传统金融机构的交易门槛经常会让很多有融资需求的人望而却步，因为，银行很多业务都是与一些国有企业或者是大型的私有企业对接的，而很多中小企业的贷款需求最终都会被银行拒之门外。平台的出现有效地缓解了这些急需用钱，但是没有有效融资渠道的借款人的问题。由于债权众筹市场准入条件宽松，在提供了必要的基础信息之后就可以在平台上发布借款需求。此外，用户在平台上发布信息并对比选择等，直接在平台上完成交易，交易成本也随之大大降低。

3. 灵活高效的交易方式

在撮合交易的过程中，投资人不仅可以根据自己投资需求及喜好等选择投资期限，而且在期限内还可以进行债权转让，这增强了网络资金的流动性，使得投资人的选择更加灵活多样。另外，对于借款人来说，审核通过后便可以进行贷款，借款人提交借贷申请时主要依据个人信用水平，而借款人的信用审核一般只需几天就能完成，这免去了银行等传统金融机构烦琐的贷款审批流程，使得交易更为高效快捷。

4. 交易主体覆盖范围广，对象平民化

由于债权众筹市场借贷的低交易门槛和灵活高效的交易方式，债权众筹市场的借贷成为许多无法获得银行借款或者急需用钱的人的首选融资渠道，这也使得平台面向的交易主体覆盖范围较广、对象平民化。而从资金端来看，由于投资门槛低，有闲置资金的人群都可以在平台上进行理财。平台上借贷产品的预期回报

率明显高于银行的储蓄收益率，而且借贷平台依托于互联网，这对于投资人来说极大地拓宽了借款人的范围，为投资人提供了更多的投资机会，而不仅仅局限于传统民间借贷中的熟人借贷。所以，从投资人的角度来说债权众筹市场借贷也有很多优势。而且债权众筹的主要服务对象是无法在商业银行获得贷款工薪阶层、大学生、务农者和中小微企业主等，这些人群贷款额度小，借款用途带来的风险相对较小，风险发生概率可控。

5. 交易风险分散化

对于投资人的投资，债权众筹平台为了避免把所有鸡蛋都放到一个篮子里，将这笔资金分解成多份小额资金，然后打散分配给不同的借款人，通过这种"小额分散"的方式，达到了风险分散的目的，降低了投资者需要承担的风险。因此，在这种模式中就算某一借款人违约，也只会产生资金的部分损失。

0.3　互联网债权众筹市场存在的主要问题

我国债权众筹行业信用风险方面存在的问题主要体现在借款端风险、投资端风险、平台自身风险和债权众筹征信制度四个方面。

借款端风险包括在贷前审查阶段借款人故意提供虚假信息、隐瞒自身风险、多头借贷，以及借款人贷款后还款逾期或违约失联，这些行为都会为平台带来严重的坏账率和信用风险隐患，影响平台声誉。投资端风险，指投资人资金的来源缺少监管，可能发生洗钱、转贷等非法活动。从平台的角度来看包括投资人恶意或批量注册、盗号登录、盗卡支付和恶意提现等行为，这会严重影响平台的正常运营。平台自身风险包括平台自身的信用风险、经营风险和市场风险。债权众筹征信制度存在的问题包括债权众筹平台征信数据的不共享、互联网债权众筹平台征信标准的不一致和P2P平台接入中国人民银行征信系统的不可得性。

根据近两年债权众筹行业的发展现状和相关政策可以看出，整个行业正在不断规范化和标准化，行业内存在的问题也在发生变化。虽然问题平台的数量仍然不断增加，但跑路平台比例有明显下降；提现困难、还款逾期等问题占比也相对减少；问题平台选择停业的比例上升，并已超过跑路平台所占比例。随着备案登记制、银行存管等相关制度的推出，合规步伐将不断加快。监管提升了行业门槛，大量平台将被淘汰，正常运营的平台数量将持续下降。

从风险的角度来看，信用风险仍是债权众筹行业面临的主要风险。从平台的资金端，即平台给投资人带来的风险来看存在信息不对称，且国内没有完善的征信体系可以向投资者提供有关债权众筹平台信用等级的信息，加之第三方担保或托管机构的保险作用使得平台易出现跑路事件。从平台的资产端，即借款人带来的风险来看同样存在信息不对称，在平台对借款人调查和审查过程中，借款人提供的信息失真会影响投资人对借款人信用的判断，增加投资人的风险；借款人向多个平台借款，而单个平台无法获得此类信息，一旦借款人违约可能会造成多个平台的损失。

因此，采取有效措施，合理地规范债权众筹市场，防范债权众筹市场风险，合理分配投资人投资资金是现在债权众筹领域亟待解决的实际问题。债权众筹市场正常运行，一方面，有利于更好地发挥债权众筹市场在宏观经济中的作用；另一方面，投资人也可以从债权众筹市场找到新的资金融通投资渠道，提高市场资金运行效率。

0.4　本书的主要研究内容与贡献

（1）互联网金融的互联网属性及金融属性分别对应债权众筹业务的两端，即借款人和投资人，因而，可以将债权众筹业务信用风险界定为两个部分：平台的信用风险及借款人的信用风险。其中，平台的信用风险是指平台跑路给投资人带来的信用风险，借款人的信用风险是指借款人违约带来的信用风险。本书立足于平台角度，分析平台在资产端和资金端两方所面临信用风险的风险管控措施。

（2）本书从债权众筹平台的角度出发，研究交易过程中客户对平台信任的作用机理及动态变化。依据驱动因素的不同，将投资人信任分为初始和持续性信任两种信任机制，从理论分析和实证检验两个方面探索了不同阶段信任形成和作用机制的差异，为客户决策及平台建设提供了参考。

（3）本书通过理论模型探究互联网债权众筹市场运作机理及信用风险的形成机理，并结合国内外互联网债权众筹市场数据实证研究平台信用风险的影响因素，以期为互联网债权众筹市场的风险管理和投资人规避市场风险提出策略建议。

第一部分　互联网债权众筹市场发展现状及主要风险

第1章　互联网债权众筹市场
发展历程

债权众筹市场最早起源于 P2P 网络借贷平台,产生于 18 世纪的民间借贷"友好社区"(Friendly Society)。1973 年英国国会正式通过《友好社区法案》(Friendly Societies Act),到 1815 年英国社区成员占英国家庭总数的 33%(Gorsky, 1998)。18 世纪,爱尔兰也出现了类似的小额资金社会借贷,为了防止逆向选择问题,爱尔兰的小额资金社会借贷要求借款人要有两位邻居作担保人,如果借款人延期付款,借款人和两位担保人都会收到书面警告信。爱尔兰小额资金社会借贷盛行 100 多年,直到 19 世纪,爱尔兰马铃薯饥荒和主流银行出台针对小额借贷的惩罚性立法,对小额借贷进行了打压,使爱尔兰的小额资金社会借贷进入衰退期。在这期间,爱尔兰小额资金借贷占整个社会借贷的 20%,并且这些资金主要用于资助企业、保证企业现金流、让企业按期还款(Hollis and Sweetman, 2001)。

19 世纪,社会借贷的观念逐渐从英国传入美国。在 1831 年,社会借贷出现在牛津公积金大厦协会,投资人通过拍卖的方式进行投资,这种方式与现在的网络社会借贷平台相同。在发展中国家社会小额资金借贷的典型案例是孟加拉国格莱珉银行及轮转储蓄与信贷协会(Rotating Savings and Credit Associations, ROSCAs)。孟加拉国格莱珉银行始于 1976 年,穆罕默德·尤努斯最先在这家银行进行小额资金借贷实验。并且他因为在这个方面的努力,在 2006 年赢得了诺贝尔和平奖。同时,因为格莱珉银行的努力,其在 1983 年成为一所政府金融机构。格莱珉银行建立的小额贷款资助有助于借款企业摆脱贫困,它规定只要资产收益率超过贷款利率,借款企业就可以获得借款。因为一些借款人缺少资产作为担保,格莱珉银行实施由五位成员构成的责任小组,小组成员不直接对彼此的借款负责,但是只要有一位成员违约,其他成员就不能获得借款(Wahid, 1994)。格莱珉银行是小额资金社会借贷的典型案例,它没有要求借款人对借款资金提供直接保障,而是以小组成员间行为的相互影响为约束。

当时,很多小额资金社会借贷公司的组织形式与 ROSCAs 类似。在 ROSCAs

的每个小组中，所有成员的借款金额合并在一起同时被分割，再分配给不同的投资人。这种组织形式也出现在韩国、非洲西部和牙买加。

1.1 P2P 网络投融资平台的兴盛

2005~2010 年，P2P 网络借贷平台从出现到发展再到兴盛，P2P 网络借贷平台主要的服务主体是个人，从事的是个人对个人的网络借贷业务。P2P 网络借贷平台因为进入门槛低、无须抵押和担保、撮合速度快等特点，迅速得到了市场的追逐，开始逐渐融入主流金融体系。P2P 网络借贷平台最早起源于英国，2005 年2 月成立的 Zopa（Zone of Possible Agreement）公司象征着第一家网络借贷平台的成立，从此 P2P 网络借贷平台在全球发展起来，其中，以美国和英国发展最为迅速。在美国，2006 年成立的 Prosper 公司标志着美国网络借贷平台的开始，随后2007 年 Lending Club 成立，这两家公司经营规模占据了美国网络借贷平台总经营规模很大一部分，垄断了整个美国的网络借贷平台。在 2008 年，美国监管部门确认美国 P2P 网络借贷平台的监管部门为美国证券监督管理委员会。我国的 P2P 网络借贷平台最早成立于 2007 年，第一家网络借贷平台是拍拍贷，该平台在成立之初的运作模式与 Lending Club 类似。表 1.1 显示了 2005~2010 年成立的重要 P2P平台。

表 1.1 2005~2010 年成立的重要 P2P 平台

平台所在国家	平台名称	成立时间
英国	Zopa	2005 年 3 月
	RateSetter	2010 年 10 月
	Funding Circle	2010 年 8 月
德国	Auxmoney	2007 年 3 月
中国	拍拍贷	2007 年 6 月
	翼龙贷	2007 年
	红岭创投	2009 年 3 月
	人人贷	2010 年 5 月
美国	Prosper	2006 年 2 月
	Lending Club	2006 年 10 月
	LendKey	2007 年 4 月
	WikiLoan	2009 年

1.2 债权众筹市场兴起

2011 年以后，网络借贷平台迅速兴起，主要体现在以下三个方面：平台的数量大幅增加，机构投资者介入平台经营，起步早的国家 P2P 网络借贷平台开始出现市场细分现象。在这个时期，P2P 网络借贷平台在美国、英国和中国迅速兴起。英国及美国重要债权众筹的细分场，分别如表 1.2 和表 1.3 所示。

表 1.2 英国重要债权众筹的细分市场

目标	平台名称
个人贷款	Zopa Lendable
中小企业贷款	Zopa FundingKnight PaperStreet
房地产贷款	CapitalStackers CrowdProperty
票据贷款	MarketInvoice

表 1.3 美国重要债权众筹的细分市场

目标	平台名称
个人贷款	Lending Club PAVE
中小企业贷款	Lending Club
房地产贷款	SoFi Patch of Land
票据贷款	SoFi

从投资端来看，美国投资人在 2012 年加入 P2P 投资的行列，起初，Lending Club 和 Prosper 只有单一投资人的借款项目，到 2014 年，两个平台的单一投资人由个人转变为包括商业银行在内的传统金融机构。例如，美国较早成立的社区银行 Titan 银行 2013 年申请在 Lending Club 平台上发放贷款，花旗银行 2015 年宣布成立基金在 Lending Club 发放贷款。

从资产端来看，英、美两国早期的 P2P 贷款主要是个人信用消费贷款，随着平台数目的增加和机构投资者的加入，出现了为中小微企业、房地产开发商、在校学生提供的贷款等多种贷款类型。例如，SoFi 是一家在 2011 年成立在美国的专注学生贷款的平台，诺诺镑客是 2009 年成立在中国的专门为学生提供贷款的平台。

P2P 网络借贷平台的运营模式是，首先个人借款人向平台提交信息，通过平台审核之后，平台发布借款人借款请求，投资人浏览借款请求之后选择投资人。随着行业不断发展，投资端投资主体包含个人和金融机构，资产端逐渐由个人发展到中小微企业、金融机构等，也就是 P2B 和 P2F 模式等。同时，市场上出现了大量专注于某一类投资人或者某一类资产等垂直细分化的网络投融资市场，由 P2P 网络投融资市场转变为债权众筹市场。

1.3　资产端细分与全球化发展

2014 年以来，美、英两国债权众筹市场继续发展，资产端进一步细化，业务范围不断扩大，并且 P2P 网络投融资平台在全球多个国家设立子公司，而我国债权众筹市场在这段时间的发展中出现了严重的问题。

在我国，随着市场参与者增多，市场中平台跑路和倒闭现象频现，其主要原因是庞氏骗局、经营不善和借款人大面积违约。在 2016 年发布的《网络借贷信息中介机构业务活动管理暂行办法》中明确规定，网络借贷信息中介机构不得开展类资产证券化业务或实现以打包资产、证券化资产、信托资产、基金份额等形式的债权转让行为"。在 2017 年，《中国银监会办公厅关于印发网络借贷资金存管业务指引的通知》中明确规定，为委托人开立网络借贷资金存管专用账户和自有资金账户，为出借人、借款人和担保人等在网络借贷资金存管专用账户下分别开立子账户，确保客户网络借贷资金和网络借贷信息中介机构自有资金分账管理，安全保管客户交易结算资金。

经过以上措施，我国互联网债权众筹平台的管理更加规范化，但到目前为止，很多平台公司尚不能满足监管要求。因此，我国互联网债权众筹市场会经历漫长的休整调整阶段。

1.4　本 章 小 结

众筹概念产生于 18 世纪的欧洲，P2P 网络借贷平台最早出现于英国。随着 2005 年第一家 P2P 平台 Zopa 成立，在欧美等发达国家，如美国、德国及亚洲的部分国家如日本也陆续发展了自己的网络借贷平台。2007 年 6 月，上海成立了我国的第一家 P2P 网络借贷平台。随着平台规模的不断扩大、发展模式的多元化、借款端和投资端的多样化，P2P 网络借贷平台逐步发展为互联网债权众筹平台。

　　我国债权众筹平台经过十年的发展已初具规模，但是，在发展过程中仍面临诸多问题，如多家债权众筹平台跑路和非法经营的新闻频频曝光。深究这些现象背后的真正原因，主要是庞氏骗局、经营不善和借款人违约。旁氏骗局是指平台以虚假宣传和秒标等方式设立欺骗平台吸引投资人投钱，然后利用新投资人的钱向老投资人交付利息，以制造投资人投资获利的假象进而骗取更多投资。经营不善，主要指风险控制体系不完善、担保公司跑路、借款资金挪作他用。因此，采取有效措施、合理管理债权众筹市场风险、规范债权众筹市场有序发展，是现在互联网债权众筹市场亟待解决的实际问题。

第2章 互联网债权众筹市场主体行为及主要风险

债权众筹平台涉及主体主要有借款人、投资人、竞争者、监管机构等，面临的风险来自很多方面，如信用风险、政策风险、法律风险、洗钱风险、市场风险、网络风险，以及操作风险等，如图 2.1 所示。债权众筹市场风险有着自身特征，一是不确定的政策与法律导致的风险；二是网络安全和金融双重叠加导致的风险；三是信息被高度滥用导致的风险。

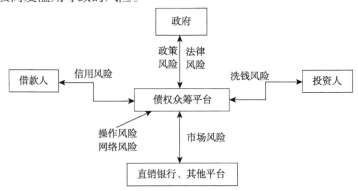

图 2.1　债权众筹平台主体行为及主要风险

2.1　法律风险与政策风险

作为一个新兴行业，互联网债权众筹平台急速发展，谁来监管、怎么监管、监管松紧程度等都是其所面临的问题。随着监管层对债权众筹平台了解的深入及中央层面重视的加强，债权众筹平台面临的政策风险发生了改变。

2011 年，P2P 刚刚兴起，因为监管层对 P2P 了解不足，所以在监管上采用了"一刀切"的严厉管制手段。从 2013 年下半年开始，平台上线数量明显增多，中国人民银行在"防范打击非法集资法律政策宣传座谈会"中提出应明确 P2P 网络借贷平台的业务经营红线,明确平台的中介性质,明确平台本身不得提供担保,不得归集资金搞资金池,不得非法吸收公众存款,更不能实施集资诈骗。2011 年以来,监管层的监管态度发生了较为明显的变化。2011 年,监管层对处于萌芽阶段的债权众筹平台限制较为严格;在 2012 年,监管层对债权众筹平台的监管逐渐放松。但是,2013 年下半年以来,加快发展的债权众筹平台使监管层意识到有必要对其加强监管。对债权众筹平台行业进行规范和约束为监管政策的制定争取了时间,也积累了许多宝贵的经验。

非法集资是债权众筹市场最可能存在的风险之一。非法集资,是指未经有权机关批准或未在合法形式下,个人、法人或者其他组织向社会公众募集资金的行为。积极开放是当前监管对互联网金融的态度,但是债权众筹的大力创新发展不能触碰以下几条法律红线。第一条法律红线,不能采取理财资金池模式。债权众筹市场平台不能将借款标的设计成资金理财产品,让投资人的资金通过购买该产品进入自己设立的中间账户,从而产生资金池。第二条法律红线,债权众筹平台对借款人身份信息的真实性审核不严格,那么不合格的借款人就有可能发布虚假融资标的,存在非法集资的风险,甚至存在卷款跑路的风险。第三条法律红线,典型庞氏骗局可能存在于债权众筹平台,虚假的融资标的通过平台发布,以新还旧进行集资诈骗。

总的来说,在债权众筹平台上,投资人的法律风险主要体现在以下两个方面,一是资金的去向缺少监管,投资人有可能被犯罪团伙利用进行洗钱、转贷等非法活动;二是当发生违约现象时,如投资人无法按时还款时难以追究其责任。其实,在借贷过程中,平台仅仅是借款人和投资人之间的一个中介,为借贷双方提供融资信息配对服务,虽然一些平台可以通过手机绑定、身份验证等手段降低信用风险,但借款人的关键信息,如征信记录、财务状况、借款用途等资料难以获取,这可能使借款人面临法律风险。对于借款人而言,其面临的法律风险一方面主要涉嫌非法吸收公众存款罪及擅自设立金融机构罪等,另一方面借款人金融隐私权可能得不到有效保护。

2.2　操作风险与网络风险

操作风险是由于外部事件或者内部程序、人员和系统的不完备或失效造成损失的风险。由于债权众筹平台多为小型新兴企业,员工管理制度与系统建设极不完善,很容易引发操作不当及系统维护漏洞等问题。

债权众筹交易操作风险主要有:机构员工操作失误、在未通知用户的情况下进行操作存在欺诈、造假风险；存在竞争的企业恶意制造矛盾；用户、产品和业务活动不能得到安全管理；平台维护不当导致业务中断；业务流程管理与监督；等等。另外，在不恰当操作下导致用户利益受损可能导致用户投诉至相应机构，进而引发投资人的信用危机，严重影响企业信誉。

互联网与计算机技术是债权众筹平台依托的基础，但现实中不能规避内、外部原因造成的软件和硬件故障等，因此，技术风险因素包括网络的可靠性、应用系统的稳定性、系统运行的安全保障等。在实践中，如硬件瘫痪、设备故障、软件漏洞、计算机病毒、网络中断等都是引发业务中断的技术风险因素。

网络借贷机构在选择技术解决方案来实现其相应业务时，需要考虑到运营与维护成本及安全性。高安全性常常意味着极高的运营与维护成本，因此，很多网络借贷机构会选择存在一定安全隐患或漏洞的系统。这种行为使信息泄露的可能性增加，进而增加了技术风险与安全风险。其中，安全风险包括很多方面，如黑客攻击造成的数据外泄、服务中断、业务计算机系统的故障、应用系统差错、客户认证和数字签名被破译等。再则由于公司人员的流动性或者公司员工本身道德风险的问题，来自外部的技术支持被滥用或维护更新难以持续，互联网金融系统可能会面临重大的安全威胁和危害。其他因素还包括少数黑客通过互联网攻击客户计算机甚至攻击金融机构的系统，盗取客户或互联网金融机构的账户信息，甚至破坏互联网金融系统，以此达到非法占有金融资产或者破坏正常金融交易的目的。

2.3 市 场 风 险

网络借贷的市场风险主要包含三方面：一是流动性风险，二是违约担保风险，三是来自直销银行与其他平台的竞争风险。

从 2012 年出现至今，有众多债权众筹平台因为提现限制等流动性问题不能正常经营，而债权众筹平台流动性风险主要是因为借款人逾期还款与债权转让模式的存在。较高的利息诱使借款人产生的恶意逾期现象和债权转让需要时间，使得流动性风险大幅度增加。尤其对于承诺刚性兑付的平台而言，密集逾期贷款的积压将会严重影响平台正常的资金运营。平台的垫付资金主要来源于风险备用金账户及债权转让获得的资金，其中，风险备用金是有限的，债权转让存在时间差。一旦逾期贷款现象严重，就会存在期限错配的风险。

另外，尽管债权转让模式因可信抵押物的存在，可以通过债权众筹平台转让，避免实际的坏账产生，但仍会使得坏账转变为可转让资产将风险扩大。而且层层转让，使得恶性循环涉及更多投资者。情况严重时，平台自身资金将不足以完成垫付，这将严重损害投资人的利益。因此，专业投资人的资金压力大，而其提供的原始流动性与资金流速是债权转让的关键。由于在网络借贷借款中存在债权期限错配，那么，网络借贷机构极可能存在资金链断裂的风险，进而投资人的利益也将受到损害。

违约担保的产生源于投资人对于安全性的需求，于是众多平台纷纷推出本息保障的宣传。然而，很多平台事实上并不具备真正的保障措施。平台先行垫付的形式具有不确定性与不可预测性。根据《融资性担保公司暂行管理办法》的相关规定，融资性担保公司的融资性担保责任余额不得超过其净资产的 10 倍。但是，我国现存的提供担保保障的网络借贷平台中，有很多已远超平台担保的资质要求。虽然平台贷款余额已达到数千万元，但是净资产仅有百万元甚至仅仅为数十万元，此时，平台很可能面临破产的威胁。

部分借贷平台变相提供担保，主要做法是成立有限风险资金池。当然，该方法的合法性边界还需要进一步确定。基于平台保障资金的来源，可以对平台的性质进行界定。如果平台承诺保障投资本金安全，但资金来源又无法清晰界定，那么融资平台就已经介入贷款经济利益链中，并不是资金交易独立的，实际上平台具有了担保公司的功能，但涉嫌超过允许的经营范围。此外，目前我国多数网络借贷平台通过采取和担保机构合作的方式对相关融资业务开展担保，但我们不能因此就认定融资平台具备了担保实质。所以，针对融资平台关联担保的现象，监管者应根据风险的实质分类对融资平台进行处理。

2.4　信 用 风 险

虚拟性和远程性是互联网金融交易的特征之一，债权众筹交易双方都面临着一系列问题，如信用状况不明、交易产品质量无法保证、违法行为无法控制等，这些均可以导致较低的交易成功率或滋生违法行为。

随着依托网络借贷平台的交易需求日渐上升，信用鉴定与监管要求也将提高到新的高度。然而由于目前我国的征信机制不完善、监管力度有待加强，互联网金融交易正面临极大的挑战。目前互联网金融机构与传统金融机构相比面临的问题主要有：首先，机构需要用户自身的经历为自身平台增信；其次，互联网金融交易均是线上交易，影响网络信任的因素将包含系统自身的风险及操作问题；最后，互联网金融产品的多样化，从一定程度上将导致网络信任密集恐惧问题，进而影响或引发信任危机。信息不对称导致的信任危机与互联网的虚拟特性结合，将使人们更容易产生信任危机。

债权众筹平台信用风险主要包含两大类：伴生信用风险和直接信用风险。伴生信用风险，是指交易双方无法履约，这将增加网络借贷机构的征信和运营成本；

而直接信用风险，是指授信、融资对象无力偿付，这将使网贷机构无法收回不良贷款，进而造成损失。债权众筹平台信用风险的形成主要体现在以下四个方面，一是发生在平台对借款人调查和审查阶段，如果借款人提供不真实的信息，或者是平台和借款人之间存在利益关系，那么就产生了信用风险；二是如果借款人违约，那么平台也将面临风险，可能出现的情况是借款人从不同平台贷款，并且部分或全部违约，从而造成多个平台的资金损失；三是平台容易出现"卷钱跑路"事件；四是投资人和借款人双方在交易时贷款人哄抬利率，当借款人借出资金后借款人违约。因此，为避免信用风险的发生，监管部门应加强对债权众筹平台的监管力度，同时平台自身也要加强自律，提高风控能力。

2.5 洗 钱 风 险

与传统银行支付不同，网络借贷通常会使用第三方支付平台，而第三方支付行业是典型的反洗钱薄弱环节，其提供的网络支付服务更容易成为套现、洗钱、恐怖融资等风险的集散地，因而，网络借贷会面临洗钱风险。产生洗钱风险主要有以下三种典型途径。

第一，资金的转移渠道不同。作为提供支付服务的中介，第三方支付机构在一定程度上屏蔽了对资金流向的完整识别。原因主要有两点：其一，对用户全面的实名认证难以实现；其二，受用户信息保密之类的外部因素影响，网络支付机构获取的付款方信息是很有限的，从而其对异常交易的判断能力也就受到了限制。

第二，套现渠道的便利。为了极大方便用户突破时间、空间的限制，网络支付机构为收款方（商户）提供虚拟商户 POS（point of sale，销售终端）机，那么信用卡套现或者将各类资金转入现金账户进而提现就变得相当便利。恶意套现会引发大量网上虚假交易，影响交易安全，不利于整个网络支付行业的良性发展。

第三，资金跨境支付渠道。随着电子商务的发展，跨境买卖的支付需求也越来越强烈。我国第三方支付机构良莠不齐，许多网络支付机构不能达到反洗钱的标准要求，从而成为反洗钱的薄弱环节。

2.6 其 他 风 险

除了上述的法律风险与政策风险、操作风险与网络风险、市场风险、信用风险、洗钱风险之外，由于涉及的主体众多，债权众筹市场还有很多其他方面的风险，如不可抗力、无序竞争、管理风险等。以 P2P 网络借贷平台为例分析债权众筹可能存在的风险，如表 2.1 所示。

表 2.1　以 P2P 网络借贷平台为例分析债权众筹可能存在的风险

风险种类	风险定义	风险点
信用风险	投资人没有履行义务导致潜在的财务损失	投资人在 P2P 平台购买的收益权凭证没有任何第三方的抵押、担保或者保险。由于追偿费用和其他成本，如果对应的借款人贷款违约，投资人将很难拿回本金和得到预期利息，甚至很可能连最初的所有投资都无法收回。如果投资人将投资全部集中在单一收益权凭证上，那么整个回报就会完全依赖于单个借款人表现
操作风险	内部程序、人员、系统不完善、失误或外部事件造成的潜在财务损失	借款人在 P2P 平台上提供的信息真实度可能存在风险，存在信息不对称。P2P 平台由于掌握的贷款历史数据有限，可能无法正确预测贷款的实际情况，实际的贷款违约情况及违约率和预期可能并不相符。一旦借款人违约，投资人只能靠 P2P 平台与其第三方收款，而无法亲自追偿。由于手握收益权凭证的投资人在对应的贷款上没有直接的票据利息，所以权利不确定。一旦 P2P 平台破产，收益权凭证的支付可能会被限制、暂停或者终止
流动性风险	无法及时变现可能造成的财务损失	虽然每个 P2P 平台为其成员提供了交易收益权凭证的平台，但并不保证每个投资人都可以找到收益权凭证的买家。凭证仅限于该平台上的投资人之间流转，无法跨平台流通
市场风险	价格引发资产债务变动可能导致的损失	主流市场利息的变化会影响投资人的收益，利息降低会导致借款人提前还款，影响放款人的收益；利息提高会导致投资人所持的收益权凭证价值缩水
法律风险	对税法法律的误解可能造成的财务损失	因为 P2P 借贷是一种新型的借款和投资方式，所以投资人可能会因为监管机构或者法院对收益权凭证税收的不同解释而面临不同的税务负担

资料来源：《美国 P2P 行业发展与监管》

　　中国银行业监督管理委员会（以下简称银监会）在关于人人贷有关风险提示的通知中，列举过其可能存在的七大风险，其中，一是可能会影响到宏观调控效果；二是很容易演变为非法金融机构；三是难以控制业务的风险；四是不实信息的宣传将会影响银行体系整体的声誉；五是法律性质不明确，监管职责不清晰；六是这一模式从国外实践看信用风险偏高，相比普通银行业金融机构，其贷款质量不高；七是其开展的房地产二次抵押业务同样存在风险隐患。总的来说，在平台上不同的行为主体会面临不同的风险，表 2.2 显示了债权众筹平台行为主体风险承担情况。

表 2.2　债权众筹平台行为主体风险承担情况

风险类别	借款人	投资人	债权众筹	政府	直销银行、其他平台等
政策风险				√	
法律风险	√	√	√		√

续表

风险类别	借款人	投资人	债权众筹	政府	直销银行、其他平台等
操作风险			√		
网络风险			√		√
市场风险			√		√
信用风险	√	√	√		
洗钱风险		√	√		√

2.7　本 章 小 结

本章厘清了债权众筹平台所面临的风险，并对债权众筹平台面临的各个风险进行了分析与说明。指出债权众筹所涉及的参考主体包括借款人、投资人、竞争者、监管机构等；面临的风险主要有自身操作风险、网络风险、合规风险、信用风险及市场风险等。

第3章 互联网债权众筹市场发展 典型案例研究

互联网债权众筹市场发展模式多样化,可以从多个角度划分债权众筹平台的种类。例如,交易的动机(盈利动机或者公益动机),目标群体(企业、学生、伤残人士等),利率的确定机制(设置固定利率或者拍卖),区域(同一区域、跨区域或者跨国),等等。本章主要从投资人交易的动机和参与主体所在的地域两个角度对债权众筹平台进行划分,因为,在以上两种划分下,债权众筹平台中借贷关系两端的借款人和投资人作为债权众筹平台的主要参与人,他们的行为有很大差别,他们之间的相互行为极大影响着整个债权众筹市场。

一方面从投资人的交易动机划分,平台投资人交易动机有两种,即为了赚取利润和用作慈善。投资人不同的交易动机使投资人对借款人的选择、风险的承受水平和贷款利率存在差异。投资人以盈利为目的时,会在债权众筹平台交易中极力赚取利润、减少损失,典型的例子是 Prosper 和 Lending Club。另一种以慈善为目的的投资人,他们将解救处在困境中的人或者企业,如 Kiva 的目的是为中小企业创建提供启动资金。

另一方面按照参与主体所在的区域划分,参与主体所在的地域表示借款人和投资人之间的关系。借款人和投资人之间最亲近的关系可能是家人或者亲戚,其次可能是朋友或者熟人,再次可能是同一区域的陌生人,最后可能会是不同区域的陌生人。划分借款人和投资人之间的关系可以根据两者是不是朋友、熟人,两者所在的位置、区域、文化、国家等因素。债权众筹平台最初出现是为了给家人和朋友之间提供一个借贷途径,而现在 Lending Club 和 Prosper 将借贷拓展到美国境内的借款人和投资人,Kiva 则将其拓展到全球的借款人和投资人。

将债权众筹市场的交易动机和参与主体所在区域两者结合,可以将互联网债权众筹市场划分为四种模式:寻利模式、家庭众惠模式、慈善模式和家人与家人模式。图 3.1 展示了互联网债权众筹模式发展概况。到目前为止,大部分债权众筹平台是寻利模式和慈善模式。

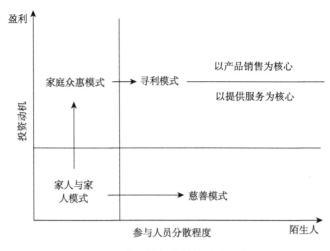

图 3.1 互联网债权众筹模式发展概况

3.1 寻 利 模 式

国外寻利模式的典型代表是 Prosper、Lending Club 和 Zopa，我国寻利模式的典型代表是拍拍贷和陆金所。寻利模式可再分为以提供信息共享服务为核心和以产品销售为核心两类。Prosper、Lending Club、Zopa 和拍拍贷以提供信息共享服务为核心；陆金所是将借款人的借款金额和投资人的投资金额整理为各种金融产品进行销售，是以产品销售为核心的。

1. Prosper 案例介绍

Prosper 作为美国首家互联网债权众筹平台，其会员从 2006 年 2 月成立到 2009 年三年内已经超过 890 000 位，借贷交易数达到 29 000 笔，借贷交易额达到 17 900 000 美元。个人借款是 Prosper 平台提供的唯一服务，单笔贷款金额不超过 35 000 美元，利率由贷款目标、信用记录、收入和其他因素综合确定。借款年化收益率为 5.99%~36.00%不等，借款人借款的目的分为债务合并（主要是归还信用卡）、住房改善、特殊节日、个人商业贷款、汽车贷款等。所有的借款最先由 WebBank 提供。合作单位有信用评级单位 Free Credit Score、Credit Karma、Credit.com，理财咨询单位 SavvyMoney，其他借贷平台 LendingTree、Credit.com 和 OnDeck Capital。表 3.1 为借款人信用评级（信用得分）与借款利率的对应关系，从表 3.1 可以看出，在平台中信用评级低的借款人需要支付高的借款利率。

表 3.1　借款人信用评级（信用得分）与借款利率的对应关系

信用评级	平均借款利率
AA(760+)	9.8%
A(720~759)	12.5%
B(680~719)	15.4%
C(640~679)	18.0%
D(600~639)	21.2%
E(560~599)	25.6%
HR*(520~559)	25.6%

Prosper 平台运营模式，如图 3.2 所示。

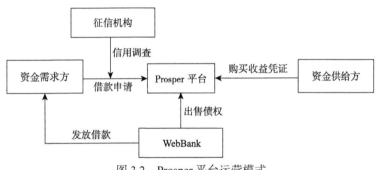

图 3.2　Prosper 平台运营模式

　　首先，Prosper 平台将会对借款人进行审核，审核通过后，借款人可向 Prosper 平台提出借款申请；其次，Prosper 平台将根据借款人的信用得分、信贷历史、借款目的、收入数据和资产情况等指标计算借款利率。借款人从 WebBank 获得资金，并与该银行签订协议。最后，WebBank 将债权以无追索权本票的形式转售 Prosper 平台，Prosper 平台再将这些借款人信息在平台中公布。投资人提供银行账户、社会保险号（social security number，SSN）等信息后，可以浏览借款人的信息，并决定对哪位借款人投标。所以，多个投资人可以通过 Prosper 平台，以"竞标"的形式为同一个借款人提供资金。一旦借款人募集资金完成，Prosper 平台就会撤下该借款项目，该过程一般会持续大概 5 天。募集完成后，资金借贷双方将单独了解确认彼此的身份信息和信用信息，并签署直接性的个人借贷合同。如果在规定期限内筹集资金失败，该项借款计划将流标。

　　当投资人决定购买借款人的标的，并且投标利率是借款人可以接受的利率之后，Prosper 平台再以每月等额本息还款票据的形式转手卖给投资者，撮合完成。

WebBank 有联邦存款保险公司的担保，并且遵守《反高利贷法案》，因此 WebBank 公司可以跨州发放贷款。交易时，借款人需要向平台缴纳 0.50%~4.95% 不等的交易费用，费用多少根据信用得分和借款金额而定。另外，投资人每年支付 1% 的服务费。

同时，Prosper 平台还提供二级市场交易，与 Folofn 合作销售证券产品。Folofn 是在美国证监会注册的证券公司，可以进行合法的证券销售。Folofn 将他们的证券产品在 Prosper 平台上销售。某份证券商品销售成功时购买方获得证券产品的收益权，Folofn 按照销售价格的 1% 收取费用，同时 Prosper 平台也会收取一定比例的服务费。

此外，Prosper 平台主要通过两种方式来提高借贷双方的信任度：方式一是借款人和投资人可以通过社交网络彼此交流，增进相互之间的了解和信任。方式二是借款人和投资人可以加入某个群组，这个群组有群主，群主类似于基金经理，其主要工作是为群成员提供建议。在借款人加入群组之前，群主要对借款人进行筛选，并且在群组中借款人有义务向投资人提供本人的信息等。

2. Lending Club 案例介绍

Lending Club 与 Prosper 很多地方很相似，并且他们的合作对象都是 WebBank 和 Foliofn。Lending Club 成立于 2007 年，是目前为止最大的互联网债权众筹平台。Lending Club 成立的时间晚于 Prosper，但是现在 Lending Club 的规模超过 Prosper。Lending Club 2012 年第四季度至 2015 年第三季度发行贷款量，如图 3.3 所示。其中，主要的原因是，在成立之初 Prosper 错误评估了信贷市场可能带来的风险。在 2008 年 10 月信贷市场的崩溃，让 Prosper 被 SEC 叫停关闭数月，从此，Lending Club 的规模超过 Prosper。2010 年，"LC 投资顾问"注册成立，作为 Lending Club 的全资子公司，其服务对象以机构投资人为主，并且于 2014 年 12 月 12 日在纽约证券交易所上市。

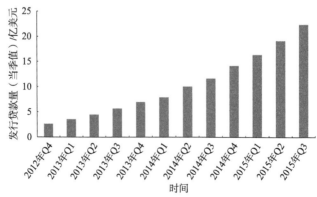

图 3.3　2012 年第四季度至 2015 年第三季度发行贷款量（当季值）

数据来源：Lending Club

与 Prosper 相比，Lending Club 有很多方面不同。第一，Lending Club 不仅可以提供个人贷款和投资，也可以提供商业贷款和治疗疾病融资等。商业信贷业务主要有两种模式：一种是 1~5 年的商业贷款，每个月定额还款，没有预付费用；另一种是 25 个月或者 25 个月之内随机还款，不限制还款时间和还款金额。

第二，Lending Club 的信用评级主要借鉴美国消费者信用征信机构 FICO（Fair Isaal Corporation）的数据。FICO 对消费者的信用等级进行评分，评分区间位于 350~850 分，而借款人的信用评级必须超过 660 分。这样一来，只有不到 10% 的借款人能达到严格的信用要求，即只有信用评级中最优级别、较优级别的借款人才能通过 Lending Club 的信用审核。

第三，信用评级确定方式不同。因为 Lending Club 的借款人分为个人和企业，所以信用评级分为两种。在个人信用评级中，每年根据借款人借款利率、管理费用和年化收益率确定借款人的信用评级。借款人的信用评级随年化收益率反向变动。原因是信用评级低的借款人延期还款或违约的可能性更高，借款成本上升，年化收益率会更高。表 3.2 为 Lending Club 平台借款人信用评级、利率、管理费用、收益率。在企业信用评级中，需要的主要资料有企业 24 个月的经营状况、每年至少有 75 000 美元的销售额、没有破产或者税收优先权、拥有 20% 的业务并且有良好的个人信用评级。

表 3.2　借款人信用评级、利率、管理费用及收益率

信用评级	利率	管理费用	24 个月平均收益率	36 个月平均收益率	60 个月平均收益率
A	5.32%~7.98%	1%~4%	6.48%~9.99%	5.99%~9.97%	7.02%~9.63%
B	8.18%~11.49%	4%~5%	—	10.98%~14.34%	10.38%~13.76%
C	12.05%~14.33%	5%	—	15.66%~17.99%	14.33%~16.67%
D	15.41%~17.86%	5%	—	19.09%~21.60%	17.77%~20.28%
E	18.20%~20.99%	5%	—	21.94%~24.80%	20.63%~23.49%
F	21.99%~25.99%	5%	—	25.82%~29.92%	24.51%~28.62%
G	26.77%~28.99%	5%	—	30.71%~32.99%	29.42%~31.70%

第四，Lending Club 平台设置自动扣款功能。借款人会在借款将要到期时收到 Lending Club 平台的提醒，如果借款到了还款日，Lending Club 平台会从借款人银行卡账户中自动扣除。若借款人银行账户中没有金额可以扣除，Lending Club 平台给予借款人 15 天的宽限期，如果宽限期之后，借款人仍没有足够金额可以偿还借款，Lending Club 平台会收取借款人借款金额 5% 的费用，最高收取金额为 15 美元。

第五，与 Prosper 相比 Lending Club 为投资人提供的投资建议更加细致。根据投资人的不同需求，针对性地开立个人账户、联合账户、信托账户、公司账户、保管账户和养老基金账户等。

3. Zopa 案例介绍

Zopa 属于无抵押有担保线上模式，自 2005 年成立以来，Zopa 平台累计帮助 63 000 人借出 18.1 亿英镑。从 2010 年开始 Zopa 的资金回报率一直居于行业前列，被评为"最受信任的个人贷款提供者"。Zopa 平台运营模式，如图 3.4 所示。

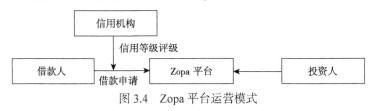

图 3.4　Zopa 平台运营模式

Zopa 平台的界面设计充分体现了用户友好性，操作流程也简单易操作。借款人需要在 Zopa 平台上进行信用评级，平台根据信用评级结果来确定借款的利率水平。关于借款人的信用审核，Zopa 平台主要参考 Equifax 信用评级机构的信用评分。借款人在平台进行借款除了需要提供个人基本信息外，还需要阐明借款金额及用途，同时也要向平台阐明最高借款利率等信息。对于投资人，则根据借款人的信用水平及最高借款利率进行贷款利率竞标。Zopa 平台在对借款人的信息进行审核，只要审核通过，平台就会协助借款人与投资人达成交易。在整个交易过程中，Zopa 平台仅充当借款人和投资人的中间人，提供能促成双方交易成功的服务。Zopa 平台的收入主要来源于服务费。

Zopa 平台在 2011 年 7 月之前，拥有两种借贷模式，即列表模式和市场模式。列表模式于类似于我国的淘宝，于 2007 年 8 月引进 Zopa 平台，其交易商品为资金，交易价格由借款利率表示。由于列表模式在运行的四年里累计贷款余额占比小且呈下降趋势，2011 年 7 月 Zopa 平台停止了该模式，转而专心发展市场模式。在市场模式下，Zopa 平台根据不同资金需求方的借款需求及期望的贷款期限来划分市场。并且对资金需求方进行信用评级，分别用符号 A*、A 和 B 来表示。Zopa 平台主要有两类借款期限，一类是短期，另一类是长期。其中，短期是 2~3 年，长期是 4~6 年。

Zopa 平台的特点主要体现在两个方面，一方面是 Zopa 平台进行了严谨的风险评估，该平台及时公布风险指标，有助于投资人正确认识投资风险，从而进行理性投资；另一方面是创新的市场模式，Zopa 平台根据借款人信息判断其风险偏好，从而对市场进行细分。在这一模式下，不同的产品也会给投资人带来多项选择，投资人可以根据自己的风险承受能力进行投资。但是在我国 Zopa 平台模式并不适用，因为，该模式在征信体系不成熟的国家或地区会面临较大的信用风险和道德风险。

4. 拍拍贷案例介绍

作为我国第一家债权众筹平台，拍拍贷自 2007 年成立以来发展迅速，截至 2016 年 11 月，拍拍贷平台注册用户达到了 3 000 万，累计成交额 245 亿元。该平台最大的特点是采用纯线上模式运作，该平台保持着纯中介的功能，拍拍贷运作模式，如图 3.5 所示。

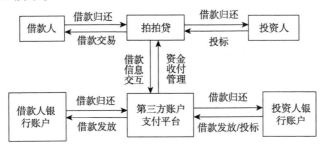

图 3.5　拍拍贷运作模式

拍拍贷的具体操作流程如下：在双方交易过程中，拍拍贷仅仅是中介，因而借款人在平台上发布借款需求之后，由投资人进行选择，该平台并不参与交易过程及产品设计等，而是由交易双方直接联系。作为中介，拍拍贷本身不参与中介，主要负责信息发布和信息披露，撮合双方交易，而拍拍贷的收益来源于服务费。拍拍贷有自己的信用等级的核定，具体如表 3.3 所示。

表 3.3　拍拍贷平台信用评分表

信用等级	得分范围	线上得分	线下得分
A 级	126~150 分		
B 级	101~125 分	身份认证：+10 分 手机实名认证：+10 分	
C 级	76~100 分	视频认证：+10 分 学历认证：+5 分	用户可以提供可验证的其他信息，如房产证、工资证明等
D 级	51~75 分		
E 级	26~50 分	按时还款小于 15 天：+1 分 逾期还款大于 15 天：–2 分	
HR 级	1~25 分		

在风险控制方面，拍拍贷设立了严格的审核团队，同时客户需要经过一系列认证，如身份认证、手机认证、学历认证等。拍拍贷风险控制主要有两个特点，一是按月还本付息；二是信用审核引入了社会化因素。规定借款人按月还本付息

可以减少借款人还款压力，降低违约风险；引入社会化因素可以避免用户资料的虚假性。拍拍贷风险控制及信用审核体系，如图 3.6 所示。魔镜个人信用评级系统是拍拍贷自主开发的基于大数据的风险评估系统，是对信用等级的升级，其考核维度更多，能够更全面地统计和反映用户的信用。

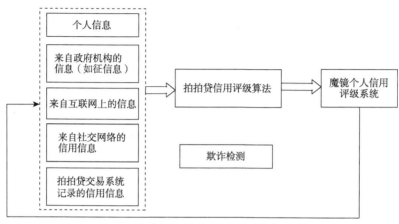

图 3.6　拍拍贷风险控制及信用审核体系

　　由于拍拍贷属于无抵押无担保的单纯中介型，在我国征信体系尚不完善的背景下，该模式面临的最大问题就是借款人的违约。虽然该平台会根据不同标的对借款人进行审核，但该平台并不会进一步核实资料的真实性，因此，拍拍贷并不会对出现的信用风险或违约风险承担责任。

　　5. 陆金所案例介绍

　　陆金所是我国目前寻求利润模式的典型代表。陆金所全称是上海陆家嘴国际金融资产交易市场股份有限公司，于 2011 年 9 月以 8.37 亿元的注册资本在上海注册成立。陆金所旗下网络投融资平台于 2012 年 3 月正式上线运营，目前已经成为中国最大的网络投融资平台之一。

　　该平台的业务流程主要分为五个阶段：一是合格客户互认；二是产品准入和评级；三是卖方挂单；四是信息发布和转让；五是资金划拨和权益登记，如图3.7所示。交易时，借款人和投资人首先必须在债权众筹网络借贷平台上注册特有的账号，其次，借款人需要向平台提供身份信息和借贷信息以供平台审核，主要包括身份凭证、资金用途、金额、利息接受度、借款时间和还款方式等。信息审核通过后，陆金所将会整合并公布借款人的有关信息。投资人即可根据平台提供的借款人项目列表，选择合适的借款人项目借出金额，交易双方自助完成借贷流程。

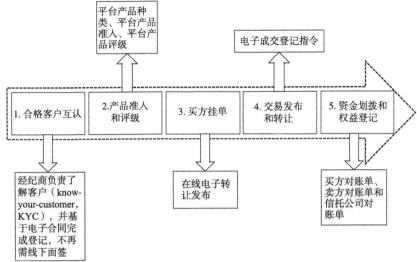

图 3.7 陆金所主要交易流程

产品一，稳盈-安 e，稳盈-安业。

为了帮助投资方（投资人）和融资方（借款人）快捷方便地完成投资和借贷，陆金所网站平台推出了一种个人投融资服务——稳盈-安 e。只有满足中华人民共和国有关法律法规及该公司相关规定的合格投资人和借款人，稳盈-安 e 才会向他们提供投融资服务。因此，借款人首先须通过平安集团旗下担保公司的审核，通过审核后，借款人可以直接向投资人借款，而后双方将签订平台的电子借贷协议并明确相互的法律关系。陆金所面世的第一项网络投融资服务的投资期限是 1~3 年，单一债权为 1 万~15 万元，年化利率超过 8.4%。该服务在原有的国际债权众筹网络贷款模式上进行了创新，如引入专业担保公司为投资人进行全额担保、提供二级转让服务来提高债权和资金的流动性（60 天后就能进行债权转让流通）。而该服务 1 万元的超低投资门槛、8.4%以上的预期年化利率（实际只有 4.6%）、按月还本付息（等额本息的模式）的运营模式，已经受到了市场广泛关注和认可。

中国平安集团旗下的担保公司将通过审核稳盈-安 e 服务下借款人的借贷真实性及申请担保资格进行风险控制，同时，担保公司将对借款人的借款承担全额担保责任。审核通过后，个体投资人可以通过陆金所平台为个体借款人提供资金，进而完成借贷。交易完成后，投资人的债权关系就建立了。在借贷关系存续期间，投资人可以以每月等额本息的方式收回本金并获得利息回报，陆金所平台也会为借款人和投资人的资金提供代收代付服务。

中国平安集团旗下担保公司将为所有稳盈-安 e 的个人借贷承担担保责任。担保公司需要代替没有按时履行还款责任的借款人履行一定的偿付责任，即需要全额偿付未偿付的剩余本金和截止到代偿日应还未还的利息和罚息。当借款人逾期（每期还款日 24 点前借款人未足额偿还应付款项被视为逾期）时，借款人需要支付罚息。逾期天数在 2 天以内的，逾期罚息豁免；逾期超过 2 天，则从逾期之日起，按照逾期本金部分在约定执行利率基础上，上浮 50%计收罚息。逾期罚息是按照日、单利来计息；一旦借款人逾期 80 天以上（含 80 天），即借款人对任意一期应付款项逾期满 80 天，担保公司就需要启动代偿剩余本金、应付未付利息和逾期罚息。逾期罚息按借款金额的 0.5%向借款人收取。

稳盈-安业是陆金所推出的一种借贷型投融资服务，主要针对的是个人对个人的借贷业务。个人借贷活动中各方的权利与义务，如图 3.8 所示。同样是由平安旗下的担保公司对借贷人的借款承担全额本息担保责任，为借贷双方提供信息的服务则由陆金所平台承担。其与稳盈-安 e 的区别主要有：①门槛，稳盈-安 e 最低投资金额为 1 万元，而稳盈-安业最低投资金额为 25 万元。②还款方式，稳盈-安 e 为每月等额本息，而稳盈-安业为按月还息，到期还本抵押。③投资期限，稳盈-安 e 为 1~3 年，而稳盈-安业为 1 年以内。④稳盈-安 e 是无抵押的网贷，而稳盈-安业是有抵押的网贷（房屋抵押）。

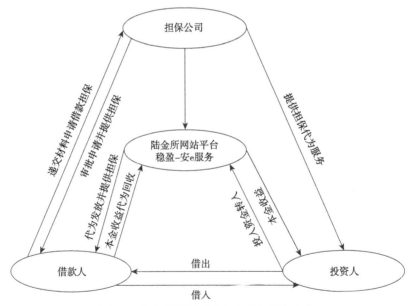

图 3.8　个人借贷活动中各方的权利与义务

产品二，富盈人生：平安养老富盈人生养老保障委托管理产品。

依据中国银行保险监督管理委员会的要求，平安养老保险股份有限公司设计了一款稳定收益、中低风险的养老保障委托管理产品——富盈人生。该产品主要面向年龄为 18~65 周岁（以实际缴款之日为计算时间点）、具备完全民事行为能力，并经过投资风险承受能力测评的团体和个人发售。该产品的单位金额为1元人民币，认购起点份额1 000元，超过1 000元的部分以1 000元的整数倍递增。

富盈人生主要分为十个投资组合账户：富盈货币型组合、富盈债券型组合、富盈偏债型组合、富盈平衡型组合、富盈股票型组合、富盈债权计划组合、富盈银行理财产品组合、富盈信托产品组合、富盈配置组合（标准）、富盈配置组合（分级）。

（1）应收账款转让咨询和票据收益权转让信息咨询。

陆金所不仅为非金融企业贸易的应收账款、金融租赁和融资租赁公司的租赁应收款提供应收账款转让信息服务，也根据非金融企业与金融企业机构需求推出了票据收益权转让信息服务业务。票据收益权转让主要是借款人（一般为企业）以其持有的、未到期的银行承兑汇票，以质押的形式将收益权转让给投资人。在票据收益权转让信息服务中，陆金所主要作为需要融资的借款人和投资人的信息中介发布和传递票据转让信息，并提供咨询服务。

（2）构建二级市场。

当项目投资人急需流动资金时，可以通过陆金所将持有的稳盈系列债券以"一口价"或"竞拍"的形式转让给他人。转让的最短期限为60天，转让时，转让人可以自主进行几十元到几百元不等的调价，可以通过提价来提高收益，或者通过让利提高流动性。同时，平台也借鉴拍卖的方式，通过设定竞价上限进行限时拍卖，竞价上限最高可以设定为一个月的利息收益。当转让交易成功后，陆金所将收取转让价格千分之二的手续费。

（3）两大非标业务——F2F和B2B。

陆金所F2F（face to face）主要有三大业务品种：债权投资和转让交易服务、受益权转让业务，以及资金-资产对接业务。债券投资和转让交易服务主要是为了提高债券的流动性，为已投资债券提供了二级转让市场；受益权转让业务则有效结合了票据业务领域和互联网平台，通过互联网为参与方提供票据收益权交易服务；资金-资产对接业务则提供了一个全方位、多角度的金融服务，通过促进交流合作的方式，打造全面的金融服务生态圈。图3.9为应收账款转让交易具体流程。

根据以上内容可以看出，寻利模式平台在风险控制方面，秉持独立透明准则，执行严格的身份、信用和风险三大认证审核制度。首先，在进行贷款前便对借款人进行了筛选，以降低信用风险。其次，为了分散风险，将获得的融资分成若干份发放给不同的借款人。并且，为了进一步的规避风险，设立了"安全基金"来作为借款人违约后的补偿金。"安全基金"相当于"风险储备金"，当借款人逾期

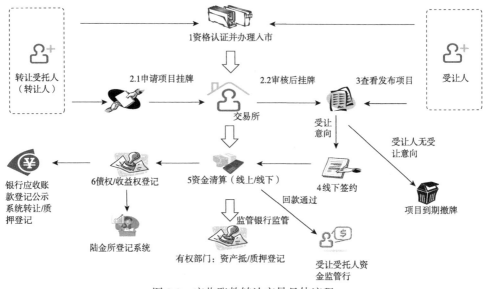

图 3.9　应收账款转让交易具体流程

未还款时，平台便会启用"风险储备金"。在信息披露方面，平台建立了良好的信息公开机制，向投资人提供了坏账率等信贷资产的真实风险指标，以供投资人决策参考。

3.2　家庭众惠模式

　　家庭众惠模式发生在家庭成员和熟人之间，但与家人与家人模式不同，家庭成员与熟人之间发生的借贷关系，不是为了解决基本的资金需求，而是为了满足借款人和投资人的投资需求。Prosper 平台有类似的业务，但是目前为止，没有哪一个平台是专门做这种模式的。

3.3　慈善模式

　　慈善模式类似于捐赠，但是又与捐赠有本质的区别。在这种模式下，投资人将资金"免息"出借给借款人，即借款人只需要支付本金。与其他模式相比，这种模式下的投资人更愿意投资高风险的借款人。例如，Kiva Microfunds 的项目可以帮助一位在小城镇的妇女购买鸡蛋，并帮助她开始鸡蛋销售生意。
　　Kiva 成立于 2005 年 10 月，是一家服务于全世界的，为低收入或者无收入的企业或者个人提供贷款的非营利组织。很多债权众筹平台借款人和投资人大部分都是本地居民,其中主要的原因是,在人们的观念里,他们更了解本地区的居民,这样本地的借款人更容易得到本地投资人的信任。而对于跨城市、跨区域、全球性的债权众筹平台,一方面设置有效的交流平台可以促进借贷双方的交流和沟通,进而增加投资人与借款人之间的信任。另一方面,投资人也可以通过自己的判断排除信用低的借款人。因为 Kiva 的公益性质,到目前为止该平台的经营取得了巨大的成功。截至 2018 年 8 月,平台已有借款人 290 万人,完成借贷金额 11.9 亿元。除此之外,有大量报纸及其他媒体报道该平台中的事件,无形中为该平台做了宣传。同时,一些影视明星通过该平台进行捐赠。该平台的建立不仅仅是为借款人筹集资金,更是一种慈善精神的象征。

Kiva 运营模式,如图 3.10 所示。在操作流程方面,资金需求方不是直接在 Kiva 平台申请贷款,而是先向与 Kiva 平台合作的微金融机构提出申请,随后 Kiva 平台对其进行审核,并在审核通过后将资金需求方的资料传递到 Kiva 平台,并由平台在网上发布列表。为防止违约现象发生,投资人可以在 Kiva 网站上选择感兴趣的人发放贷款。然而,并不是任何一位发展中国家的借款人都可以在 Kiva 平台获得贷款,只有经过金融机构审核并推荐给 Kiva 平台的借款人才能被接纳。为防止微金融机构出现违约和保障借款人和投资人的利益,Kiva 平台通过对微金融机构进行评级及公布机构信息等方式来保证机构的质量。作为慈善模式的 Kiva 平台,其运营费用大多来自个人投资人、中小企业、商业公司及社会组织的捐款。

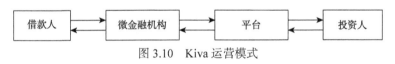

图 3.10 Kiva 运营模式

同时,Kiva 平台允许全世界的小微机构、商业组织、学校或者非营利组织组成“行业合作社区”,这个小组织可以在他们的网站上发布需要资金的项目和需求金额,借款的最低金额是 25 美元。投资人搜寻网站找到他们愿意投资的项目,通过 PayPal 将资金转入 Kiva 平台,在转账过程中需要支付平台交易费用。Kiva 平台收到投资人投入的资金后,不会把资金转给某一位借款人,而是将资金转给“行业合作社区”使用。“行业合作社区”将资金转给借款人,并且向借款人收取按照现行利率计算的利息。当借款到期时,“行业合作社区”将从借款人那里收到的本金和利息转入 Kiva 平台。Kiva 平台是不计息平台,当借款到期时,平台只需将本金归还投资人。对于一些捐赠资金,Kiva 平台甚至不用归还本金,而且可以将借款人归还的本金和利息转投其他项目。但是,对于这笔借款,Kiva 平台不用支付高额利息,但借款人需要支付高额利息。Kiva 平台可进行国家之间的借贷,与其他平台相比,Kiva 平台存在国家风险。由于小额资金的监管成本和国家风险的因素,Kiva 平台在发展中国家借入资金的利率要高于发达国家。

在收益来源方面，Kiva 平台主要的收益来源是管理费用和捐赠。例如，PayPal 为 Kiva 平台提供免费的支付功能，Google 和 YouTube 允许 Kiva 平台免费为他们做广告，联想公司为 Kiva 平台提供免费的电脑，等等。

在风险控制方面，Kiva 平台的风险主要来自以下两个方面。一方面是 Kiva 平台主要向低收入或无收入的人群贷款，这些人群更容易因为自身因素无法正常还款。另一方面是向微金融机构贷款是 Kiva 模式中十分重要的一环，因此，Kiva 平台会面临与微金融机构的合作风险。所以，一方面，Kiva 平台主要是通过严格审查微金融机构资信及分散投资等措施来降低自身及资金供给方的风险；另一方面，Kiva 平台会将借款人历史还款表现告知投资人，以帮助其降低风险。

Kiva 平台既有成功的地方，也有失败的地方。该平台的成功主要来自两个方面：一是"行业合作社区"，这个小组织有利于借款人之间相互交流经验，既可以促进投资人和借款人之间的互相了解，又可以帮助管理者高效管理借款人和投资人，也有利于管理者为借款人和投资人提供有利的借款和投资信息。这个小组织使管理者、借款人和投资人形成小的社会网络，实现社区内的社会网络效应。二是 Kiva 平台的公益性，Kiva 平台不仅仅是金融交易的工具，更是一种社会慈善精神的象征，这为该平台提供了无形的社会福利效应，也无形中提升了该平台的形象，增加了该平台的知名度。但是，Kiva 平台也存在缺陷，如 Kiva 平台对无法归还借款的借款人没有惩罚机制。

3.4　家人与家人模式

家人与家人模式主要针对的是家人与家人之间，或者熟人与熟人之间的借贷关系。典型例子是 Virgin Money 和 Greennote。这种模式允许借款人和投资人面对面坐下来商量贷款利率，并形成合约。此类平台主要提供拟定合约服务、组织资金支付、督促借款人支付借款等。

3.5　本 章 小 结

对于国外的债权众筹平台而言，更多的是专注发展线上中介业务，这与国外完善的征信体系、良好的市场机制，以及健全的风控和监管体系是密不可分的。而由于债权众筹发展初期缺少具体的法律措施等，国内除少数债权众筹平台专注线上中介业务外，大部分债权众筹平台偏离了债权众筹平台的本质，发展了担保、债权转让等业务。债权众筹网络借贷平台国际比较，如表 3.4 所示。

表 3.4　债权众筹网络借贷平台国际比较

典型平台	Prosper、Lending Club、拍拍贷、陆金所	Zopa	Kiva
运营模式	无抵押无担保线上模式	无抵押有担保线上模式	慈善模式
特点	线上审查，并不保证信息的真实性	提供借贷双方交易中的所有服务	贷款利率及手续费都较低
风险	①信用风险 ②道德风险	①信用风险 ②操作风险 ③流动性风险	①信用风险 ②道德风险
风控措施	①要求按月还本付息 ②信用审核 ③风险保证金	①划分信用等级 ②要求按月还款	①严格审查微金融机构资信 ②分散投资

具体来看，国外的 Prosper 和 Lending Club，以及国内的拍拍贷和陆金所都属于纯线上模式，并且均没有抵押和担保。这类模式下的平台是纯中介定位，平台本身不提供担保。然而这类平台由于没有担保，投资人会面临较大的信用风险。因此，一些投资人会选择前往有担保的债权众筹平台投资，最终导致纯线上模式平台客户流失、交易规模下降，进而导致收入来源主要为服务费的平台收益减少。此外，在无抵押无担保模式下，容易产生道德风险进而引发信用风险。我国相关法律法规对借款人违约行为的约束力度不足，导致了由于道德风险而造成的信用风险。

Zopa 平台是无抵押有担保线上模式的代表。也就是说该平台与一些担保公司之间有合作，由担保公司对平台及贷款资金进行担保。在这种模式下，一旦出现违约，由担保公司先行赔付，这在一定程度上降低了投资风险。担保机构可以是平台自身也可以是担保公司。

可以看出，Prosper、Lending Club、拍拍贷和陆金所这些主要以线上模式为主的网络借贷平台，主要风险是信用风险和审贷风险。但是由于我国目前缺乏完善的个人信用体系，平台不能获得借款人的征信报告等内容，从而加大了平台审核的难度。同时，这种纯线上模式只能通过借款人所提交的个人及资产信息进行判定，不能进行实际的考察和接触，这无疑增加了审核的不确定性。而且在我国，平台信用审核标准不够成熟，难以保证借款人提供的资料的真实性，因此，相比于有线下业务的平台，该类平台面临更大的信用风险。

债权众筹平台的信用风险因为平台对借款人信息的线下审核得到了有效控制。但是，一方面，线下模式的发展需要场地、更多的人力等资源，使各项成本增加，这使得平台规模扩张受到了一定的阻碍。另一方面，不同地域间文化、资源及政策上的差异，决定了债权众筹平台在各地发展也不能采用完全相同的模式，应充分了解当地市场、因地制宜，这无疑会带来更大的操作风险。

第4章 中国互联网债权众筹市场 SWOT 分析

结合以上典型案例，分析国内外债权众筹市场的优势、劣势、机会和挑战，总结目前中国债权众筹市场存在的问题，并提出改进建议。

4.1 现有模式的优势分析

债权众筹平台的优势在于以下四个方面：

（1）债权众筹平台的透明度提高了借款人和投资人之间的信任度，增加了客户黏性。目前，大多数的债权众筹平台为借款人和投资人提供了直接交流的平台，以促进交易信息的公开透明。投资人通过浏览借款人信息可以自行选择借款人，同时，投资人也可以通过网络系统浏览截止到目前的借款金额和借款周期，这些信息有利于投资人进行决策。在债权众筹平台中，借款人可以及时获得借款，投资人投入的资金在一定时期后也可以及时获得回报，如此循环往复，增加了客户黏性。

（2）债权众筹平台可以将投资人的资金借贷给个人企业或者中小型企业，使企业摆脱财务困境，更好地发挥资金的效用。

（3）债权众筹平台为投资人提供了高于市场利率的贷款，使投资人的投资选择多样化。债权众筹平台的利率高于商业银行的贷款利率；虽然债权众筹平台的利率是波动的，但是利率的波动低于股票市场的收益率波动，因此，债权众筹平台成为很多投资人的投资选择。

（4）债权众筹平台可以更好地发挥网络效应，为多家公司提供广告服务。

4.2　现有模式的劣势分析

债权众筹平台的劣势在于以下三个方面：

（1）债权众筹平台不能提供更多的就业机会。债权众筹平台仅仅是为一些企业和个人提供资金，但是不能为这些企业增加就业机会。

（2）以提供服务为核心的债权众筹平台收益有限。仅以提供信息服务，旨在增加借款人和投资人信息透明度的债权众筹平台，收益主要来源于管理费用和其他相关费用，而这些费用往往只有每笔交易收取利率的 21% 左右，收益有限。

（3）对社区管理者提出了较高的要求。在债权众筹平台内部建立交流社区能够增加交流的效率、提高网络效应，但是这对每个社区的管理者要求很高，如果社区的管理者没有达到预期的要求，很可能造成借款人和投资人不匹配，降低网络效应。

4.3　现有模式的机会分析

债权众筹平台的机会在于以下两个方面：

（1）债权众筹平台的目标客户是个人企业或者是中小型企业，这些企业对投入资金的收益要求不高。

（2）债权众筹平台的管理费用和利率设置具有较大的灵活性。

4.4　现有模式的威胁分析

债权众筹平台的威胁在于以下三个方面：

（1）较高的违约风险。债权众筹平台是为不易借到资金的借款人提供资金，这些借款人一种是借款金额较少，另一种是借款人信用评级较低。如果信用评级较低的借款人数量过多，借款人违约的可能性就会增大，债权众筹平台的违约风险也会增大。

（2）发展中国家的腐败风险。跨国的债权众筹平台旨在救助发展中国家，然而，目前很多发展中国家存在腐败的情况。因此，债权众筹平台很可能救助了并不需要救助的人。如果债权众筹平台为这一类人提供资金，就会助长骗取资金的借款人的气焰，这也会导致一部分急需资金的借款人没有及时得到资助。

（3）债权众筹市场规模小，竞争激烈。到目前为止，债权众筹平台的规模不及商业银行规模的 10%，但是债权众筹平台作为一种金融创新，是投资人的一种投资选择。因此，债权众筹平台面临着来自商业银行、股票市场、理财产品和其他金融投资产品的竞争。面对激烈的竞争，如何将投资人的大额资金碎片化并投入债权众筹市场是需要思考的重要问题。

4.5 中国现有市场存在的问题

从国内外众多债权众筹平台的发展历程和现状中，中国可以得到很多债权众筹未来发展的启示。本节主要针对目前中国债权众筹平台存在的问题，提出针对性的建议和改进意见。基于国内外对比研究和 SWOT 分析，总结中国债权众筹平台存在的主要问题是以下几个方面：

（1）监管法规不健全，业务范围难以得到法律保障。债权众筹平台监管法规不明确，法律界限不明确，无法定义债权众筹平台应该从事的业务和不能从事的业务。监管的缺位使得债权众筹平台乱象丛生，众多以债权众筹网络借贷为幌子进行非法集资诈骗的平台近期屡遭曝光，如 e 租宝。从 2014 年 7 月上线到 2015 年 12 月被查封，"钰诚系"以高额利息为诱饵，虚构融资租赁项目，持续采用借新还旧、提保等方式非法吸收大量公众资金，累计交易发生额达 700 多亿元，涉及投资金融约 90 万元。2007~2017 年，监管层对债权众筹平台的金融牌照问题尚没有明确的规定，并且每种金融牌照申请都需要较长周期。中国金融牌照一览表，如表 4.1 所示。

表 4.1 中国金融牌照一览表

牌照	监管部门	最初发放时间	主要业务
银行牌照	银监会	—	储蓄、信贷
信托牌照	银监会	1984 年	各类信托业务
金融租赁	银监会	1986 年	融资租赁
第三方支付牌照	中国人民银行	2011 年 5 月	网络支付、预付卡的发行与受理、银行卡收单
公募基金牌照	证监会	1998 年	公募基金、机构业务
基金子公司牌照	证监会	2012 年 11 月	各类信托业务
基金销售牌照	证监会	2001 年	发售基金份额
基金销售支付牌照	证监会	2010 年 5 月	基金销售支付结算业务
券商牌照	证监会	1988 年	证券承销与保荐、经纪、证券投资活动等
期货牌照	证监会	1993 年	期货交易

续表

牌照	监管部门	最初发放时间	主要业务
保险牌照	保监会	1988 年	财险、寿险、万能险
融资牌照	商务部	1993 年	外商，内资融资租赁
典当牌照	商务部	1988 年	典当业务
小额贷款公司	省级金融办公室	2006 年	无抵押贷款、抵押贷款、质押贷款
融资担保公司	省级金融办公室	1987 年	贷款担保、信用证担保

（2）没有明确规定电子合同效力及合同包含的内容。债权众筹平台最大的优势是平台中借贷双方无须见面就可以直接交流，平台将促进借贷双方的交流及信息沟通。当协商完成后，借款人和投资人可以通过签订电子合同互相约束法律责任和义务。但是，现在监管制度中对电子合同的内容和法律效力没有明确规定，导致交易过程中产生了各种不规范行为。

（3）不完善的征信系统。债权众筹平台成功运行的关键是选择信用度高的借款人。美国等国家已有完善的个人信贷系统，但是中国还未建立完善的个人征信系统，并且很难获得借款人的日常信贷信息，这些都为债权众筹平台对借款人进行筛选带来了困难。因此，构建全面的个人征信体系亟待解决。在当前经济形势下，债权众筹平台可以考虑与中国人民银行合作共享个人征信系统。

4.6　中国债权众筹市场发展改进建议

根据以上分析和中国债权众筹平台现阶段存在的问题，对债权众筹平台未来的改进提出以下建议。

（1）免费的手机 APP（application，应用程序）服务。移动终端最大的优势是为使用者提供方便、快捷的服务，让其能够第一时间进行操作，加强了借款人和投资人之间的交流互动。债权众筹平台设置免费的手机 APP 服务，对于借款人，能够更加快捷地发布资金需求，在债权众筹平台中表达自己的想法和感受；对于投资人，能够更加容易地进行投资交易，把握投资机会；对于债权众筹平台，能够方便、快捷地获取和发布更多的借款人和投资人的个人信息、交易信息等。免费的手机 APP 服务更好地实现了债权众筹平台信息交换媒介的功能，提高了债权众筹平台的运行效率，增加了债权众筹平台的透明度。

（2）债权众筹平台设立投资组合建议。参与债权众筹平台交易的投资人大多是非金融专业人员，部分投资人抱着试试看的态度参与债权众筹平台投资。在投资人缺乏金融专业知识的情况下，设置投资组合建议会给投资人带来极大的方便，也能够吸引投资人加入平台。

（3）债权众筹平台与中国人民银行个人征信体系对接，完善征信系统。信用评级是借款人还款能力的重要体现，它根据借款人过去的还款情况设置得分。投资人可以根据信用评级得分衡量借款人在未来还款的可能性，信用评级高的借款人给投资人发出守信的信号。目前很多债权众筹平台出现跑路问题的重要原因是对借款人征信评估失效，导致将投资人的资金借给没有还款能力的借款人。因此，债权众筹平台可与中国人民银行的征信系统对接，完善债权众筹平台征信体系。

（4）建立小型服务社区，扩大债权众筹平台网络效应。债权众筹平台的优势之一是不用线下会面，借款人和投资人可以通过网络加强相互之间的了解和信任。小型服务社区可以设置拥有金融专业背景的经纪人，负责进入社区的借款人和投资人的信息审核和信息发布。借款人和投资人进入社区之后，可以相互对话交流，也可以通过公众对话分享经验。这样既为借款人和投资人的身份和资格认证增加了一重保障，也为借款人和投资人提供了交流、沟通的平台，扩大了债权众筹平台的网络效应。

（5）多种竞价方式并存。债权众筹平台可以通过三种方式确定借款利率：①投资人根据债权众筹平台提供的利率参考指导自行决定利率；②根据借款人的信用等级决定，信用水平高的借款人的借款利率会相对较低，而信用水平低的借款人则需要承受较高的利率；③根据出借人投标利率的范围规定借款利率，投资人与投资利率最低者签订借贷合同。

同时，债权众筹行业的发展，仅仅依靠行业的资深努力远远不够，还需要有相关法规和政策的支持和监管。因此，本节提出以下政策建议。

（1）监管法规明确界定债权众筹服务范围及构建人条件，对从事服务范围以外的债权众筹平台实施相应的法律制裁。金融机构进行相应业务应先取得相应的牌照，这样能够得到相应的法律保护。债权众筹平台构建的初衷是为投资人和借款人提供投融资信息共享的网络平台，所以到目前为止，大部分债权众筹平台仅取得 API（application programming interface，应用程序编程接口）网络牌照，而没有相应的金融机构牌照。但是，随着债权众筹平台数量的增加、债权众筹平台业务的扩展信息共享功能将不能满足借款人和投资人的需求，债权众筹平台会逐渐扩大业务范围，向多元化方向发展。因此，法规应对债权众筹平台的服务范围和构建人条件进行明确界定。这样，一方面有利于规范平台的业务范围，更好地发挥债权众筹平台的作用；另一方面有利于更好地避免一些企图假借债权众筹平台圈存资金的行为，对他们这样的行为提出法律制裁，有利于更好地保护消费者的权益。

（2）出台相关政府文件，统一债权众筹平台口径，加强债权众筹平台之间的合作。由于债权众筹平台缺乏相应的违约保障，政府相关部门应出台债权众筹平台规范文件，规范债权众筹平台构建制度，具体包括债权众筹平台预付款、延期还款费用支付，债权众筹平台信用评级体系，债权众筹平台利率设置上限，等等内容。这些文件可以使债权众筹平台管理口径一致，加强债权众筹平台之间的合作。

4.7　本 章 小 结

　　本章对债权众筹平台现有模式进行了 SWOT 分析，认为债权众筹平台的优势在于：①债权众筹平台的透明度增加了借款人和投资人之间的信任，增加了客户黏性；②债权众筹平台可以将投资人的资金借贷给个人企业或者中小型企业，使企业摆脱财务困境，更好地发挥资金的效用；③债权众筹平台为投资人提供了高于市场利率的贷款，使投资人的投资选择多样化；④债权众筹平台可以更好地发挥网络效应，为多家公司提供广告服务。债权众筹平台的劣势在于：①债权众筹平台不能提供更多的就业机会；②以提供服务为核心的债权众筹平台收益有限；③对社区管理者提出了较高的要求。债权众筹平台的机会在于：①债权众筹平台的目标客户是个人企业或者是中小型企业，这些企业对投入资金的收益要求不高；②债权众筹平台的管理费用和利率设置具有较大的灵活性。债权众筹平台的威胁在于：①较高的违约风险；②发展中国家的腐败风险；③债权众筹市场规模小、竞争激烈。

　　在典型案例分析与 SWOT 分析的基础上，对我国债权众筹平台现阶段存在的问题进行了总结：①监管法规不健全，业务范围难以得到法律保障；②没有明确规定电子合同效力及合同包含的内容；③征信系统不完善。进而，对债权众筹平台的发展提出了改进建议：①免费的手机 APP 服务；②债权众筹平台设立投资组合建议；③平台与中国人民银行个人征信体系对接，完善征信系统；④建立小型服务社区，扩大平台网络效应；⑤多种竞价方式并存。最后，针对债权众筹行业遇到的问题和困难，提出政策建议：①监管法规明确界定债权众筹服务范围及构建人条件，对从事服务范围以外的债权众筹平台实施相应的法律制裁；②出台相关政府文件，统一债权众筹平台口径，加强债权众筹平台之间的合作。

第5章 中国互联网债权众筹市场发展战略定位

本章通过专家访谈等方式分维度对中国债权众筹行业目前的发展状况进行分析，并从整个经济社会及债权众筹行业发展的角度出发，依据专家打分的数据构建战略定位图，以期找到中国债权众筹网络借贷平台发展的战略定位及之后的发展方向。

5.1 指 标 选 择

根据以上对国内外债权众筹网络借贷平台发展模式的比较分析，结合债权众筹行业在中国经济社会发展中所起到的作用，本书选取与行业发展的融合度、与市场需求的匹配度，以及社会认可度三个维度对中国债权众筹行业目前的发展状况进行评价。

1. 与行业发展的融合度

由于相关法律不完善、监管机制缺失等原因，中国的债权众筹行业面临较高的风险，这严重影响了整个行业的信誉及其未来的发展，因此，健全中国债权众筹平台的风险控制机制，促进行业发展融合度，是中国债权众筹市场良好稳定运营的重要保障（胡旻昱和孟庆军，2014）。唐艺军和葛世星（2015）认为应当建立有效的风险防控机制，同时要完善平台的监管及信息审核和信息披露制度。而中国信用系统建设较为薄弱，因此平台问题频发，信用风险不断涌现，甚至出现了相当数量的网络借贷平台跑路导致投资者权益受损的现象（李鹏飞，2015）。

2. 与市场需求的匹配度

与市场需求的匹配度包括债权众筹平台在市场定位、客户定位，以及区域市场细分等方面。在 2007 年中国第一家债权众筹平台成立之后的很长一段时间内，由于相关法律和监管的不健全，中国债权众筹行业发展并不规范，虚假平台众多。在倒闭的平台中，跑路平台数量远远高于由于出现运营问题而倒闭的平台数量。并且在运营状态的平台中，有相当一部分平台并不是真正意义上的"信息中介"，而是信用中介或增信中介等。并且由于债权众筹平台的行业准入门槛较低、行业内专业人员缺乏等一系列因素，并不能较好的完成其便利微小企业融资、盘活社会闲置资金等目标。

3. 社会认可度

债权众筹平台的社会认可度反映了债权众筹平台在社会群体中的地位，体现了社会群体对债权众筹平台的支持和认同程度。这主要体现在债权众筹平台的发展规模、平台影响力及其公众口碑情况。债权众筹网络借贷平台发展状况指标的构建，如表 5.1 所示。

表 5.1　债权众筹网络借贷平台发展状况指标构建

维度	指标	解释
与行业发展的融合度	风险监控健全性	健全的风险监控体系
	信息披露有效性	信息披露的完备性
	征信资料可靠性	个人征信资料的可靠程度
与市场需求的匹配度	市场定位合理性	合理的市场地位
	客户定位准确度	合理的客户定位
	区域市场细分程度	对不同区域市场进行细分
社会认可度	发展规模	债权众筹平台的发展规模程度
	平台影响力	债权众筹平台的影响力
	公众口碑	公众的满意度

5.2　数　据　获　取

本书构建了 Likert-5 分量表，对 11 家债权众筹平台进行了访谈，同时请 8 位互联网金融领域的专家对 2009~2016 年债权众筹平台发展状况进行评分，共计 19 位专家对关于指标的描述符合性进行了评估。其中，"1"表示"非常差"，"2"表示"差"，"3"表示"一般"，"4"表示"好"，"5"表示"非常好"。债权众筹平台发展状况指标权重，如表 5.2 所示。

表 5.2　债权众筹平台发展状况指标权重

指标	权重
风险监控健全性	0.31
信息披露有效性	0.30
征信资料可靠性	0.39
市场定位合理性	0.43
客户定位准确度	0.28
区域市场细分程度	0.29
发展规模	0.51
平台影响力	0.26
公众口碑	0.23

5.3　战略定位图构建

根据前面构建的指标体系,得出债权众筹平台发展状况量化图,如图 5.1 所示。

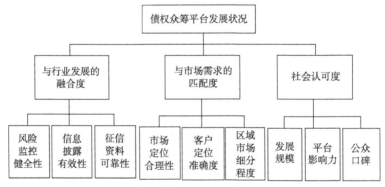

图 5.1　债权众筹平台发展状况量化图

中国债权众筹平台发展状况数据处理结果,如表 5.3 所示。

表 5.3　中国债权众筹平台发展状况数据处理结果

年份	指标		
	与行业发展的融合度	与市场需求的匹配度	社会认可度
2009	1.39	1.28	1.49
2010	1.70	2.28	1.49
2011	2.00	2.71	1.49
2012	2.30	2.71	3.00

续表

年份	指标		
	与行业发展的融合度	与市场需求的匹配度	社会认可度
2013	2.69	3.00	3.77
2014	3.00	3.28	3.77
2015	3.31	3.71	3.54
2016	3.70	3.71	3.77

从表 5.3 可以看出，在 2011 年之前，我国债权众筹行业的整体发展速度较为缓慢。2011 年以后，债权众筹平台发展整体上加快且趋于良好，社会认可度、与行业发展的融合度，以及与市场需求的匹配度都呈现明显的上升趋势。具体来看，社会认可度在 2012 年和 2013 年这两年里显著提高，但在 2015 年呈现出回落的趋势，这可能与问题平台数量的增加有关，与行业发展的融合度呈现平稳上升的趋势，与市场需求的匹配度逐年提升。

2012~2013 年的债权众筹平台呈现爆发式增长，但在平台数量迅猛增长的同时，问题平台数量也越来越多，且其增长率居高不下。为治理债权众筹行业乱象，监管部门提高了行业准入门槛，并出台了银行承担资金存管等各种政策细则。未达标债权众筹平台将在竞争中被淘汰，网络借贷行业将逐渐走向规范化和标准化。

在行业发展方面，我国债权众筹行业在诞生之初经历了一段监管空白期。债权众筹监管真正被提到政策层面是从 2014 年开始的，届时债权众筹平台已出现非法集资等触碰法律底线的现象，监管部门开始意识到债权众筹行业对金融市场稳定性的重要影响。2015 年正式确定债权众筹行业由银监会下的普惠金融部进行监管；2016 年开始对互联网金融实施专项整治，债权众筹行业开始重新洗牌。

5.4　本　章　小　结

债权众筹平台最早出现于英国，随着 2005 年第一家债权众筹平台 Zopa 的成立，在欧美等发国家，如美国、德国，以及亚洲的部分国家，如日本也陆续发展了自己的网络借贷平台。2007 年，上海成立了我国的第一家债权众筹平台。相比国外而言，我国债权众筹平台起步较晚，且国外由于良好的市场经济体制及较完善的个人征信体系，债权众筹平台发展更为成熟。从我国债权众筹行业发展战略定位图来看，2011 年以后，债权众筹平台发展整体上呈现加快且趋于良好的态势，社会认可度、与行业发展的融合度，以及与市场需求的匹配度都呈现明显上升的趋势。

第二部分　互联网债权众筹市场理论研究

第6章 互联网债权众筹市场发展的理论基础

债权众筹市场的兴起是为了弥补银行等传统融资渠道的融资不足，它的发展对于借款市场的完善有着重要的存在价值和发展的必要性（钱金叶和杨飞，2012）。从融资角度来看，优质借款人大多会选择传统的融资渠道因为其贷款利率更低，而债权众筹平台主要面对的是无法从传统渠道取得资金的一些中低收入阶层和中小企业。从投资角度来看，债权众筹平台不仅为投资人提供了新的投资渠道，而且极大地拓宽了投资人的投资选择范围，增加了投资机会，提高了闲散资金的运用效率也就提高了资金的效用，有利于资源的优化配置。从金融市场发展角度来看，债权众筹平台将传统民间金融、地下金融公开化、网络化，有助于整个金融市场的健康发展。关于债权众筹平台产生和发展的理论主要包括以下四个理论。

6.1 供 求 理 论

供求理论强调的是在市场经济背景下，需求和供给相互匹配最终达到市场出清。如果需求与供给相匹配了，那么交易就会发生。就目前信贷市场而言，银行主要是和大中企业进行贷款交易，这导致小微企业和个人商户的信贷需求无法得到满足，于是市场中债权众筹平台为小微企业和个人商户等提供供给，以满足其需求。

自改革开放以来，我国经济发展的主要内生动力是民营经济，而民营经济的主力之一便是小微企业，但这类企业在融资方面却存在很大的问题。一是较成熟的大企业而言，小微企业在管理、经营效益、信用等方面难以满足银行等传统融资渠道的要求，而且商业银行也会出于降低贷款风险、增加收益的目的将小微企业拒之门外；二是，小微企业受自身规模等原因的限制，难以实现通过上市发行股票的手段融资；三是虽然民间借贷可以为小微企业提供融资需求，并且相比传统金融渠道可以降低成本、提高效率，但是我国金融系统存在体制不健全、贷款高利率、借贷双方法律意识不足等问题，这些问题使民间借贷在实施过程中纠纷百出。而债权众筹平台的主要贡献在于调动了小额闲置资金，满足了小额信贷需求，弥补了民间借贷的不足，为小微企业的融资开拓了新的空间。

随着银行利率的降低及居民存款的增长，越来越多的投资人开始不满足低收益的银行存款，如图 6.1 所示，2014~2015 年，银行存款利率远低于 P2P 网络借贷平台综合收益率。而股票、基金等投资具有高风险，一些投资人希望在获得较高收益的同时能得到本金的保障，债权众筹平台的本金保障模式较好地满足了投资人的需求，而且"小额分散"的原则使投资人的闲散资金得到合理的配置，让投资人更为放心。

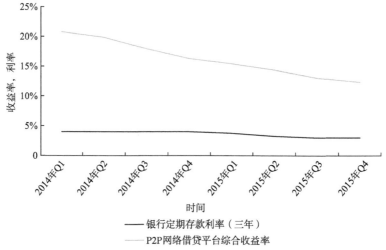

图 6.1 2014~2015 年银行存款利率与债权众筹网络借贷收益率

综上所示，债权众筹平台是在现有融资渠道和手段无法有效满足市场所有的投资人和借款人的情况下，孕育而生的新型融资模式。

6.2 社会资本理论

社会资本是个体根据所依托的社会关系，以及这种社会关系下的信用产生的一种社会资源。拥有该社会资源的个体可以利用其进行有目的的行为，从而获利。Bourdieu（1986）认为社会资本作为资源集合与公认的体制化网络相关联，并在集体资本方面支持会员。林南（2002）认为，社会资本是一种宝贵资源，普遍存在于社会结构中，人们需要遵循规律才能获取社会资本。社会资本的合理利用不但可以提高资金运作效率、优化资源配置，还可以降低交易门槛和费用。这体现在债权众筹平台的借贷活动中，即可以有效提高社会闲置资本利用效率，也可以有效降低交易成本。

尤其是在我国征信系统尚未完善的情况下，社会资本因素在很大程度上影响着投资人的决策行为，借款人的社会网络规模越大、结构越复杂、组织成员越多、信任程度越高，成功贷款的概率也就越高。

6.3　信息不对称理论

信息不对称是指交易的双方享有不一样的信息，因而在交易中所处的地位也就不同，拥有较多信息的一方处于优势，另一方则处于劣势。在市场交易过程中，由于某些自然因素或人为因素，交易双方不能获得相同的交易相关信息。而逆向选择和道德风险就是信息不对称现象中的两个主要问题。逆向选择是指那些在金融市场上最积极寻求贷款的人往往是最有可能造成不良记录的借款人，因此逆向选择增大了不良贷款发生的可能性。虽然市场上有风险低的贷款机会，但当投资人意识到该问题时，也就不会进行贷款发放，这样间接融资的机会就降低了。道德风险是指在金融市场上，投资人将资金贷给借款人以后，借款人可能将这笔资金投入一些不利于投资人收益的活动中，这导致贷款有可能不能归还，增加了还款违约率，从而投资人会放弃借款。

债权众筹平台作为信息中介，交易双方和平台之间的信息传递对整个交易的成功有着重要的影响。由于国外个人征信系统比较完善，这种信息不对称的问题可以在一定程度上得到缓解。此外，由于债权众筹平台的信息区别于传统融资渠道的信息，信息处理可以有效解决信息不对称问题。在网络借贷中，交易双方的信息，尤其是借款人的信息，如身份、信用、偿还能力等尤为重要。与传统融资渠道相比，债权众筹平台的信息处理方式有诸多不同，一是债权众筹平台的信息一般是由社交网络生成并且通过网络进行传播的；二是通过搜索引擎对信息进行处理可以满足交易双方对信息的针对性需求；三是云计算处理信息能力强，能实现快速高效的信息处理。

6.4　信用风险管理相关理论

一般而言信用风险，是指借款人因未能如期偿还债务而给投资人带来的风险。广义上来说，信用风险是指所有因借款人违约引起的风险。而狭义的信用风险，即信贷风险。现代意义上的信用风险除上述内容外，还包括因借款人违约而引起损失的情况，以及由于借款人信用评级或履约能力变动造成其债务市场价值损失的可能性。

1. 信用风险的识别

识别风险首先要认识风险，要能够在业务流程过程中通过各种信息找出可能产生风险的因素及产生风险的环节点。一般确定是否属于信用风险的主要途径是分析客户的基本信息、财务状况，以及信用评级等信息。

2. 信用风险的度量

信用风险的度量是整个信用风险管理的核心。现代意义下的风险度量主要包括四个部分：单笔贷款的信用风险度量、各信贷组合的信用风险度量、经济资本度量和资本收益度量。每部分又含有具体的参考指标，如违约率、违约风险敞口和损失比率等。在债权众筹行业中，由于缺乏银行系统专业的征信报告，在债权众筹平台对借款人的审核方面一般会由债权众筹平台制定一系列的审核标准来进行信用审核，也就是借款人信用风险的度量。同样，投资人在对债权众筹平台的选择方面，也会根据自己的判断或者第三方机构的审核对债权众筹平台的信用风险进行评判，从而做出相应的投资决策。

3. 信用风险的管控

信用风险的管控，是指根据调整后的风险收益原则对贷款集中度进行分析，采用一系列的商务决策对风险限额进行权衡、选择和分配，确定各地区、各行业、各客户应承担的风险头寸的过程。

准确的风险度量结果可以为精细的贷款定价管理提供依据，为有效的贷款组合优化管理提供支持，从而实现风险与回报的最佳平衡，实现资本的高效配置，提高银行的核心竞争力。

4. 债权众筹信用风险定义

本书从债权众筹平台的资产端和资金端两方面来分析债权众筹信用风险。债权众筹平台在对借款人进行贷前调查和贷中审查时，一般通过网络或电话等媒介获取相关资料，但这些新信息都由借款人单方提供。一些平台受利益驱动放宽对借款人的考察标准，使借款人信用等级上升，从而更能取得投资人的信任的同时，也提高了借款人的违约风险。

与债权众筹平台相比，投资人处于信息劣势，一方面无法充分获得债权众筹平台实际运营情况的相关信息，另一方面是通过债权众筹平台间接获得借款人的风险状况。债权众筹平台以自身作为担保，会增加投资人面临的潜在风险，一旦平台"跑路"投资人将面临惨重损失。由于对债权众筹平台的监管制度还在完善过程中，在各种债权众筹平台之中也不乏一些通过投资人资金自融触及法律底线的现象。

5. 债权众筹信用风险产生的问题

在债权众筹平台与借款人之间，由于债权众筹平台的审查机制、风险控制能力不足，债权众筹平台难以保证借款人的信用，借款人违约最终导致债权众筹平台资金链断裂。此外，由于债权众筹平台之间缺乏相互沟通，借款人可能在多个平台借款，而各个平台只根据自己的标准进行审核并不知道借款人在其他平台的借款情况，一旦借款人违约，很可能造成风险传染。在债权众筹平台与投资人之间，投资人掌握的信息不充分，无法得知平台的资金使用途径，也无法得知平台是否为吸引资金虚假提高借款人信用，因此造成平台"跑路"事件频发。

6.5 本 章 小 结

互联网债权众筹市场的兴起不过短短十几年，但从它出现以来，凭借着市场中巨大的借贷资金需求，不论是在 2008 年经济危机还是经济发展平稳时期，都得到了快速发展。作为一种创新的金融模式，它的发展也吸引了业界及学术界的目光。

在整个发展过程中，互联网债权众筹市场虽然存在问题和风险，但是它的发展对经济和金融市场的发展起到了积极的作用。这一模式发展的有效性和必要性也得到了很多理论的支持，并以此为支撑不断走向成熟。供求理论论证了互联网债权众筹市场存在的意义，认为其改善了传统的融资渠道和手段无法有效满足市场所有的投资人和借款人的情况。社会资本理论解释了互联网债权众筹市场的优越性，通过这种新型模式可以有效提高社会闲置资本利用效率，有效降低交易成本。信息不对称理论和信用风险管理相关理论则对平台发展过程中实际存在的风险问题进行了解读，论证了风险管理的重要性并总结了风险的控制思路。

第7章　互联网债权众筹市场运作机理研究

对于投资人来说，互联网债权众筹市场为他们提供了新的投资机会。一般情况下，投资人必定会选择在商业银行存款或者在股票市场投资，但是，不一定会选择在债权众筹市场投资。对于借款人来说，互联网债权众筹市场为他们提供了新的资金融通渠道。本章以传统金融市场，也就是纯中介交易市场为基准，构建互联网债权众筹市场竞争性双边市场理论模型。首先，构建纯中介交易金融市场基准模型；其次，在基准模型的基础上加入互联网债权市场非中介交易市场，探讨互联网债权众筹与传统金融模式的区别，构建互联网债权众筹市场模型；再次，研究互联网债权众筹市场中单边市场模型；最后，构建互联网债权众筹市场竞争性双边市场模型。

假设市场中有一个大型机构投资人，且该投资人为风险中性，交易量可以随机选择，有大量小规模投资人，N 个独立的中介机构。假设在时间 t，该大型机构投资人受到流动性波动的影响，需要进行 Q 交易，$Q>0$，折现率为 $\delta<1$。小规模投资人能够交易的数量是有限的，获取交易的可能性是 ρ，交易量服从 αQ 的连续分布，其中，$\alpha \geq 1/\rho$。只要其交易的价格比在中介交易的价格低，大型机构投资人就会愿意与小规模投资人进行交易。中介机构的效用函数为常数绝对风险厌恶效用函数（Constant absolute risk aversion，CARA 效用函数），风险厌恶系数为 $\kappa>0$。

假设在初始阶段，中介机构没有存货。中介机构的目标是最大化效用，使市场出清，也就是说，交易价格 p 对应的中介愿意交易量 $\forall P \in R, q_i(\cdot): p \rightarrow q_i(p)$。资产是无限可分的。资产有不确定的价值 $\tilde{v} = \bar{v} + \tilde{\theta}_T + \tilde{\theta}_0 + \bar{\varepsilon}$，其中，$\bar{v}>0$；$\tilde{\theta}_T \sim (0, \sigma_{\theta_T}^2); \sigma_{\theta_T}>0, \tilde{\theta}_0 \sim (0, \sigma_{\theta_0}^2), \sigma_{\theta_0}>0, \bar{\varepsilon} \sim N(0, \sigma_\varepsilon^2), \sigma_\varepsilon>0$。其中，$\tilde{\theta}_T$、$\tilde{\theta}_0$、$\bar{\varepsilon}$ 是相互独立的；随机变量 $\tilde{\theta}_T$ 和 $\tilde{\theta}_0$ 代表投资人能够观察到的信息；$\tilde{\theta}_T$ 表示所有投资人都能够观察到的信息；$\tilde{\theta}_0$ 表示只有非透明交易者能够观察到的信息。也就是说，$\tilde{\theta}_T$ 表示容易获取的信息；$\tilde{\theta}_0$ 表示不容易获取的信息或者模糊信息。

在某一个统一的价格，市场是出清的。交易成本分为直接交易成本和间接交易成本。直接交易成本，是指投资人之间的交易成本。投资人交易量 q，交易成本包括数据处理成本、供应商追踪等，总成本为 $C(q)$，C'，$C'' > 0$。假设直接交易成本为 $C(q) = \dfrac{c}{2}q^2$，$c \geqslant 0$。不存在间接交易成本。间接交易成本，是指交易的资产很可能是在某笔交易之前交易方已与其他交易方进行交易，在这笔交易中因交易方索取的价格高于之前交易的价格而产生的成本。

某个大型机构交易者随机选择交易量，这个大型机构交易者可以与任意小规模机构交易者和中介机构进行交易，中介机构会立刻接受大型交易者的需求，但是小规模机构交易者可能被接受也可能被拒绝。大型机构交易者在交易之前可以提前与其他机构交易者和中介机构商议交易的顺序和交易量，交易剩余由中介机构填补。

7.1　纯中介交易市场运作机理研究

假设基准模型是纯中介交易市场（Biais，1993），大规模机构交易者受流动性波动的影响，需要购买交易量为 q 的金融资产；有 $N > 0$ 个中介机构，中介机构会最大化期望收益；在均衡时，市场出清，$\sum\limits_{i=1}^{N} q_i = q$；中介机构没有存货，不存在间接交易成本；交易的价格为 p；当市场中仅有中介机构，中介机构提供的价格是大规模机构交易者能够接受的价格。

中介机构的原始财富为 w，效用函数为 CARA 效用函数，即 $u(w) = -\mathrm{e}^{-kw}$，交易之后中介机构的财富为 $w + pq_i - vq_i$，在考虑成本的情况下，CARA 正态分布效用函数，最大化中介机构的期望效用：

$$-\exp\left[-E(w + pq_i - vq_i) - \frac{k}{2}\mathrm{Var}(w + pq_i - vq_i)\right]$$

根据上式可以得到

$$E(w + pq_i - vq_i) = w + \left(p - \bar{v} - \tilde{\theta}_{\mathrm{T}} - \tilde{\theta}_0\right)q_i$$

$$\mathrm{Var}(w + pq_i - vq_i) = \left(p - \bar{v} - \tilde{\theta}_{\mathrm{T}} + \tilde{\theta}_0\right)^2 q_i^2$$

一阶偏导求出最优解为

$$q_i = \frac{p - \bar{v}}{k\left(\sigma_{\theta_{\mathrm{T}}}^2 + \sigma_{\theta_0}^2 + \sigma_\varepsilon^2\right)}$$

需求函数为

$$q_i(P) = \frac{p - \overline{v}}{k\left(\sigma_{\theta_T}^2 + \sigma_{\theta_0}^2 + \sigma_\varepsilon^2\right)}$$

当市场出清时：

$$\sum_{i=1}^{N} q_i = q$$

$$\frac{N(p - \overline{v})}{k\left(\sigma_{\theta_T}^2 + \sigma_{\theta_0}^2 + \sigma_\varepsilon^2\right)} = q \Leftrightarrow P^{mm}(r, q) = \frac{qk\left(\sigma_{\theta_T}^2 + \sigma_{\theta_0}^2 + \sigma_\varepsilon^2\right)}{N} + \overline{v}$$

令 $l = \dfrac{1}{\sigma_{\theta_T}^2 + \sigma_{\theta_0}^2 + \sigma_\varepsilon^2}$，则 $P^{mm}(r, q) = \dfrac{qk}{lN} + \overline{v}$。其中，$l = \dfrac{1}{\sigma_{\theta_T}^2 + \sigma_{\theta_0}^2 + \sigma_\varepsilon^2}$ 表示市场风险因素，包括信息获取风险 $\left(\sigma_{\theta_T}^2 + \sigma_{\theta_0}^2\right)$ 和经济基本面风险 σ_ε^2。

当投资人从中介机构购买 q 资产，投资人支付为

$$\pi^{mm}(r, q) = \left(\frac{qk}{lN} + \overline{v}\right)q$$

在这个模型中，市场出清价格因多种因素改变，这些因素有信息获取风险、经济基本面风险、购买资产的中介机构的数量、中介机构风险厌恶程度、资产价值等。这些因素会影响市场出清价格，进而影响投资人的市场收益。

7.2　混合交易市场运作机理研究

大规模机构交易者不仅与中介机构进行交易，也与其他交易者进行交易，市场信息是非对称的，不存在间接交易成本。

与小规模投资人达成交易的可能性为 ρ，当与小规模投资人的交易量为 x 时，最终交易量为 ρx。假设大型机构投资人与小型投资人交易时支付的价格为 p，发生的成本为 $C(x)$。与中介机构交易量为 q，支付的价格为 $P^{mm}(q)$。大型机构投资人交易总量为 q，与小型交易者的交易量为 ρx，则与中介机构交易量为 $q - \rho x$。与中介机构交易未来的实际收益率为 w_1，与小规模交易者交易未来的实际收益率为 w_2，风险中性的大型交易者选择 x 最大化收益：

$$\overset{max}{x}(1 + w_1)P^{mm}(q) + (1 + w_2)p - \frac{c}{2}x^2 - px - \left[\frac{(q - \rho x)k}{lN} + \overline{v}\right](q - \rho x) \Rightarrow x^c(q)$$

$$= \frac{\rho\overline{v} - p + \dfrac{2\rho qk}{lN}}{c + \dfrac{2\rho^2 k}{lN}}$$

由上式可知，当 $p \geqslant \rho \bar{v} + \dfrac{2\rho qk}{lN}$，大规模交易者与小规模机构交易者的交易量为 0，大规模交易者只会与中介机构进行交易。这就是债权众筹市场的利率要高于传统金融市场的原因，与债权众筹市场相比，传统金融市场有明显的市场份额和固定的客户群优势，债权众筹市场只有在利率方面占优势、让投资人在未来获得更高的收益，才能吸引更多的投资者参与债权众筹市场。并且，交易的数量受信息获取风险、经济基本面风险、购买资产的中介机构的数量、中介机构风险厌恶程度、资产价值等因素的影响。这些因素通过影响交易量，进而影响大规模交易者收益。

此外，从上式可以看出，当 $p < \rho \bar{v} + \dfrac{2\rho qk}{lN}$ 时，大规模交易者会与小规模机构交易者进行交易，交易数量呈现倒 U 型结构；当 $x < x^{c}(q)$ 时，大规模机构交易者与小型交易者的收益随着交易数量的增加而逐渐增加；当 $x > x^{c}(q)$ 时，大规模机构交易者与小型交易者的收益随着交易数量的增加而逐渐减少。在到达最优交易数量之前，大规模交易者的收益是随着交易数量的增加而增加的。

7.3　互联网债权众筹市场运作机理研究

假设无摩擦的经济，交易期间为 $[0,\tau]$，交易时间是离散的或者是连续的。如果交易时间是离散的，交易时间集合为 $\{1,2,3,4,\cdots,\tau\}$；如果交易时间是连续的，交易时间是 $[0,\tau]$ 整个时间段。当交易发生在 $[0,T]$ 期间时，其间某个时点 $t(t<T)$，则 $p_0(t,T)$ 是在时间 t 借款人获得借款的金额，$p_0(t,T)>0$。

任何投资的期望收益等于投资期限到期时，投资人获得的收益减去损失。其中，损失是根据历史违约情况估计得到的。在投资组合中，投资人的期望收益是各个部分期望收益乘以各部分的权重。

$B(t)$ 表示某个投资人在时间 t 投入的资金金额，将这部分资金投给甲、乙、丙三个人，投入的资金分别为 X、Y、Z，即 $B(t)=X+Y+Z$。三位借款人的借款都是在时间 T 到期。

$r_0 = v_1(t,t)$ 表示借款人的借款利率，也就是，投资人投入资金在未来获得的收益率；$V_1(t,T)$ 表示在时间 T 单位货币带来的收益，也就是利息。那么未来收益折现为

$$p_1(t,T) = V_1(t,T)/r_0$$

7.3.1   垄断性单边市场模型

下面讨论债权众筹垄断性单边市场模型,它是指市场中有一个垄断性投资人、多个借款人,这个垄断性投资人可以向多个借款人投资,因为市场中仅有一个投资人,故投资人不需要与其他投资人竞争。

假设市场中有一名投资人和多名借款人,投资人在 $t=0$ 时投资,那么借款人在 $t=0$ 获得借款,在 $t=1$ 时归还借款,那么借款的利率是 $r(0)$,按照复利方式计算利息,到期还本付息。当 $t=1$ 时投资人收回本金和利息。同时,假设甲违约的概率为 $\lambda\mu_0$,乙违约的概率为 $\lambda\mu_1$,丙违约的概率为 $\lambda\mu_2$ 。采用复利计息法,到期时借款人一次还本付息。

不考虑未来收益折现,投资人决策行为二叉树,如图 7.1 所示。那么,在 $t=1$ 时,投资人获得收益的期望值为

$$\left[(1+r_0)^2 X - X\right] \times (1-\lambda\mu_0)^2 + \left[(1+r_0)^2 Y - Y\right] \times (1-\lambda\mu_1)^2 + \left[(1+r_0)^2 Z - Z\right]$$
$$\times (1-\lambda\mu_2)^2 - X \times \lambda\mu_0 (2-\lambda\mu_0) - Y \times \lambda\mu_1 (2-\lambda\mu_1) - Z \times \lambda\mu_2 (2-\lambda\mu_2)$$

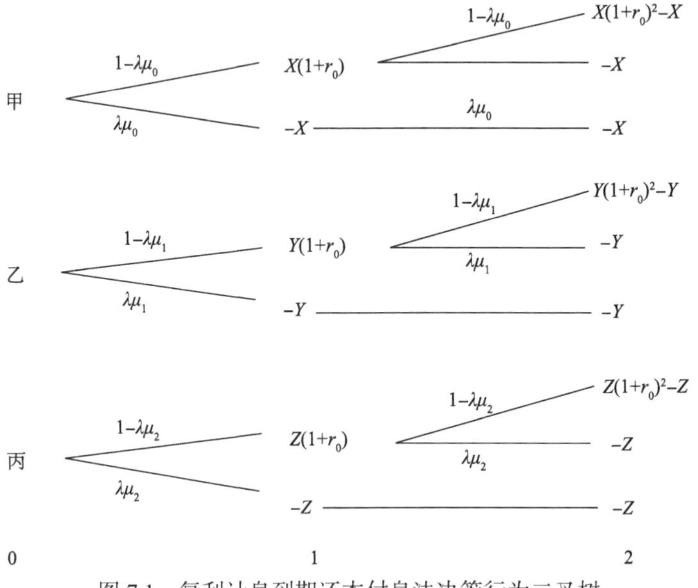

图 7.1   复利计息到期还本付息法决策行为二叉树

当改变利息支付方式时,我们假设借款人采用等额本息还款法,即借款人每月按相等的金额偿还贷款本金和利息,每月借款的利息按月初剩余的借款本金计算,并且逐月结清。假设贷款金额为 $B(0)$,贷款利率为 r_0 ,总期数为 m (个月),每期(每月)还款金额为 W ,不考虑货币的时间价值,则每期(每个月)所欠贷款金额,如图 7.2 所示。其中

第一期末(第一月末): $B_1 = B(0) \times (1+r_0) - W$

第二期末（第二月末）：

$$B_2 = B_1 \times (1 + r_0) - W = \left[B(0) \times (1 + r_0) - W \right] \times (1 + r_0) - W$$

$$= B(0)(1 + r_0)^2 - W \left[(1 + r_0) + 1 \right]$$

第三期末（第三月末）：

$$B_3 = B_2 \times (1 + r_0) - W = B(0)(1 + r_0)^3 - W \left[(1 + r_0)^2 + (1 + r_0) + 1 \right]$$

$\vdots$

第 m 期末（第 m 月末）：

$$B_m = B_{m-1} \times (1 + r_0) - W$$

$$= B(0)(1 + r_0)^m - W \left[(1 + r_0)^{m-1} + (1 + r_0)^{m-2} + \cdots + (1 + r_0)^2 + (1 + r_0) + 1 \right]$$

因为还款总期限为 m，第 m 期刚好还完所有借款：

$$B_m = B(0) \times (1 + r_0)^m - \frac{W \left[(1 + r_0)^m - 1 \right]}{r_0} = 0$$

即每期（每月）还款金额为

$$W = \frac{B(0) \times r_0 \times (1 + r_0)^m}{(1 + r_0)^m - 1}$$

当 $m=2$ 时，每期（每月）还款金额为

$$W = \frac{B(0) \times r_0 \times (1 + r_0)^2}{(1 + r_0)^2 - 1}$$

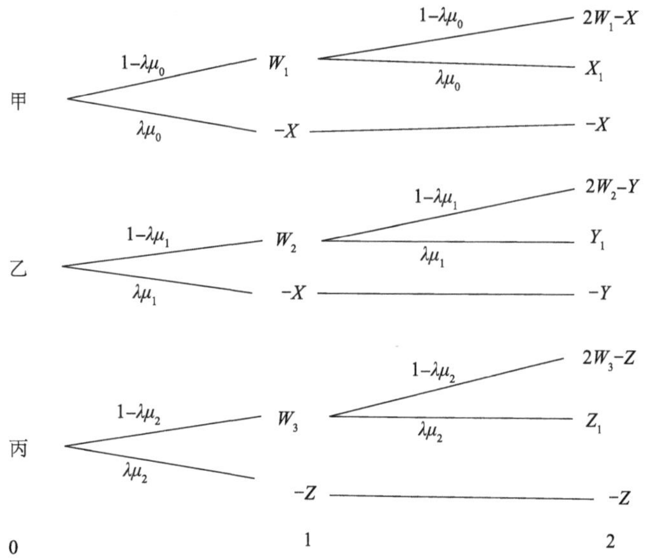

图 7.2　等额还本付息法决策行为二叉树

图7.2中，$X_1 = \left[X(1+r_0)^2(1-r_0) - X \right] / (1+r_0)^2 - 1$；$Y_1 = \left[Y(1+r_0)^2(1-r_0) - Y \right] / (1+r_0)^2 - 1$；$Z_1 = \left[Z(1+r_0)^2(1-r_0) - Z \right] / (1+r_0)^2 - 1$；$W_1 = \left(X \times r_0 \times (1+r_0)^2 \right) / \left[(1+r_0)^2 - 1 \right]$，$W_2 = \left[Y \times r_0 \times (1+r_0)^2 \right] / \left[(1+r_0)^2 - 1 \right]$，$W_3 = \left[Z \times r_0 \times (1+r_0)^2 \right] / \left[(1+r_0)^2 - 1 \right]$

则投资人期望收益为

$$
\left[\frac{2X \times r_0 \times (1+r_0)^2}{(1+r_0)^2 - 1} - X \right] \times (1 - \lambda \mu_0)^2 + \left[\frac{2Y \times r_0 \times (1+r_0)^2}{(1+r_0)^2 - 1} - Y \right] \times (1 - \lambda \mu_1)^2
$$

$$
+ \left[\frac{2Z \times r_0 \times (1+r_0)^2}{(1+r_0)^2 - 1} - Z \right] \times (1 - \lambda \mu_2)^2 + \left[X - \frac{X \times r_0 \times (1+r_0)^2}{(1+r_0)^2 - 1} \right] \times (1 - \lambda \mu_0)
$$

$$
\times \lambda \mu_0 + \left[Y - \frac{Y \times r_0 \times (1+r_0)^2}{(1+r_0)^2 - 1} \right] \times (1 - \lambda \mu_0) \times \lambda \mu_0 + \left[Z - \frac{Z \times r_0 \times (1+r_0)^2}{(1+r_0)^2 - 1} \right] \times
$$

$$
(1 - \lambda \mu_0) \times \lambda \mu_0 - X \times \lambda \mu_0 - Y \times \lambda \mu_1 - Z \times \lambda \mu_2
$$

7.3.2   竞争性单边市场模型

本小节假设市场中投资人由一名投资人变为多名投资人，投资人争先为借款利率高的借款人投资，投资人之间存在竞争关系。P_z 表示每期投资人还本付息的金额；$B(0)$ 表示投资金额；r_0 表示投资给借款人的利率；m 表示借款期限；$\lambda \mu$ 表示借款人的违约概率；r 为随机折现因子，那么投资人在平台获得的收益的期望值为

$$
\mu_z = P_z \left[1 - \left(\frac{1 - \lambda \mu}{1 + r} \right)^\tau \right] \frac{1 - \lambda \mu}{r + \lambda \mu}
$$

其中，$P_z = \dfrac{B(0) \times r_0 \times (1+r_0)^m}{(1+r_0)^m - 1}$。

如果债权众筹市场按投资人投资金额收取 0.3% 的交易费用（田俊领，2014），那么，投资人获得的平均收益为

$$
\mu_z = P_z \left[1 - \left(\frac{1 - \lambda \mu}{1 + r} \right)^\tau \right] \frac{1 - \lambda \mu}{r + \lambda \mu} - 0.3\% B(0)
$$

$$
\sigma_z^2 = \sum_{t=1}^{35} \pi_z (1 - \pi_z)^t \left(\sum_{\tau=1}^{t} \frac{P_z}{(1+r)^\tau} \right)^2 + \left(\sum_{\tau=1}^{36} \frac{P_z}{(1+r)^\tau} \right)^2 (1 - \pi_z)^{36} - \mu_z^2
$$

投资人收益最大化

$$\overset{\max}{Eu}\left(W^i\left[\sum_{z=1}^{Z}x_z^iR_z^i\right]\right)$$

$$\text{s.t.}\quad \sum_{z=1}^{Z}x_z=1$$

其中，W^i 为投资人持有的财富；x_z^i 为财富中投入某项目资金的比例；R_z^i 为投入该项目的超额收益；R_z^i 在债权众筹市场等于上式中的 μ_z；π_z 为借款人违约概率；r 为无风险利率。

投资人根据收益最大化选择项目后，对投资收益率进行判断，投资收益率的计算公式为 $\dfrac{R_z^i}{W^i}$，如果投资收益率大于止损偏好，投资人会继续进行投资；如果投资收益率小于止损偏好，投资人会停止投资，收回资金。

7.3.3　竞争性双边市场模型

在单边市场模型中只考虑投资人，在竞争性双边市场模型中，既要考虑多名投资人，又要考虑多名借款人。假设，借款人在第 t 期违约的概率为 $\Pr(T=t)=\lambda\mu(1-\lambda\mu)^t(t<\tau)$，同时，当借款人进入平台后影响平台支付借款金额 0.3% 的交易费，则支付的平均成本为

$$b=\sum_{t=1}^{\tau}\sum_{n=1}^{t}\frac{P_b}{(1+r)^n}\bigg|_z \lambda\mu(1-\lambda\mu)^t+\sum_{n=1}^{\tau}\frac{P_b}{(1+r)^n}(1-\lambda\mu)^{\tau}+0.3\%\times X$$

其中，P_b 表示借款人每次还本付息的金额，$P_b=P_z=\dfrac{B(0)\times r_0\times(1+r_0)^m}{(1+r_0)^m-1}$；$P_z$ 表示每期投资人还本付息的金额；r_0 表示无风险利率；n 表示借款期限；$\lambda\mu$ 表示借款人违约概率；X 表示借款金额；r 表示投资人将资金借给借款人的利率。如果借款人有能力归还借款，他会按时归还借款或者延期归还。但是，如果借款人自有资金无法归还借款，他会选择违约。

同时，竞争性多边市场存在多名竞争的投资人和多名借款人，因此，竞争性市场存在外部性。Armstrong 在 2006 年的研究中只考虑了组间网络外部性对定价策略的影响，忽视了组内网络外部性的作用。在债权众筹市场中，投资人与投资人除了对优质借款标的的竞争行为之外，还需要互相合作以分摊借款人违约造成的财产损失，需要互相交易债权以降低流动性风险。借款人对投资人的组间网络外部性，用组间网络外部性强度乘以借款人人数表示；组内网络外部性，用组内外部性强度乘以投资人人数表示。因此，在平台收益中既要考虑组外部性，也要考虑投资人之间的组内外部性，平台收益的计算公式为

$$\pi=(p_1-f_1)\times n_1+(p_B-f_B)\times n_B$$

其中，π 表示平台的利润；p_I 表示投资人支付的费用；f_I 表示平台为每位投资人支付的成本；n_I 表示平台中投资人的数量；p_B 表示借款人支付的费用；f_B 表示平台为借款人支付的成本；n_B 表示平台借款人的数量。

7.4　本 章 小 结

　　本章首先从宏观角度对比了债权众筹市场和传统金融市场的区别，从比较中发现，债权众筹市场只有提供高于传统金融市场的利率才能吸引投资人，原因是与债权众筹市场相比，传统金融市场有明显的市场份额和固定的客户群优势，债权众筹市场只有利率占有优势、让投资人在未来获得更高的收益，才能吸引更多的投资人参与债权众筹市场。此外，本章发现信息获取风险、经济基本面风险、中介机构数量、中介机构的风险厌恶程度、购买资产的价值、小型交易者对资产的定价和交易数量等因素会影响大规模交易者在未来的收益。

　　基于以上宏观视角的研究，本章逐步细化对债权众筹市场的刻画，分为单边垄断型债权众筹市场、单边竞争型债权众筹市场和双边竞争型债权众筹市场。分别得出市场中投资人、借款人和平台的优化模型，为下文债权众筹市场的定价和仿真研究提供了理论依据。

第8章 互联网债权众筹平台的定价机制研究

随着互联网热潮的涌进，债权众筹平台作为直接融资平台崭新的信贷模式在我国发展迅速，截至 2015 年 12 月底，全国共有 4 948 家债权众筹平台，2015 年 P2P 网络借贷行业的成交额更是突破了万亿元。债权众筹行业在快速发展的同时问题也在不断凸显，仅 2015 年 12 月份，新发生停止经营、提现困难、失联跑路等情况的债权众筹平台就达到 202 家，其中除政策监管的因素，对行业定价体系的认知缺乏也是一个重要的原因。结合互联网金融热潮与平台问题频现的背景，对债权众筹平台定价策略进行研究，具有重要的现实意义。本章研究将双边市场理论和债权众筹行业实际情况相结合，深入讨论债权众筹的定价策略和平台的经济行为，这也是对双边市场理论的又一拓展。

8.1 双 边 市 场

自 2000 年学术界开始对双边市场现象展开研究以来，双边市场一直是国际产业组织理论研究的热点和前沿。根据维基百科上的定义，双边市场也被称为双边网络，是由两个互相提供网络收益的独立用户群体组成的经济网络。Rochet 和 Tirole（2003）首先尝试给出粗略的定义，即双边或多边市场指一个或几个允许最终用户交易的平台，从各方适当收取费用使这种关系一直保留在平台上。2004 年，他们从价格结构的角度给出了另外一个较为严谨的定义：如果平台的交易量 V 仅仅与总价格水平 a（a 为平台向两边用户收取的费用之和）有关，而与其如何在两边分配无关，则双方所发生关系的市场是单边的。如果与总价格水平 a 有关的同时也与两边的分配情况有关，那么我们称这个市场是双边市场。

Armstrong（2006）从组间网络外部性的角度给出了新的定义，他认为"在两边分别有两组用户参加到平台活动中时，一边用户的效用受另外一边用户数据的影响"，这种市场即为双边市场。我们综合几方观点提出，双边市场往往具备以下几个特征。

1. 双边用户需求互补

Caillaud 和 Jullien（2003）等的文章认为，双边市场中，平台的需求来自于两边用户的共同需求，只有当两边用户同时对另外一边用户所提供的产品或服务产生需求的时候，双边市场才会存在，平台的服务才有价值和意义。

2. 网络外部性

在双边市场中，这种网络外部性往往分为组内网络外部性与组间网络外部性，分别是对单边用户与双边用户而言的。

组间网络外部性，是指这一边用户的产品或服务的价值被另一边用户的数量决定。这是双边市场的主要特征，也是判断是否为双边市场的重要条件，正是因为双边需求的互补性产生了这种组间网络外部性。通常我们所讨论的案例中，组间网络外部性往往为正，即另一边用户的数量增加往往会带来商品或服务的需求，使商品和服务价值上升。

另外，还存在组内网络外部性。如果同一边用户自促进，在增长的过程中，主要展示的是聚集与示范的作用，我们往往认为这种组内网络外部性是正的。而反过来，在增长过程中，其加剧了用户之间的竞争关系，则组内网络外部性是负的。

3. 价格结构非中性

双边市场所代表的平台往往会根据不同的情况对两边用户群体采取不同的定价策略，这是根据用户获得的难易、是否容易留存、组内组间网络外部性等因素决定的。双边市场的价格对市场两边用户群体均至关重要。这种两边群体的不同定价策略也是双边市场的重要判断条件之一。

4. 用户接入平台行为

双边市场的用户可以选择接入单一平台，也可以选择接入多个平台，特别是在不同的平台所提供的服务具备一定可替代性时。

8.2　债权众筹平台的特点

根据 2015 年发布的《关于促进互联网金融健康发展的指导意见》及《网络

借贷信息中介机构业务活动管理暂行办法（征求意见稿）》中的明确规定，网络借贷平台要明确信息中介的性质，主要为借款人与投资人的撮合提供信息服务。两方天然存在借贷的需求，平台的作用在于利用互联网联通、便捷的特点，使双方信息的不对称程度降低，使双方通过平台直接实现这种交易关系，以降低成本、提高效率最终实现资金的融通。我们可以认为，一个典型的债权众筹平台是一个天然的双边市场结构，网络借贷平台的功能，如图 8.1 所示。

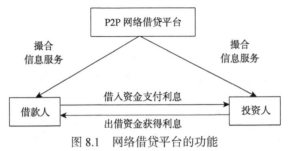

图 8.1 网络借贷平台的功能

8.2.1 需求互补性

从我国实际金融情况来看，市场天然存在借贷需求并互为需要。从投资人的角度，随着理财意识的提升，相对而言相对缺乏的投资渠道成为限制，证券市场波动性太大，缺乏专业知识很难获得相对较好的收益；房产投资门槛较高，且随着 2010 年来中央政策调控，房产的流动性与金融属性一直在降低；余额宝等货币资金收益满足不了投资人的期望；等等，投资人急需安全的高收益投资标的进行资金配置。从借款人的角度，以银行为代表的金融机构风控严格，中小企业很难获得合适持续的资金支持；我国没有完善的个人征信体系，个人消费贷款等产品十分缺乏，而这些借款人的资金需求是客观存在的。在投资人和借款人双方都亟须借贷资金的情况下，网络借贷平台利用互联网信息联通的优势，撮合双方的资金的需求。

8.2.2 网络外部性特征

经过需求互补性的讨论，两边市场形成了互相依赖的体系。特别是平台发展的前期，投资人对于债权众筹平台越关注，其注入的资金越多，利率期限越宽松，越会吸引借款人关注该平台，在该平台上借款。同样，该平台引入的借款项目越多，平台越成熟，还款风险也就相应降低，越会吸引更多的投资人到该平台上进行投资。这种 P2P 网络借贷平台出现的投资人和借款人随着对方级别的用户数量和质量的增加而增加的现象，表现出了明显的正的组间网络外部性。当然现实中，特别是对于问题平台而言，由于虚假标的等违法手段，或者平台风控不严格，逾期的现象逐步加重，这种情况下借款人的数量越多，该平台暴露的风险越大，投资人的损失也越大，最终导致投资人失去对平台的信心。但本节中主要探讨的是具有一定优势地位，具备成熟模式的平台，其往往具备严格的风控体系，并能通过自建风险备付金来对逾期债权进行先行偿付，具备一定的风险控制能力，对于这一类平台而言，正的组间网络外部性无疑是起主要作用的。所以，我们在后期模型假设中，也设双边市场的组间网络外部性均大于 0。

同样我们通过分析得到，平台也存在组内的网络外部性特征。用户聚集所带来的口碑效应，通过用户的自发宣传与分享或自身的家庭、工作、社会网络及相应的网络平台进行交流，无疑会加快平台的集聚过程。从借款人方面看，某一平台的服务好，借款条件有优势，平台也会随着借款人数目的增加而吸引来更多的借款人。同样组内的网络外部性特征也存在负的情况，即组内成员主要以竞争关系为主。但我们意识到，尽管平台在我国落地已超过 10 年，但其自身仍处在发展时期，交易量逐年上升。在这个过程中，优质平台满足了越来越多人的理财和融资需求，其中，集聚、传播和示范作用是占主要地位的。所以，我们在后期模型中假设双边市场的组内网络外部性也是大于 0 的。

8.2.3　不对称定价

目前我国的债权众筹平台存在很明显的不对称定价的特征。从实际操作来看，其对投资人基本不设任何形式的收费，或者只收取少量的取现费用，除此之外，以新手专区、推荐红包为例的促销活动此起彼伏，很多平台为获取用户数量的增长在投资人一端实施不计成本的运营。其原因是投资人虽然有理财的需求，但仍有其他的途径实现资产保值，因此构建一个各方面明显优于其他途径的交易体系是重要的。

而对于借款人而言，小微企业和个人能被银行等金融机构风控体系认可的资产少，它们往往无法通过银行的信贷考核，得不到机构资金，但其融资需求是刚需，债权众筹平台正好满足了这一部分人的资金需求，又根据这一特点，平台往往会对借款人收取较高的费用。以消费金融为例，平台向消费者几千的消费借款收取 25% 的利率，且需每月还本还息，其真实利率往往达到 50%。同时，虽然政府限制平台只能作信息中介，不能作第三方担保，但诸多平台均采用风险备付金的手段，即向每笔交易收取 2% 左右的保证金，作为整个平台违约的先行备付池和风险保障的手段。另外，平台还向借款人收取一定的平台信息服务费。这一系列的成本，无疑代表平台在借款人端做出了高定价策略，以弥补其在投资人端的营销成本和保证平台利润。

8.2.4　用户多平台接入行为

就投资人而言，由于第三方支付与转账的发展，多平台接入的硬性成本近乎为 0。再加上很多平台为了扩大用户量不断推出各类营销活动，如新手专区、存久提升收益率等，很多用户为了获取超额收益接入了很多平台，而且平台对于投资人转换平台几乎不存在任何的限制与约束。总体而言，只要投资人对于平台的安全性有一定的认可，并且潜在收益大于多归属成本，就会在多个平台上进行投资，利用多个债权众筹平台进行理财管理。

对借款人而言，由于征信不完善，在不同平台借款时需要提交多项资料以证明身份、信用，平台除了对借款人进行在线验证外，还要进行线下调查。但是目前，越来越多的平台推出了基于纯线上信用的"白条类"产品，并且由于不同平台间的信息没有打通，借款人存在一套资料多次借贷的客观事实。因此，我们认为，在目前环境下，借款人对于平台，也是多归属的情况，而且随着平台之间的竞争，多接入的情况会日益加重。虽然中国人民银行下的支付清算协会建立了互联网金融风险信息共享系统，但是目前接入平台数目较少且无明确实际用途，在整个行业中，还可以认为各个平台间是不存在联通的情况的。

投资人及借款人多归属的市场结构，如图 8.2 所示。

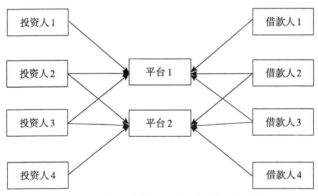

图 8.2　投资人及借款人多归属的市场结构

8.3　债权众筹平台的定价模型构建

8.3.1　模型基本假定

本章的模型主要借鉴了 Armstrong 的模型。相较于 Armstrong 的模型，本章考虑了组内网络外部性，并着重结合网络借贷平台的实际情况对平台的定价机制进行了分析。本章的假设如下。

债权众筹平台的用户有且仅有两类：一类为借款人（B），一类为投资人（L），平台作为理性的经济人，所追求的目标为平台利润的最大化。两组用户之间存在组间网络外部性，其系数为正；组内存在组内网络外部性，其系数为正。其中，借款人和投资人的数量分别为 n_B 和 n_L；α_B 和 α_L 分别表示借款人和投资人的组间网络外部性，并且 $\alpha_L > 0$，$\alpha_B > 0$，其意义为对面组每增加一个人对于本组个体所带来的边际效用；β_B 和 β_L 分别表示借款人和投资人的组内网络外部性，且 $\beta_B > 0$，$\beta_L > 0$，其意义为本组每增加一个人给该组个体所带来的边际效用。为了简化起见，假设交叉网络效用函数呈现线性，以借款人的组间网络外部性为例，其线性模型为 $\alpha_B(n_L) = \alpha_B n_L$。

在本章讨论问题的框架中，平台一共向用户收取两类费用：一类是固定费用，如平台接入费等，用户只要参与到平台的活动中就须缴纳，大小与交易次数无关。对于借款人和投资人，分别为 Y_B 和 Y_L。另一类是交易费，即每一次发生交易时所收取的平台服务费等，用 T_B 和 T_L 分别表示向借款人和投资人收取的费用。t_B 和 t_L 为每个借款人和投资人所发生的交易次数；$\lambda \in [0,1]$，代表平台资产端与资金端的均衡状况，即平台匹配系数；f_B 和 f_L 为每个借款人和投资人的加入所发生的固定成本；c_B 和 c_L 为每个借款人和投资人发生每次交易时所带来的边际成本。

在实际的操作过程中，会根据实务情况的不同衍生出不同的情况，本章在对债权众筹平台的分析中，简化部分事实，基于以下假设条件：

（1）交易均为借款人和投资人本身进行操作，不考虑多方代持的情况；

（2）将一家债权众筹平台作为一家整体，其所有的客户作为整体考虑，平台以利润最大化为目标，开展网络借贷业务；

（3）同一家债权众筹平台对于不同的支付渠道进行的收费是一致的。

8.3.2 垄断定价模型

首先，我们来讨论垄断市场的情况，探讨此时平台的定制机制会是由何种因素决定的，这种垄断平台情形的探讨对于一些具有特殊资产端或者资金端的平台也具有一定的示范意义。

我们假设只存在一个垄断性的网络借贷平台 A，借款人和投资人的数量分别为 n_B 和 n_L。无论是借款人还是投资人只能依赖该平台完成交易，则两者的效用来自组内网络外部性、组间网络外部性，以及平台的相应的收益情况，其具体式子为

$$u_B = \alpha_B n_L + \beta_B n_B - Y_B - T_B t_B$$
$$u_L = \alpha_L n_B + \beta_L n_L - Y_L - T_L t_L$$

（8.1）

进而，我们会得到

$$Y_B = \alpha_B n_L + \beta_B n_B - u_B - T_B t_B$$
$$Y_L = \alpha_L n_B + \beta_L n_L - u_L - T_L t_L \tag{8.2}$$

借款人和投资人的用户数量则由其获得的效用决定，依式为

$$n_B = \varphi_B(u_B)$$
$$n_L = \varphi_L(u_L) \tag{8.3}$$

两个函数均为增函数，且满足一阶导数大于 0 的条件。

要吸引用户到唯一的垄断性平台进行投资，必须使其效用大于 0，即

$$u_B > 0,\ u_L > 0$$

解出对应的投资人与借款人的数量，可以看作用户加入债权众筹平台进行交易的最低网络规模。在平台运营的初期，为了获得最初的用户数量，平台往往在两边同时降价，以牺牲利润的方式来吸引用户数量的增长，使用户效用达到最低限制，引导用户自发增长。

平台定价策略的目标函数为平台的利润函数，平台的利润函数为收入减去各种手续费用，如式：

$$\pi = (Y_B - f_B)n_B + (Y_L - f_L)n_L + (T_B - c_B)t_B \lambda n_B + (T_L - c_L)t_L \lambda n_L \tag{8.4}$$

在垄断条件下，债权众筹平台的定价策略为利润最大化，将公式（8.2）代入公式（8.4）后，根据利润最大化的一阶条件，即

$$\frac{\partial \pi}{\partial u_B} = 0,\ \frac{\partial \pi}{\partial u_L} = 0 \tag{8.5}$$

可以求解出在利润最大化的条件下，平台的定价函数为

$$Y_B + \lambda t_B T_B = f_B - (\alpha_L n_L + \beta_B n_B) + \frac{\varphi_B}{\varphi_B'} + \lambda t_B c_B$$

$$Y_L + \lambda t_L T_L = f_L - (\alpha_B n_B + \beta_L n_L) + \frac{\varphi_L}{\varphi_L'} + \lambda t_L c_L \tag{8.6}$$

从公式（8.6）我们可以分析出平台在做单一决策时需要考虑的相关因素。首先，平台对借款人或投资人的定价水平与其组间网络外部性呈反比，即平台对组间网络外部性强的一侧用户，倾向于征收低费用，这也显示了平台非对称的定价策略。而在现实中，投资人端无疑是组间网络外部性比较强的一侧，平台对于投资人一侧往往是不收费的，同时，平台还通过举办众多低于边际成本的营销活动来进行用户培育，吸收投资人到平台进行交易。而在另外一侧借款人处，则制定较高的利率水平与平台费用水平，以弥补平台的运营成本并获取利润，这一实际现象无疑是两侧差异最大时组间网络外部性的产物。

同时，组内网络外部性特征与平台的定价水平也呈反比。组内网络外部性特征越强，在相同的条件下，其用户的增长速度越快，平台为快速培养这个群体并形成比较优势，对该边用户的定价越低。而现实中，投资端无疑是这样的。平台

以低定价吸引投资人快速增长。同时，现实中投资人的快速增长往往会带给平台额外的收益，这一点在本书中暂未考察，如高额的用户人数、活跃人数往往会给平台下一轮的融资带来极大的利好，使平台有更多的费用投入下一阶段的营销、运营当中，进一步扩大比较优势。

$\dfrac{\varphi_B}{\varphi'_B}$ 是一个需求价格弹性的相反数。依据两边用户的需求价格弹性，平台给以反方向的定价水平，即对价格敏感，为防止客户流失，平台会降低定价。

平台匹配水平代表了平台的资产端与资金端的平衡程度。如果某一平台两边过于失衡，会使其匹配速度降低，减少交易的可能性。而随着均衡所带来的撮合交易越来越多，平台会通过降低会员费以吸引更多的用户参与其中，贡献交易量。另外平台会降低每一次交易的费用，通过增加交易次数来获得总量上的增长。而这无疑也可以提高整个平台的灵活性与交易量，同时指出，与固定费用相比，平台更倾向于根据次数的交易费来获得利润。

8.3.3　竞争定价模型

接下来我们来考虑当市场上存在多个平台时，投资人、借款人及平台的竞争定价行为是怎样的。为了最大限度地简洁地说明问题，我们假设目前市场上，只存在两个平台，位于线段[0,1]的两端，即坐标 0 和 1 处。而借款人和投资人分别位于坐标 x_B、x_L 处，即市场中投资人总人数与借款人总人数都为 1。我们假设用户在线段上均匀分布，同时用户目前是单归属的，即其在这一刻，只能选择两个平台中的一个进行交易。其中，n_L^1 和 n_L^2 为两个平台上接入的投资人的数量；n_B^2 和 n_B^1 为两个平台上接入借款人的数量；其中，$n_L^1 + n_L^2 = 1$，$n_B^1 + n_B^2 = 1$，具体如图 8.3 所示。

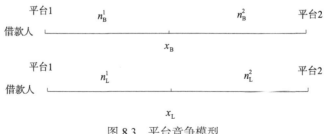

图 8.3　平台竞争模型

不考虑用户的组内网络外部性特征，在两个平台中两边用户的效用函数为

$$u_B^1 = \alpha_B n_L^1 - Y_B^1 - T_B^1 t_B^1$$

$$u_L^1 = \alpha_L n_B^1 - Y_L^1 - T_L^1 t_L^1$$

$$u_B^2 = \alpha_B n_L^2 - Y_B^2 - T_B^2 t_B^2$$

$$u_L^2 = \alpha_L n_B^2 - Y_L^2 - T_L^2 t_L^2$$

在本节中要考虑平台的竞争问题，则要考虑平台的差异化情况。设 d_B 为两个平台在借款人服务方面的差异程度，而 d_L 为平台在投资人服务方面的差异程度，两者均大于 0。这里所说的差异化程度，既可以为产品的差异化程度，如特有化资产，又可以为服务的差异化，如支付交易便利程度、平台服务质量等，还可以指平台的转移成本等多项指标。

考虑当市场处于均衡状态时，在两个平台归属的中间处，即 x_B、x_L 处，无论是借款人还是投资人，其选择平台 1 或平台 2 的效用应该是相同的，即效用无差异的条件。于是得出

$$u_B^1 - d_B x_B = u_B^2 - d_B (1 - x_B)$$

$$u_L^1 - d_L x_L = u_L^2 - d_L (1 - x_L)$$

根据前面的条件 $n_L^1 + n_L^2 = 1$，$n_B^1 + n_B^2 = 1$，可以得到平台在目前的情况下，所取得的市场份额为

$$n_B^1 = \frac{2d_L \left(d_B - Y_B^1 + Y_B^2 + \lambda T_B^2 - \alpha_B \right) + \left(2\alpha_B - \lambda T_B^1 - \lambda T_B^2 \right)\left(d_L - Y_L^1 + Y_L^2 + \lambda T_L^2 - \alpha_L \right)}{4d_B d_L - \left(2\alpha_B - \lambda T_B^1 - \lambda T_B^2 \right)\left(2\alpha_L - \lambda T_L^1 - \lambda T_L^2 \right)}$$

$$n_L^1 = \frac{2d_B \left(d_L - Y_L^1 + Y_L^2 + \lambda T_L^2 - \alpha_L \right) + \left(2\alpha_L - \lambda T_L^1 - \lambda T_L^2 \right)\left(d_B - Y_B^1 + Y_B^2 + \lambda T_B^2 - \alpha_B \right)}{4d_B d_L - \left(2\alpha_B - \lambda T_B^1 - \lambda T_B^2 \right)\left(2\alpha_L - \lambda T_L^1 - \lambda T_L^2 \right)}$$

根据假设可以解出平台 2 的对应的市场份额。

平台的利润函数表达式为

$$\pi^i = \left(Y_B^i - f_B^i \right) n_B^i + \left(Y_L^i - f_L^i \right) n_L^i + \left(T_B^i - c_B^i \right) t_B^i \lambda n_B^i + \left(T_L^i - c_L^i \right) t_L^i \lambda n_L^i$$

因为 Hotelling 模型及模型的设定为一种对称的纳什均衡，可以得到对称的均衡状况，即可供决策调整的变量均对应相等，即

$$T_B^1 = T_B^2 = T_B, \quad T_L^1 = T_L^2 = T_L, \quad Y_B^1 = Y_B^2 = Y_B, \quad Y_L^1 = Y_L^2 = Y_L,$$

$$c_L^1 = c_L^2 = c_L, \quad c_B^1 = c_B^2 = c_B, \quad n_B^1 = n_B^2 = n_B = 0.5$$

在这种情况下，平台存在对称的均衡情况，根据利润最大化的一阶条件，可以得到如下定价结构：

$$T_B = \frac{c_B + c_L}{2} + \frac{d_B - \alpha_L + 2\left(f_B - y_B \right)}{\lambda}$$

$$T_L = \frac{c_B + c_L}{2} + \frac{d_L - \alpha_B + 2\left(f_L - y_L \right)}{\lambda}$$

将上式代入利润函数可得

$$\pi^i = \frac{1}{4}\left(d_B + d_L - \alpha_B - \alpha_L\right)$$

我们可以看到，很多结论与在垄断平台的情况下是相似的，如平台的定价与组间网络外部性、平台匹配率成反比。另外，平台的定价与平台的差异化程度也会呈现正相关。平台与平台的差异化程度越大，每个平台之间的不可替代性越大，平台的定价权越自主，平台定价越高，平台利润也会越大。

在现实过程中，网络借贷平台挖掘自己的差异化特点不是率先从资产资金端着手来挖掘自己的细分市场，而是率先从用户端入手：首先，从资金端来看，由于用户需求多样化，平台可以针对细化的用户市场的需求，采取不同的经营方式及研发新的产品，如陆金所的安全背书定位、欧巴金融的对企业客户的定位。其次，针对资产端，开发特色资产，如消费类信贷、农业类信贷等，使自己的某一部分资产明显优于其他平台。最后，平台也可以开发一些特色化服务，为迎合用户的需求，如不同的理财品牌和投资计划等。任何一种差异化战略都会让平台网罗一群忠诚用户，从而使平台有更多提价的权利和更多利润。

8.4 本 章 小 结

本章主要采用产业经济中的双边市场理论，分析债权众筹平台的定价问题。作为信息中介的债权众筹平台其主要的业务模式是天然的双边市场，并且具有满足用户需求互补、网络外部性、价格结构非中性、用户平台等多个双边市场的典型特征。通过分析债权众筹平台的实际情况、参考 Armstrong 的模型，我们对债权众筹平台的定价策略进行了详细的讨论。

在垄断平台定价部分的讨论分析了平台在进行单一决策时所考虑的相关因素。首先，平台对借款人或投资人的定价水平与其组间网络外部性呈反比，即平台对组间网络外部性较强一侧的用户，倾向于征收低费用，这也是债权众筹平台对非对称定价策略的原因。其次，组内网络外部性特征，与平台的定价水平也呈反比。平台对于组内增长快的用户采取较低的定价水平，以使用户数量快速增加。再次，依据两边用户的需求价格弹性，平台给以反方向的定价水平。最后，平台资金端和资产端的均衡程度会影响交易的可能性，均衡所带来的撮合交易越来越多时，平台会降低会员费以吸引更多的用户参与其中贡献交易量。同时指出与固定费用相比，平台更倾向于按次数收取交易费来获得利润。

在竞争平台定价的部分着重讨论了平台差异性对平台定价带来的影响。平台定价水平与平台差异化水平呈现正相关，即平台差异化程度越大其不可替代性越大，平台的自主定价权就会越高。本章研究将双边市场理论和债权众筹行业实际情况相结合，深入讨论了债权众筹平台的定价策略和平台的经济行为，这也是对双边市场理论的又一拓展，同时也为监管债权众筹平台的实际运营方向提供了有益的参考。

第9章 互联网债权众筹市场信用风险形成的机理分析

纵观这些年来的互联网债权众筹市场，借款人违约的情况屡见不鲜，这已经成为互联网债权众筹市场当下急需解决的风险控制问题，在这个问题上，我国互联网债权众筹平台一直在尝试突破与创新，以期有效解决风控问题。如今对于互联网债权众筹平台信用风险的影响因素研究大多从以下几个角度进行。例如，加强对项目的审核力度，以进行风险预防，是从源头上防止风险发生的最好方法；引入第三方担保较之最初由投资人自行承担风险，是投资人在项目进行中对进行风险防范的最好保障；以及从社会资本、信息真实性、羊群效应等角度开展研究的学者也比比皆是，但是直接从借款人的信用方面和违约条件这个角度进行深入探讨的学者却寥寥无几，因此本章借助博弈模型，着重讨论在互联网债权众筹市场中对借款人信用行为影响的各种因素，并在此基础上提出避免违约发生的相应措施，为我国互联网债权众筹平台健康平稳发展提供可行性的建议。

9.1 债权众筹信用风险发生原因

9.1.1 债权众筹借款人信用风险形成原因

逆向选择和道德风险是造成债权众筹借款人信用风险形成的两个主要原因。那些从事经济活动的人为了最大限度地提高自己的利益，而做出对他人不利活动的行为就是道德风险，这是西方经济学家在 20 世纪 80 年代提出的一个经济哲学概念。在债权众筹平台的借贷过程中，借款人在借款时，会具体标明其借款项的用途，并发布借款人的年龄、性别、职业等个人信息，网络借贷平台也会相应地给出一个借款人的信用评分，当投资人在网上签订协定、付出资金后，且借款人借款标的资金满额后借贷便初步完成了。因此，在网络借贷平台上签订的合约很难有效地对借款人形成强有力的约束，借款人也很可能违背自己的承诺，将资金用于不同于网上签订的借款合同上的途径。若借款人将资金用于投机、赌博、买卖股票等高风险的经济活动，如果资金的运转未按照借款人的意愿导致风险爆发，将会直接造成借款人在网络借贷平台上无法及时偿还投资人的本金与利息。当这种情况大规模发生时，就会导致债权众筹平台资金链断裂。如今我国社会征信体制并不发达，相比国外的征信机制相差甚远，尚不能全方位监控用户个人信息。尤其在债权众筹行业，各平台都在独立掌握自己的客户信息，这也间接地削减了借款人的违约成本。借款人在一个平台上违约后，在另一个平台上可能又能够重新借款，这使借款人对于债权众筹平台的借贷并不重视，也可能会出现借款人刚开始在债权众筹平台上交易时按时还款履行合同，等信用评级上升后，进行一次资金量大的违约的情况。之所以出现此情况，是因为债权众筹行业还没有健全的管理机制。我国债权众筹行业发展的时间较短，对行业监管的法律法规还不完善，交易协议的履行更多的是靠双方当事人的自觉和道德操守，借款人失信后面临的惩罚较轻，这使得道德风险发生的概率大增。

市场上交易双方各自得到的信息不对等和不断下降的市场价格等引起市场上优质品被劣质品挤兑，进而拉低交易产品平均质量的现象被称为逆向选择。美国经济学家 Akerlof 在其论文《柠檬市场：质量的不确定与市场机制》中最先提出了逆向选择现象，他假设市场中存在好车和坏车，坏车即"柠檬"。市场上买方无法识别"柠檬"，导致市场里好车与"柠檬"都以相同的价格出售。这个价格极大地吸引了"柠檬"卖家，使得售价过低的持有好车的卖家退出市场。类似这种好车与"柠檬"的借款人在债权众筹平台的交易过程中同样存在。在相同的网络借贷平台上，借款人根据自身的情况标以不同的利率进行借款。其中，一些以投机为目的的借款人将标的利率提高，而真正有需求并愿意按时还款的借款人则理性的标出自己的借款利率。借款人借款的真正目的并不能被投资人发现，当同一类借款标的中借款期限、借款人信用等级等条件相同时，投资人往往将资金注入利率较高的标的，期望在同等的条件下获得最大的收益。如此一来，债权众筹平台上，类似"柠檬"的借款人往往更容易在短时间内获得自己想要的资金，优质的借款人只能等待"柠檬"的借款人获得资金后，多余的投资人的投资资金流向自己。如果债权众筹平台的资金没有十分充足，优质的借款人就难以借到自己想要的资金，这样就形成了网络借贷平台上的逆向选择。逆向选择的出现给投资人和借款人两方都带来了不利的影响。逆向选择会让劣质的借款人留存下来，优质的借款人因不愿意花费更大的成本借款被从平台中剔除，从而降低了整个网络借贷平台借款人的质量。当投资人发现网络借贷平台的借款人质量下降时，在同等的借款条件下会期望更高的借款利率来补偿增大的风险，这样又会使相对来说较为优质的借款人在借款的过程中被淘汰退出，如此恶性循环会使得平台上借款成本不断加大，同时借款人的信用风险也不断加大。最终投资人和借款人均拒绝在平台上完成交易，网络借贷平台的交易规模就会下降。

9.1.2　债权众筹平台信用风险形成原因

债权众筹平台产生信用风险的原因主要是平台贷前审核松懈、贷后监管缺乏、平台资金运作缺乏公开透明，以及平台风险识别能力低。

债权众筹行业成长的时间还不够长，尚未积累足够的用户信息，只单纯地在线上对用户进行征信的行为使风险不确定性加大。首先，现阶段大部分网络平台，还是通过线下对用户的信息进行审核并对其风险加以判定的。债权众筹行业很难吸引到专业的金融从业人员，许多债权众筹平台的业务人员大多都缺乏金融信贷从业经验，在对借款人信贷审查方面难免经验不足，很难甄别真实的借款人信息。其次，因为债权众筹平台急于抢占市场发展业绩规模，促使交易快速达成，所以业务人员在工作时更加重视业务的数量而不是质量，这导致业务人员放松对借款人的贷前审查，轻易地打破了业务流程标准，加大了信用风险的发生率。在借款人获取资金后忽视了对借款人贷后资金的监督，这也容易使借贷资金的用途失控，极易产生不良贷款或者坏账，给平台正常运营带来影响。

目前，债权众筹平台没有真正地隔离自有资金与业务资金，与银行等第三方机构签订资金存管协议也并未实质改变资金的使用权，实现资金的有效隔离。因此，大部分债权众筹平台的资金运作情况缺乏公开透明，容易产生筹建资金池与借款期限错配的情况。虽然国家对债权众筹行业构建资金池已三令五申，明令禁止。但是面对成交量高达几亿、几十亿的债权众筹平台资金交易规模，在出现问题乃至短时间的流动性问题时，仅靠债权众筹平台几千万注册资金是难以周济的。一些债权众筹平台利用行业监管不完善的情况，隐秘地筹建资金池，期望在平台发生风险时能够起到作用。另外，债权众筹行业存在资金错配问题。在债权众筹平台的借款过程中一直存在一种现象，即借款期限短的产品和标的容易完成融资，而借款期限长的产品和标的相对难以获得融资。究其缘由是投资人与借款人对借款期限的诉求难以达成一致。投资人偏向利率高、期限短的标的和产品，借款人则期望借款的期限能够延长以提高资金的运用效率。因为投资人和借款人不同的期望，促使债权众筹平台错配借款标的期限以达到提高资金周转速率的目的。一旦进行借款期限错配，资金的流转将不会像网络借贷平台上显示的一样如期分配。例如，将一个借款期限原本为12个月的标的项目，拆分为两个6个月期限的项目错开来分别发行，用后一个项目筹集到的投资人资金去偿还前一个项目的投资人的本息，等到12个月后，整个项目的资金借款人归还本息后，再支付后6个月期限的项目投资人本息，这种做法同时欺骗了投资人和借款人。若融资项目的资金没有按照设想运转时，会直接引发信用风险，造成资金链的断裂与网络借贷平台的流动性短缺。如果没有外部资金的注入，网络借贷平台有极大的可能会出现提现困难，成为问题平台，使投资人蒙受损失。

在互联网行业，用户的信息数据至关重要。互联网金融公司通过运用云计算和大数据挖掘等技术，对用户的消费信息、借款信息等进行收集，然后判断用户未来的财务状况和经营情况。互联网金融公司在这方面做得出色并具有代表性的有余额宝、阿里小额贷款等。他们凭借自身集团的用户数据积累，通过对用户常用账号的监管，能够有效地控制用户可能发生的风险。相比之下，绝大部分的债权众筹平台没有积累足够的用户信息数据，还不能很准确地识别和判断用户的风险，难以对用户未来的情况展开预测，这使得信用风险出现的可能性加大。

另外，部分网络借贷平台慢慢脱离了小额融资、普惠金融这个原有的发展定位，开始开展大额融资业务。债权众筹平台采取了一种更好控制的方式，即能够使风险分散化的小额借款融资。而大额融资业务的开展使单个融资项目融资金额增加的同时，也使原本分散的风险集中起来，加大了项目违约的可能性。类似传统金融行业发展的业务，债权众筹平台也发展了大额融资业务，但显然网络借贷平台在这类业务上积累的经验还不充足，对大额融资项目的风险识别能力与传统金融行业相比相差甚远。2014 年，红岭创投爆发的坏账事件就是对平台大额融资项目风险识别能力低的证明。红岭创投在短短 4 个月内，为房地产、市政建设等项目在平台上募集了 20 亿元的资金，而这些项目最终给红岭创投带来了上亿元的坏账。大额融资项目固然会给平台带来丰厚的收益，但同时也会带来巨大的违约成本。坏账的产生给网络借贷平台的发展带来了巨大的利空，带来的危害也是许多平台难以承受的。首先，2015 年网贷之家的数据显示，很多问题平台都有共同的特点，就是前十大借款人借款金额占比都普遍较高，这也说明了网络借贷平台在对大额融资项目的风险识别能力低，容易产生坏账。其次，网络借贷平台为吸引用户专门开发了参与期货、股市，以及贵金属市场的高风险融资产品，这些产品的用途本身就存在高风险属性，这自然而然就加大了借款人信用风险的产生。在债权众筹行业中，由于进入门槛低，一些平台的设立本就是为了其后的金融集团提供融资服务，对其自身的发展定位不明，也经常忽视风险。

9.2　信用体系不完善下的逆向选择博弈分析

伴随着互联网金融的发展，债权众筹平台也逐渐丰富化、规模化。债权众筹平台与产品日益丰富，参与用户也逐渐壮大，但其在发展壮大的同时仍然面临着新兴行业的一系列问题，如用户数据量小、数据年限不足、用户信息不完善等。基于这些问题的存在，现有研究缺少对用户信用的有效识别与追踪，在信息不完全的情况下，会存在不良借款人为掩藏不良信息而出现逆向选择的问题。为研究逆向选择产生背后的机理，在此进行博弈分析。我们将债权众筹市场化简为两方利益相关者，一方为借款人，一方为投资人，债权众筹平台只作为一个信息与资源交换的平台存在，它不会干涉利益交换。平台依据现存的信用记录对用户进行评级以反馈给借款人与投资人，借款人与投资人选择自身利益最大化的方式参与借贷行为，借款人、投资人了解彼此在固定情况下的各自的支付函数。债权众筹平台借贷交易达成的机理如下：借款人发出借款申请，债权众筹平台依据借款人的信息对其信用进行等级评定，然后投资人选择投资对象。因此，在事前的交易达成过程中，该问题是一个完全信息下的有序博弈问题，本节构建完全信息动态博弈模型以分析借款人与投资人行为。

9.2.1　机理分析

逆向选择理论最先出现在二手车市场，由于市场上买卖双方存在信息不对称，买方对二手车的实际质量并不完全了解，因而只愿意付市场平均价，质量较高的二手车会因此逐渐退出市场。卖者以次充好之后使市场的平均价格再次降低，次优质量的二手车也会退出市场，最终市场上只剩下劣质二手车。因此，高质量的旧车就会出现被市场上的低质量旧车驱逐出去的现象。同样，这种逆向选择现象在债权众筹市场中也有可能发生。由于借款人和投资人存在信息不对称，投资人无法得知借款人提供的信用信息是否真实，在选择投资对象时会选择回报率较高的借款人。但有些信用较低的借款人可能会提供虚假信息增加信用评级，提供高利率的借款人的真实信用可能较低，因此，信用较好、提供风险回报较低的借款人会被驱逐出市场。因此，市场上将会充斥着信用较差的借款人，进而使市场的信用风险加剧。

9.2.2　借款人假设

在事前选择阶段，借款人具有信息优势，只有借款人自身才知道自己的风险类型，由于借款人与投资人双方信息不对称投资人无法判断，假设在投资人眼中借款人可以分为两类：安全型（B_s）和风险型（B_r）。安全型借款人的概率为 x，则风险型借款人的概率为 $1−x$。假设所有借款人均是理性的，即其决策取决于最大化的自身效用。安全型借款人一般很少违约，他们会按时还款，有很好的信用评级；风险型借款人一般会有较多的违约记录。在事前选择阶段，假设风险型借款人会将资金挪作他用、拖欠借款，而安全型借款人会按时还款。由于目前借款人都是采用无资金抵押的信用贷款，P2P 平台缺少一种对违约借款人物质上的惩处，借款人除信用上会增添不良记录外并无资金损失。在该序贯博弈中借款人是先行动方，借款人先提出借款申请，会产生两种结果：一是该借款人被视为安全型借款人；二是该借款人被视为风险型借款人。两种类型借款人取得一单位资金后产生收益为 Y ；资金机会成本为 ρ ，即将资金挪作他用可以获得的收益。

9.2.3　投资人假设

假设投资人是理性人，即他的决定取决于最大化的自身效用。相对于借款人融资需求而言，投资人的供给是有限的，借贷市场是竞争性的。博弈是序贯博弈，即借款人先提交借款申请，之后投资人再决定要不要对其投资。投资人具有两种策略，一是接受借款人的融资申请；二是拒绝借款人申请不对其投资。投资人判断借款人有两种类型，判断借款人为安全型的概率为 x ；为风险型的概率为 $1-x$ 。我们假设投资人要求的利息为 r ，投资人选择投资就会对借款人投资 1 单位资本。

9.2.4　借贷行为分析

构建完全信息动态博弈模型，如图 9.1 所示。

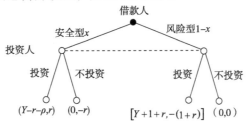

图 9.1　信用体系不完善下借贷行为博弈模型

对于安全型借款人，他们大多操作规范，无转移资金等行为。当投资人选择投资时，安全型借款人就可以收获 Y 的资金收益，规范的行为会损失 ρ 的机会成本，到期会支付给投资人 r 的资金利息，因此，当投资人决定借款给安全型借款人时，安全型借款人的支付函数为 $Y-r-\rho$ 。当投资人拒绝对借款人投资时，安全型借款人因没有资金支持其支付函数为 0。

对于风险型借款人，他们大多会采取暗箱操作，转移资金用于其他用途等。当投资人选择投资时，风险型借款人可以收获 Y 的资金收益，但风险型借款人会选择违约不还款，因此，可以额外保留 1 单位的资金和 r 的资金利息，在此情况下风险型借款人的支付函数为 $Y+1+r$ 。当投资人拒绝投资时，风险型借款人无资金来源，支付函数为 0。

对于投资人选择投资的情况，当借款人是安全型借款人时，投资人可以回笼其投资的资金，同时也会收获 r 的利息。当借款人是风险型借款人时，投资人难以回笼其投资的资金，就会造成 $-(1+r)$ 的资金和利息损失。

对于投资人拒绝投资的情况，当借款人是安全型借款人时，投资人的该笔投资资金可以用作其他用途，但失去了安全型借款人给予利息的机会，机会成本为 r ，此时支付函数为 $-r$ 。当借款人是风险型借款人时，投资人支付函数为 0。

投资人选择投资的期望效用函数为

$$U_1 = rx + (1-x)[-(1-x)] = 2rx + x - r - 1$$

投资人拒绝投资的期望效用函数为

$$U_2 = (-r)x + (1-x) \times 0 = -xr$$

当 $U_1 = U_2$ 时， $x^* = \dfrac{r+1}{3r+1}$ ；则当 $x > x^*$ 时，投资人会选择接受申请进行投资；当 $x < x^*$ 时，投资人会拒绝申请不进行投资。所以，投资人对借款人的信任水平决定了其是否选择投资。然而在竞争性市场下，风险型借款人会选择掩藏自己的不良信息，骗取投资人的信任，以获取良好的融资机会，而部分安全型借款人在竞争机制下难以获得融资机会，市场将信用良好的安全型借款人逐渐挤出，风险型借款人的比重逐渐变大，因此出现逆向选择问题。该问题的出现导致投资人难以准确判断借款人类型，观测到的安全型借款人比重变大即 x^* 变大，因此，投资人对于选择投资的决策会越来越谨慎。该现象反过来也会加深借款人掩藏信息的程度，市场会趋于"柠檬化"。同时整理上式得 $x^* = \dfrac{1}{3} + \dfrac{2}{9r+3}$ ，即当 r 变大时， x^* 变小，即在高利率下，假设其他条件不变，投资人倾向降低筛选标准，扩大投资范围。

9.3 缺乏有效监督机制下的道德风险博弈分析

目前债权众筹市场缺少一种有效的监督机制，在借款人和投资人达成借贷合作后，平台难以跟踪借款人并规范借款人的资金操作，借款人会衡量自己选择守信与失信两种决策的效用，并根据效用最大化的原则进行决策，因此，借款过程中容易出现道德风险问题。为解释这一现象，在此对借款人与债权众筹平台进行博弈，暂不涉及投资人一方。借款人与投资人双方可以知道对方的支付函数，但双方的决策空间都不是纯策略，因此，建立完全信息静态博弈，寻找混合策略纳什均衡。

9.3.1 机理分析

道德风险，是指合同一方因改变约定行为而可能损害到对方利益的风险。这种道德风险问题在平台中的主要体现是，借款人为自身获利违反合同规定给投资人造成的损失。由于信息不对称广泛存在于借贷双方之间，债权众筹平台对于借款人的信用评级主要是根据借款人自身提供的相关信息，且主要为姓名、年龄、身份证、借款用途等基本信息。而平台在对借款人的审核中无法跟踪追查贷款的实际去向，借款人可能为获取更高收益将所贷资金用于其他高风险活动，进而导致其违约，即借款人的道德风险，这将严重损害投资人利益。对借款人而言，在平台上伪造资金用途等信息并不困难，因此，道德风险是债权众筹平台信用风险的重要原因。加大对借款人的监督和对其贷款后的追踪管理是避免这种情况发生的有效措施。

9.3.2　借款人假设

在交易进行阶段，借款人可以选择守信或者失信。借款人选择守信的概率为 p，则选择失信的概率为 $1-p$。假设所有借款人均是理性的，即其决策取决于自身利益是否最大化。借款人在获得 1 个单位资金投资下能获得的收益为 Y；资金到期需要还本付息，利息为 r。假设借贷交易过程中，债权众筹平台在监管的过程中可以洞察借款人的行为，对于借款人守信和失信具有不同的奖惩机制，若借款人守信，他将会获得来自债权众筹平台的能够提升他信用评级的信誉度奖励，对借款人相当于 ω 大小的效用增加值；若借款人选择失信，则会减去 ω 的效用，使借款人的信用评级降低，影响借款人未来的借款融资成功率，对于借款人相当于 ω 大小的效用减少量；在借贷交易过程中，债权众筹平台在不对借款人进行监管的情况下难以洞察借款人行为，因此，在不监管的情况下没有信誉度的奖励与惩罚。同时借款人借入的资金具有机会成本 ρ，即借款人将资金挪作他用可以获得的收益，借款人选择守信相当于减少了 ρ 的机会成本带来的效用。

9.3.3　债权众筹平台假设

假设债权众筹平台是理性人，即其决策取决于自身利益是否最大化。债权众筹平台的对策是可以选择是否监督，设选择监督的概率为 q，则选择不监督的概率为 $1-q$。债权众筹平台对于每一笔成交的借贷交易会收取 F 的中介费用，同时债权众筹平台选择监督的监督成本为 c。假设借款人在失信的情况下，债权众筹平台难以收回中介费用，若债权众筹平台监督严格，可以防止损失扩大，并且不会影响到平台自身的信用损失；若未监管，则债权众筹平台不仅难以收回中介费用，而且会影响平台信用损失及未来发展，假设总损失为 E。

9.3.4　借贷行为分析

借款人与债权众筹平台的博弈支付矩阵，如表 9.1 所示。

表 9.1 缺乏有效监督机制下的借贷博弈支付矩阵

借款人守信情况	平台监督情况		
	债权众筹平台: 监督	债权众筹平台: 不监督	概率
借款人: 守信	$Y - r + \omega - \rho$, $F - c$	$Y - r - \rho$, F	$1-p$
借款人: 失信	$Y + r - \omega, -c$	$Y + r, -E$	$-p$
概率	q	$1-q$	

对于借款人选择守信的策略, 当债权众筹平台选择监督时, 借款人可以收获 1 单位借款资金带来的 Y 收益, 守信行为可以增加借款人 ω 的信用效用, 还款时需要支付 r 的利息, 同时选择守信行为会造成 ρ 的机会成本损失, 在此情况下守信的借款人的支付函数为 $Y - r + \omega - \rho$。当债权众筹平台不对其监督时, 并不会左右守信借款人的行为, 同样会收获 Y 的资金收益, 还款时需要支付 r 的利息, 同时选择守信行为会造成 ρ 的机会成本损失, 但不监督的情况下守信行为不被发现, 因此没有信誉度奖励此时借款人的支付函数则为 $Y - r - \rho$。

对于借款人选择失信的策略, 当投资人选择投资, 债权众筹平台选择监督时, 借款人可以收获 1 单位借款资金带来的 Y 收益, 同时可以保留 1 单位本金和 r 的还款利息, 但由于失信行为造成 ω 的信用损失, 此情况下支付函数为 $Y + r - \omega$。当债权众筹平台不进行监督时, 失信借款人行为不变, 且失信行为不被发现, 没有信用损失, 则支付函数为 $Y + r$。

当债权众筹平台选择监督、借款人选择守信时, 投资资金可以回笼, 债权众筹平台可以收获 F 的中介费用收益, 同时支付 c 的监督成本, 因此, 支付函数为 $F - c$。当借款人选择失信时, 投资资金不能回头, 债权众筹平台难以收取中介费用, 此时支付函数为 $-c$。

当债权众筹平台选择不监督、借款人选择守信时, 投资资金可以回笼, 债权众筹平台可以收获 F 的中介费用收益, 并且没有监督成本的支出, 支付函数为 F。当借款人选择失信且失信行为平台没有洞察到时, 债权众筹平台不仅收不到 F 的中介费用, 还会对平台造成信用损失, 影响平台声誉及未来发展, 根据前面假设平台最终总损失为 E, 该情况下支付函数为 $-E$。

借款人选择守信的期望支付为

$$E_{11} - q(Y - r + w - \rho) + (1-q)(Y - r - \rho)$$

借款人选择失信的期望支付为

$$E_{12} = q(Y + r - w) + (1-q)(Y + r)$$

借款人在 (p, $1-p$) 的混合策略下的期望支付为

$$E_1 = pE_{11} + (1-q)E_{12}$$
$$= p[q^*(Y-r+w-\rho) + (1-q^*)(Y-r-\rho)]$$
$$+ (1-p)[q^*(Y+r-w) + (1-q^*)(Y+r)]$$

上式对 p 求导得

$$q^* = \frac{2r+\rho+1}{2w}$$

债权众筹平台选择监督的期望支付为

$$E_{21} = p(F-c) + (1-p)(-c)$$

债权众筹平台选择不监督的期望支付为

$$E_{22} = pF + (1-p)(-E)$$

债权众筹平台在（$q,1-q$）的混合策略下的期望支付为

$$E_2 = qE_{21} + (1-q)E_{22}$$
$$= q[p^*(F-c) + (1-p^*)(-c)] + (1-q)[p^*F + (1-p^*)(-E)]$$

上式对 q 求导得

$$p^* = 1 - \frac{c}{E}$$

则借款人与债权众筹平台的混合策略纳什均衡为 $\left(1-\dfrac{c}{E}, -\dfrac{c}{E}\right), \left(\dfrac{2r+\rho+1}{2\omega},\right.$

$\left.\dfrac{2r-2\omega+\rho+1}{2\omega}\right)$。

　　当监督成本 c 很大时，债权众筹平台会倾向不监督，因为其难以负担巨大的监督成本支出。但同时需要注意的是如果债权众筹平台不采取有效的监管措施，当 c 很大 p^* 较小时，那么借款人选择失信的可能性将更大。同时如果没有监督，借款人的失信就会极大地不利于债权众筹平台的声誉，即 E 很大的情况下，债权众筹平台将倾向严格监管。但当 E 很大 p^* 也较大时，也就是说当对于债权众筹平台的声誉影响极大，且债权众筹平台严格监管的时候，借款人就会更倾向于守信。由此可见，借款人的信用行为会被监管机制的有效程度左右，进而引发借款人的道德风险。

9.4　缺乏约束机制下的道德风险博弈分析

　　由于目前尚未形成健全的债权众筹相关法律体系，债权众筹平台难以制裁债权众筹中借款人的违约问题，并且缺乏担保，约束违约问题的有效机制尚未形成。在这种缺乏有效约束机制的背景下，借款到期时，可能出现借款人有能力而无意

愿还款的现象，即出现事后道德风险。为了探明这种在交易达成后引发的道德风险，我们初步假设在市场中存在一个信息中介和两方市场参与者，信息中介即债权众筹平台，它不会参与到借贷交易过程中，两方的市场参与者即投资人与借款人。本书将构建完全且完美信息动态博弈模型。

9.4.1　机理分析

理性人假设是道德风险产生的内因，理性人往往基于自身利益最大化而做出决策，追求个体利益最大化是一种本能。然而在内因存在的情况下，信息不对称广泛存在于平台和客户之间，这是促使道德风险发生的外部因素。债权众筹平台中借贷行为的各个环节均有信用风险发生的危机，其原因就是各方信息不对称时常出现。而针对本节交易达成后的道德风险，则是在借贷交易到期时点由于信息不对称，平台无法得知借款人是否会主动还款。再加之债权众筹市场的交易机制不同于传统金融市场，缺少资产抵押等约束手段、没有恰当的约束机制是债权众筹行业管理中存在的漏洞。借款人熟知了该管理漏洞后，容易出现在交易到期时点依旧拖欠或拒交欠款。这会造成债权众筹平台资金链断裂，出现经营危机，平台的经营恶化容易招致企业跑路等现象，进一步容易引发金融领域的金融危机。为了防范出现事后道德风险，需要建立有效的约束机制。

9.4.2　借款人假设

借款人的策略集合是"还款"和"不还款"，假设借款人获得 1 单位投资时能获得的收益为 Y，资金到期需要还本付息，利息为 r。若借款人选择不还款，假设有 m 的概率不被发现不良行为，则有 $1-m$ 的概率被发现，且当被发现不还款时要受到一定约束，付出 b 的效用损失。

9.4.3　投资人假设

假设投资人是理性人，那么他的决策则取决于是否自身利益最大化。相对于借款人融资需求而言，投资人的供给是有限的，借贷市场是竞争性的。博弈为序贯博弈，该阶段讨论借贷交易事后博弈，首先投资人选择是否对借款人投资，其次借款人选择是否还款。投资人具有两种策略，一是借给借款人资金；二是不借给借款人资金。假设投资人选择借给借款人资金，对其投资 1 单位资本，要求的利息为 r。

9.4.4　借贷行为分析

为简化研究，在此构建一期借贷行为的完全且完美信息动态博弈模型，其博弈树，如图 9.2 所示。

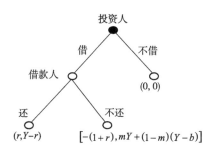

图 9.2　缺乏有效监督机制下借贷行为博弈模型

若投资人选择借款，借款人选择还款，则投资人会有 r 的利息回报，借款人在 Y 的资金收益下要扣去支付的利息 r，则支付函数为 $(r, Y-r)$；若借款人选择不还款，投资人会损失 1 单位资金及其应有的 r 利息回报，借款人在 m 概率不被发现不良行为，$(1-m)$ 概率下被发现的情况下的期望支付为 $mY+(1-m)(Y-b)$。当 $Y-r<mY+(1-m)(Y-b)$ 时，即 $b<\dfrac{r}{1-m}$ 时，缺乏良好的约束机制条件下，借款人会选择不偿还欠款。

9.5　本 章 小 结

本章运用博弈论的知识从形成机制上分析了债权众筹平台借贷风险，有三种类型的信用风险存在于债权众筹平台借贷交易达成的过程中：①交易达成前的逆向选择，其主要是由信用体系不完善引起的；②发生交易时的道德风险，其主要是由无效的监督体制引起的；③交易完成后的道德风险，其主要是由不完善的约束体制引起的。在交易达成前的逆向选择时期，通过对借款人和投资人构建完全信息动态博弈，解释如下情境，即在缺乏完善的信用体系时，风险型借款人倾向掩饰自己的不良信息，伪装成安全型借款人，而投资人无法对其进行良好地甄别，这导致风险型借款人逐渐将安全型借款人挤出市场。在事中道德风险博弈阶段建立了借款人与平台的完全信息静态博弈模型，引入了监督成本参数，论证了在缺乏有效监督机制时，借款人更多地倾向于选择失信，从而产生了借款人挪用资金欠款的道德风险。在事后道德风险博弈阶段构造了借款人与投资人的完全信息动态博弈，引入了约束变量，论证了约束机制过于低下会增加借款人到期有能力还款却不还款的道德风险。

债权众筹市场中发生了很多借款人违约的情况，这也是目前面临的最主要的风险控制问题。对此，我国债权众筹平台在不断地尝试与创新。在风险预防方面，要加强对项目的审核，包括线上审核、线下审核和外包给第三方机构的审核。当前从社会资本的角度、信息真实性的角度、羊群效应角度等视角对债权众筹平台信用风险的影响因素的研究较为广泛，但是，很少有人直接从借款人的信用方面和违约条件角度进行研究。因此，本章主要通过博弈模型讨论债权众筹平台中影响借款人信用行为的因素及防止借款人违约问题发生的举措，为避免债权众筹平台借款人的信用风险总结一些可行性的措施。

第三部分　互联网债权众筹市场
实证研究

第10章　债权众筹平台客户决策行为研究

国内债权众筹平台发展迅速，并衍生出多种交易运作模式，分析有哪些平台及客户自身的因素对客户的行为决策有影响可以为平台建设及客户决策提供参考。本章基于文本挖掘的理论设计调查问卷，通过发放问卷收集客户行为数据。从微观视角出发，以结构方程模型为框架对债权众筹平台决策行为进行实证分析，研究影响客户决策行为的决定因素及其相互影响，再以实证结果为基础，研究平台客户对交易模式的偏好，从而为客户对我国债权众筹平台的主要交易模式的选择提供了决策建议。

10.1　研究设计与方法

针对不同交易模式的特点，为了刻画客户在选择平台时的决定因素，本章从平台角度出发，选取风险、收益和平台管理，以及客户的投资人偏好作为评价指标，并选取客户信任和客户体验作为影响客户决策行为的主要影响指标来进行问卷的设计，并进行后期模型的构建。

10.1.1　问卷调查法

问卷调查法是在学术研究中被普遍应用的一种研究方法，根据研究目标设计特定的情景和问题，有针对性的选取一些调查对象并以填写问卷的形式了解实际的情况，从而收集有效的数据。问卷的设计要求主题明确，结构合理，逻辑性强，通俗易懂，长度适中，资料易于校验、整理和统计。在设计完成后，一般采用访问、邮寄、发放等方法进行调查数据的回收。

问卷调查的优点在于被调查者可以不受其他因素的影响，可以如实表达自己的意见，尤其是对敏感性问题的调查往往可以得到较为可靠的资料；而且调查问卷的格式都是规范统一的，避免了在调研过程中问卷和问卷结果掺入研究者的主观偏见。除此之外，问卷调查形式还可以以较低的成本获得量化的数据，便于研究者对数据进行预处理，最大限度地保证了数据的信息量。

结合本章要讨论的问题，以问卷调查的形式收集数据最能保证数据的真实可靠，同时，易于将结果量化，有利于在实证中识别影响网络借贷平台交易模式选择的关键因素。

调查问卷的对象需要既能代表市场，又能全面地刻画影响客户决策选择的因素。所以，选择市场中债权众筹平台的投资人，以及潜在投资人作为调查问卷的对象。

与借款人相比，选择投资人作为调查问卷的对象在于投资人行为可以更全面的刻画影响因素。Petty 等（1983）的研究认为在交易过程中与卖方相比，买方对于信息更为敏感，会更主动地收集分析信息以避免错误的购买行为。Venkatraman（1989）也认为买方在交易过程中会对可能发生的损失更为敏感，会通过主动获取信息极力避免损失的发生。所以在考虑债权众筹平台模式的时候，投资人在风险、平台信息等方面更为敏感，并且从投资人中获取的这些方面的数据作为网络借贷平台交易模式的特征进行比较更具有代表性。

10.1.2　结构方程模型

1. 模型设定

结构方程模型中有外生和内生两种变量，其中，外生变量又称为自变量，这是因为其会被系统外的其他因素影响；外生变量会影响内生变量，而且内生变量之间也存在影响关系。下面公式显示了结构方程的数学表示：

$$Y = \Lambda_y \eta + \varepsilon$$

$$X = \Lambda_x \zeta + \sigma$$

其中，Y 为一个 $p \times 1$ 向量；X 为一个 $q \times 1$ 的向量；δ 为一个 $p+q$ 向量，由 q 个测量误差组成；ε、δ 为不能由潜变量解释的部分。

$$\eta = B\eta + \Gamma\zeta + \zeta$$

其中，B 为一个 $m \times m$ 的系数矩阵，表示内生潜变量 η 之间的关系；ζ 为一个 $m \times 1$ 向量，表示结构方程的残差。

$$B = \begin{bmatrix} B_{11} & B_{12} & \cdots & B_{1m} \\ B_{21} & B_{22} & \cdots & B_{2m} \\ \vdots & \vdots & & \vdots \\ B_{m1} & B_{m2} & \cdots & B_{mm} \end{bmatrix} \qquad \Gamma = \begin{bmatrix} \Gamma_{11} & \Gamma_{12} & \cdots & \Gamma_{1m} \\ \Gamma_{21} & \Gamma_{22} & \cdots & \Gamma_{2m} \\ \vdots & \vdots & & \vdots \\ \Gamma_{m1} & \Gamma_{m2} & \cdots & \Gamma_{mm} \end{bmatrix}$$

2. 模型识别

在对模型进行设定后，需要对模型进行识别，即检查模型的自由参数是否可以根据观测的数据求得唯一解，从而作为观测值。若得出唯一解，那么模型就是可识别的；反之，如果一个自由参数不能以其样本方差或者协方差的函数表述出来，那么这个模型就是不可识别的。

3. 模型估计

在识别模型后，需要进行参数估计，其以观测变量的方差和协方差为根据。结构方程参数的估计一般会采用多元回归方法、最大似然法，以及广义最小二乘法等迭代法在 AMOS、LISERL 软件中实现。

4. 模型评价

模型评价，是指基于估计的参数来预测观测变量的方差或者协方差，随后再用预测值与观测值的方差或者协方差进行匹配，匹配程度在很大程度上表示了拟合程度。一般检验结构方程拟合度的指数有相对卡方值、CFI、RMSEA 等，其中，CFI 值大于等于 0.90 时，表示模型拟合度好；RMSEA 值小于等于 0.08 时表示拟合较好，小于 0.05 时表示拟合得更好。各个指数计算公式如下。

相对卡方值公式表示为

$$F_0 = \max\left\{F - [\mathrm{df}/(n-1)], 0\right\} \overline{x^2} = x^2 / \mathrm{df}$$

其中，df 表示自由度。

CFI 计算公式如下：

$$\mathrm{CFL} = 1 - \frac{t_{\mathrm{modcl}}}{t_{\mathrm{indep}}}$$

$$t_{\mathrm{indep}} = \chi^2_{\mathrm{indep}} - \mathrm{df}_{\mathrm{indep}}$$

$$t_{\mathrm{modcl}} = \chi^2_{\mathrm{modcl}} - \mathrm{df}_{\mathrm{modcl}}$$

RMSEA 计算公式如下：

$$\mathrm{RMSEA} = \sqrt{\frac{F_0}{\mathrm{df}}}$$

其中，F_0 为总体差异函数的估计，$F_0 = \max\left\{F - [\mathrm{df}/(n-1)], 0\right\}$。

5. 模型修正

结构方程的最后一步是进行模型修正，其目的是对初始模型的拟合程度进行改进。一般地，AMOS、LISREL 等软件不仅可以提供部分修正指数，还可以提供路径系数及标准化残差的 P 值。其中，如果路径系数和标准化残差的 P 值大于 0.05，那么该路径没有显著意义，可以考虑删除。值得注意的是，模型修正每次只能修改一个参数，修正后的模型必须重新验证。

10.2 平台客户决策行为概念模型构建与量表设计

10.2.1 概念模型构建

从平台角度出发，选取风险、收益和平台管理，以及客户中投资人的风险偏好作为评价指标，并选取客户信任和客户体验作为影响客户决策行为的主要指标如下所示。

1. 投资人偏好测量维度

由于对风险厌恶的投资人会更加保守一些，他们更倾向于选择风险较低的产品，那么对应的债权众筹平台可以选择推出保障本金和担保的模式或者一些小额短期融资项目将其风险尽可能降低，使得投资人放心更愿意去投资。而对于风险喜好者来说则可能恰恰相反。国内的债权众筹平台相较于国外债权众筹平台来说，平台模式更加多样化，风险与收益的差异不单单体现在项目借款金额、借款周期等方面，还体现在平台的交易模式上（侯雯雪，2015）。投资人偏好也不单单是指对于风险的偏好，也有投资人对于人性善恶的认识和对债权众筹平台未来发展的偏好等方面。

2. 风险测量维度

债权众筹平台的风险控制能力是衡量平台质量重要的因素（辛宪，2009；Herzenstein et al.，2010；陈初，2010），平台的风险测量维度可以根据平台运营数据，如坏账率的高低；也可以通过平台运营特点，如平台是否只是纯粹充当中介角色不触碰资金往来；还可以通过平台体系建设的完善程度，如平台是否具有成熟的投资人审核条件，以及投资人信用评级体系，等等得到一定程度的了解。

风险测量维度除了评判平台的风控能力，同时也关注投资人存在的风险，因此，平台会对借款人在还款能力、还款意愿，以及借款信息质量方面可能存在的信息不对称现象进行风险评估。

3. 收益测量维度

收益及收益率是债权众筹平台业绩考核的一个主要指标，也是市场中购买者最为看重的因素之一。收益的测量不单单是简单地以投资人从平台获得的收益来衡量，也要关注平台自己的利润空间。对于投资人而言，其所得的收益水平还需要和其他投资渠道进行比较，评判投资人对于获取的利润是否满意，与预期是否相符。除此之外还需要考虑资金的占有时间、手续费用等方面可能对交易模式选择带来的影响。

4. 信任测量维度

信任测量维度的标尺有被信任者的诚实性、可预测性，以及可靠性，通常信任可以被看作遵守诺言的期望（Anderson and Weitz，1989）。一方一般会相信对方可以对自己做出公平的举措，不会采取投机行为损害自己的利益。但由于对象的不同，信任同样可以分为对平台的信任及对融资人的信任。在债权众筹平台中，信任的测量也可以理解为衡量平台的借款人提供的信息质量（Kumar et al.，2007；Iyer，2011）。

5. 平台管理服务测量维度

公司背景及公司运营是对公司及平台的一个内在环境的描述，企业领导及企业的文化对企业的整体发展脉络来说具有非常强大的指导作用，属于内在的重要影响因素之一。平台服务通过影响客户体验，进一步影响了交易模式的选择。

6. 客户体验

客户体验在消费者进行决策行为中发挥着重要的作用，有研究证实良好的客户体验可以提升客户的友好程度，使客户更容易建立起购买的意愿（McKnight et al.，2002；Palvia，2009）。在债权众筹平台交易过程中，网站的易用性和有用性是判断客户体验是否良好的重要标准（Gefen and Straub，2003）。

10.2.2　行为量表设计

在调查问卷设计的过程中，问卷问题设计考核的变量很多都已被实证研究证实，并通过了信度和效度检验。还有少部分内容是针对一些债权众筹平台工作人员及债权众筹市场比较熟悉的投资人的访问，结合我国特有的一些实际情况设计出的题目。为了保证题目客观明确、不存在歧义、方便被调查者答题，问卷的第一部分用来指导；第二部分是调查的问答部分，根据前面的研究和分析，将问卷分为投资经历、信任因素、风险因素、收益因素、公司运营及平台服务，以及客户反馈；第三部分是客户的个人信息的调查。另外调查问卷除个别特殊问题外，题目所提供选项遵循同意程度依次递增的形式，依照非常不同意、不同意、不确定、同意、非常同意五个选项，分别给予 1、2、3、4、5 的得分。为了使获得的数据更全面、更有代表性，调查问卷针对平台投资人和潜在平台投资人设计了两种类型问卷，使得问题更加具体，回答更为聚焦。

根据消费者行为、社会资本等理论模型，以及前文设计的研究问题，对债权众筹平台交易平台选择的影响因素之间的构造关系提出研究假设如下。

$H_{10.1}$：平台的运营风险对客户体验具有负向影响；

$H_{10.2}$：平台的运营风险对客户信任具有负向影响；

$H_{10.3}$：平台的收益情况对客户体验具有正向影响；

$H_{10.4}$：平台的收益情况对客户信任具有正向影响；

$H_{10.5}$：平台管理情况对客户体验具有正向影响；

$H_{10.6}$：平台管理情况对客户信任具有正向影响；

$H_{10.7}$：客户的风险偏好程度对客户体验具有正向影响；

$H_{10.8}$：客户的风险偏好程度对客户体验具有负向影响。

10.3　债权众筹平台客户决策行为的实证分析

10.3.1　数据来源及特征描述

在对债权众筹平台运营模式的相关影响因素进行分析的基础上，进行了适当的调整，并针对相应指标设计了问卷，进行了问卷调研。我们主要通过网上发放调查问卷的方式进行数据收集，共收回 302 份问卷，其中有效问卷 288 份，有效回收率为 95%。根据结构方程模型应用的要求，回收的有效问卷中每个指标均符合大于等于 5 个样本数的相关最低要求，因而可以进行结构方程的分析。

通过对被调查者的基本信息进行分析，可以看出被调查者来自不同的群体，这体现了较强的随机性，保证了此数据的可靠性。由图 10.1 可以看出被调查者的学历主要是以学士和硕士为主，二者合占 72%，这反映出高学历人群对 P2P 这一互联网金融背景下的产物具有更好的适应性和接受能力。由图 10.2 可以看出金融工作者为98 人，所占比重最大为 34%；公务员为 15 人，所占比重最小为 5%；学生群体为 34人，也占据了比较大的比重。由图 10.3 可以看出被调查者中，年薪水平最多的区间是 5 万~10 万元，人数为 78 人，占比 27%；其次是 10 万~15 万元，人数为 68 人，占比为 24%；人数最少的区间是年薪 25 万元及以上，人数为 37 人，所占比重为 13%。反映出年收入 5 万~15 万元的中等收入人群对债权众筹平台有更大的需求量。

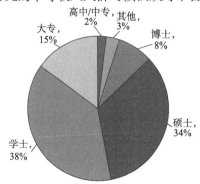

图 10.1　被调者学历构成

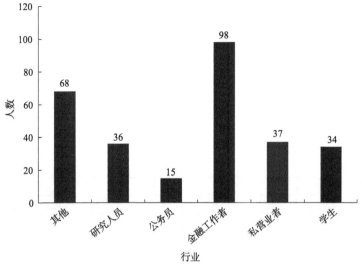

图 10.2　被调者职业构成

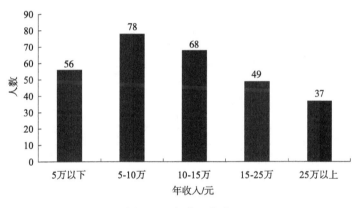

图 10.3　年收入构成

10.3.2　信度和效度分析

1. 信度分析

信度，是指一种将测量实施之前的数据和实施之后相比得出的相似程度。也有人认为信度是一项研究可重复操作的程度，如 Goetz。Cronbach's α 信度系数是目前最常用的信度系数，其公式为

$$\alpha = \frac{k}{k-1}\left[1 - \frac{\sum_{t=1}^{k}\sigma_i^2}{\sigma_{\mathrm{T}}^2}\right]$$

一般认为当 Cronbach's α 系数大于 0.7 时，即表明量表的同质性较好。从表 10.1

我们可以看到，各个分项的值都大于 0.7，且整个量表的总体 Cronbach's α 值为 0.920，因此本次问卷的信度是可靠的。

表 10.1 变量的可靠性分析

潜在变量	指标数量	Cronbach's α 系数
平台风险	4	0.872
平台收益	4	0.763
客户信任	4	0.896
平台管理	4	0.867
客户风险偏好	4	0.872
客户体验	4	0.793
总体	24	0.920

2. 效度分析

从表 10.2 可以看出本书研究各量表的结构效度都比较好，其 KMO 样本测度值都大于 0.7，同时 Bartlett's 检验都小于 0.000 1。从分析结果中可以看出平台风险、信任、平台收益、平台管理，以及客户风险偏好因子分析结果识别与问卷变量分类基本一致，说明本书研究的所有量表在理论逻辑上都具有较强的合理性。

表 10.2 变量的 KMO 值与 Bartlett's 检验

变量	KMO 和 Bartlett's 检验		
平台风险	KMO 度量		0.829
	Bartlett's 检验	Approax Chi-Square	178.93
		Sig	0.000
平台收益	KMO 度量		0.828
	Bartlett's 检验	Approax Chi-Square	239.64
		Sig	0.000
客户信任	KMO 度量		0.826
	Bartlett's 检验	Approax Chi-Square	217.80
		Sig	0.000
平台管理	KMO 度量		0.796
	Bartlett's 检验	Approax Chi-Square	282.67
		Sig	0.000
客户风险偏好	KMO 度量		0.837
	Bartlett's 检验	Approax Chi-Square	372.53
		Sig	0.000
客户体验	KMO 度量		0.813
	Bartlett's 检验	Approax Chi-Square	169.37
		Sig	0.000
总体	KMO 度量		0.862
	Bartlett's 检验	Approax Chi-Square	943.69
		Sig	0.000

10.3.3 模型构建及实证结果分析

基于基础理论分析与文献调研，选取影响投资人选择的关键因素，构建模型，如图 10.4 所示，旨在考察投资者的投资经历相关因素、信任因素、风险因素、收益水平及公司运营层面的因素对投资者决策的影响。变量列表，如表 10.3 所示。

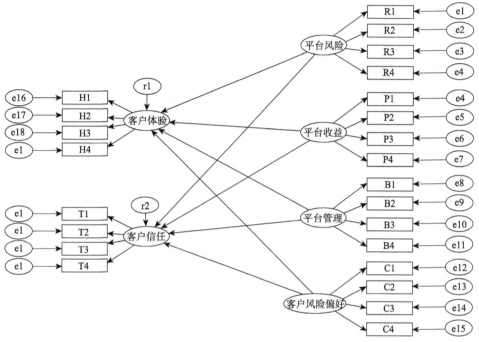

图 10.4 结构方程图

表 10.3 变量列表

变量类型	外生变量	内生变量
潜变量	平台风险 X1	客户信任 Y1
	平台收益 X2	
	平台管理 X3	客户体验 Y2
	客户风险偏好 X4	
观测变量	平台坏账率 R1	投资人对平台运作的信任 T1
	平台担保机制 R2	投资人对借款人的信任 T2
	信息审核机制 R3	投资人对平台信息安全的信任 T3
	借款人信用评级 R4	投资人对平台保护投资人利益的信任 T4
	产品年化收益率 P1	平台客户友好程度 H1

变量类型	外生变量	内生变量
	平台及产品手续费 P2	平台客户收益符合预期 H2
	平台收益预期 P3	平台易用性 H3
	平台利润空间 P4	平台服务 H4
	公司背景 B1	
	公司技术团队 B2	
观测变量	公司发展速度 B3	
	公司业务专业性 B4	
	投资人风险偏好 C1	
	投资人对风险的认识 C2	
	投资人对人性的憎恶态度 C3	
	投资人对投资的偏好 C4	

本章选取 df、卡方值、P 值、NFI、CFI、AGFI、RFI、RMR 几个指标进行模型数据的检验，卡方值和自由度的比值为 2:1~3:1 是可以接受的，从表 10.4 可以看出，本模型卡方值和自由度的比值为 2.112，可以被接受；另外 P 值小于 0.1，可以被接受。本模型包含了 6 个变量，共计 24 个测量项目，模型基本拟合。各变量的回归权重，如表 10.5 所示。

表 10.4　分析模型的拟合指标

指标	df	卡方值	P	NFI	CFI	GFI	AGFI	RFI	RMR
指标值	296	625.304	0.000	0.859	0.901	0.879	0.921	0.906	0.027

表 10.5　各变量的回归权重

变量	Estimate	S.E.	C.R.	P
X1<---Y1	−0.646	0.271	2.384	***
X1<---Y2	−0.910	0.390	2.485	***
X2<---Y1	0.151	0.106	1.983	***
X2<---Y2	0.451	0.213	2.106	***
X3<---Y1	0.483	0.204	2.787	***
X3<---Y2	0.311	0.132	1.963	***
X4<---Y1	−0.260	0.127	1.957	***
X4<---Y2	0.432	0.206	1.834	***

变量	Estimate	S.E.	C.R.	P
R1<---X1	1.000	—	—	—
R2<---X1	1.113	0.864	2.019	***
R3<---X1	1.617	0.912	2.862	***
R4<---X1	1.033	0.453	2.076	***
P1<---X2	1.000	—	—	—
P2<---X2	1.062	0.436	2.217	***
P3<---X2	0.953	0.254	3.765	***
P4<---X2	1.133	0.473	2.748	***
B1<---X3	1.000	—	—	—
B2<---X3	2.507	1.232	2.105	***
B3<---X3	0.401	0.293	1.953	***
B4<---X3	1.027	0.398	2.582	***
C1<---X4	1.000	—	—	—
C2<---X4	1.310	0.645	2.965	***
C3<---X4	0.507	0.172	1.674	***
C4<---X4	0.573	0.213	1.743	***
T1<---Y1	1.000	—	—	—
T2<---Y1	0.914	0.288	3.782	***
T3<---Y1	0.383	0.435	2.798	***
T4<---Y1	0.842	0.467	2.916	***
H1<---Y2	1.000	—	—	—
H2<---Y2	0.537	0.419	3.896	***
H3<---Y2	1.202	0.732	2.674	***
H4<---Y2	0.371	0.200	1.962	***

***表示 P 小于 0.001

从图 10.5 可以看出，外生变量债权众筹平台风险对客户体验和客户信任产生的影响中，两条路径系数均在 0.6 以上，且为负值，说明两者对债权众筹运营模式的选择的影响都较大，且表现为负向影响。这是因为当平台运营的风险较大时，客户对平台的信任程度会降低，客户体验也会下降。因此，$H_{10.1}$ 和 $H_{10.2}$ 成立。

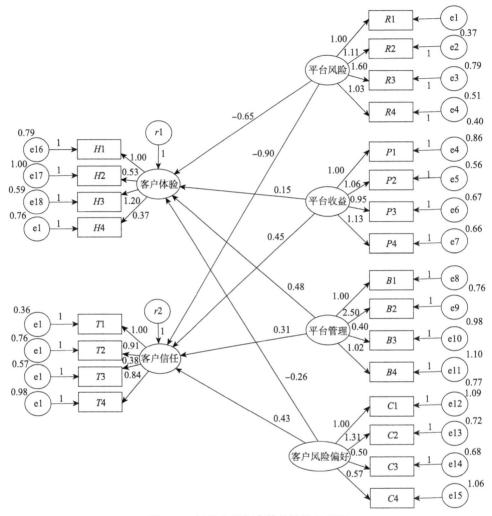

图 10.5 标注有回归参数的结构方程图

外生变量债权众筹平台收益对客户体验和信任产生的影响中，两条路径系数均在 0.6 以下，且为正值，说明两者对债权众筹运营模式的选择的影响都不大。因此，$H_{10.3}$ 和 $H_{10.4}$ 成立。

外生变量债权众筹平台管理情况对客户体验和信任产生的影响中，两条路径系数均在 0.6 以下，且为正值，说明两者对债权众筹运营模式的选择的影响不大，但仍具有一定的影响力。因此，$H_{10.5}$ 和 $H_{10.6}$ 成立。

外生变量客户的风险偏好对用户体验和信任产生的影响中，两条路径系数均在 0.6 以下，说明两者对债权众筹平台运营模式的选择的影响不大。其中，用户的风险偏好程度对用户体验的影响为负值。因此，$H_{10.7}$ 不成立，$H_{10.8}$ 成立。

模型实证结果基本符合实际的情况。客户的体验感受和对平台的信任决定客户如何进行决策分析,而客户体验和客户的信任是基于平台收益、平台风险、平台管理,以及客户自身的风险偏好决定的。其中,债权众筹平台的风险状况对客户的平台体验及信任程度产生的影响最大,说明风险是大多数客户最为看重的因素,风险越高客户体验和信任就越低。

债权众筹平台的收益和管理状况会对客户的平台体验及信任程度产生相对较小的正向影响,一方面说明伴随着债权众筹平台在国内的快速发展,客户的专业素质越来越高,他们已经不是仅仅凭借平台收益和风险水平决定偏好,而是开始广泛关注平台背景和管理并逐渐意识到了其重要性;另一方面说明对于大多数客户来说相较于收益他们更看重风险水平的高低,这也说明客户的风险控制意识在逐渐上升,客户在追求收益的同时考虑的问题也越来越全面。

客户的风险偏好对客户体验有较小的负面影响,说明客户对风险越厌恶,对于平台的要求相对越高,而一般的客户对平台要求没有那么高。这可能导致面对同样的平台,更加厌恶风险的客户的体验会更差一些。客户的风险偏好对信任产生相对较小的正向影响说明越是风险厌恶的客户,对风险就越敏感,对平台的了解就越全面,而且这部分客户更倾向选择低收益保值产品,因此,他们对平台更加信任。风险喜好的客户为了追求高收益,会更倾向于高风险的项目,对平台的信任程度会相对低一些。

实证结论说明在债权众筹市场快速发展的过程中,客户投资的素质水平也在不断提高,投资理念趋于理性,在决策过程中不再简简单单取决于收益水平,对于产品的风险、平台的管理、平台的服务等方面都越来越关注。

10.4　基于客户决策行为的平台交易模式选择

10.4.1　债权众筹平台的主要交易模式及其特征

基于市场的迫切需要,2007 年我国参照国外已有的成熟模式把债权众筹平台逐渐移植到国内。债权众筹平台进入我国市场之后迅速落地扎根,平台模式得到不断创新,市场以此为契机发展迅速,平台数量呈现爆炸式增长。在发展过程中,债权众筹平台已经不仅仅拘泥于国外的传统交易模式,在不断适应国内环境的过程中其衍生出了不同的交易模式。目前最广为市场接受的交易模式有三种,即传统模式、债权转让模式和担保模式。

1. 传统模式

传统模式是国外主流也是最为成熟的交易模式。传统模式中债权众筹平台主要承担的是信息中介的功能。平台提供咨询服务，对必要信息及时进行公布，方便投资人和借款人之间的信息匹配。在交易过程中平台收取一定的服务费，但是不参与到借贷双方交易中的实质经济利益中去。

传统模式下的平台最主要的工作是借款人及投资人信息的汇总和整理，同时也承担着审核信息真实性及审核借款人信用等方面的义务。借助平台的信息，借款人可以根据自己的实际情况，如对贷款利息的承受能力，来选择投资人，而投资人同样也可以针对自己的风险偏好匹配借款人。因为平台在借贷双方匹配和交易过程中并不参与其中的金融业务或者是承担相应的担保责任，所以平台本身的风险很低，主要的风险都会由投资人来承担。所以，这种模式依赖一个可靠的信用系统来博取投资人的信任，或者依靠一些较高的利率来吸引投资人。

在我国由于没有一个相匹配的完备的信用体系作支撑，国外成熟的传统模式在国内的推广过程中存在一些障碍，这使得国内的传统模式并没有像国外一样那么主流。目前国内的传统模式平台最为典型的代表就是拍拍贷。拍拍贷严格践行不直接介入投资人和借款人之间资金往来的原则，盈利手段一方面是交易过程中收取的手续费，另外一方面是在提供一些中介服务中收取的服务费。为了吸引投资人和资金、提高平台的监管效率、降低坏账率和死账率，拍拍贷建立了一套系统的信用体系，即以平台内客户数据为基础，构建信用评估系统。此外为了控制风险，拍拍贷还建立了本金保障系统，这有效提高了投资者风险意识，提升了投资人素质。从结果来看，对投资人而言可以享受到本金保障的服务，对平台来说降低了坏账发生的概率，形成了双赢。从拍拍贷的特点可以看出传统模式是一种比较稳健保守的交易模式，平台承担的风险很低且不触红线。但由于盈利主要依靠服务费和手续费，对客户基础有较高的要求。

2. 债权转让模式

债权转让模式与传统模式相比，其职能不仅仅是提供信息中介的作用，平台和借贷方也会产生间接的债权债务关系。一般来说，平台第三方会对借款人进行考核，选择合适的借款人将贷款借出，然后再把第三方的债权进行分割，转让给平台的投资人。在这种模式下平台参与到金融交易环节，其设计的结构相对比较简单，且适用于线下匹配。平台不需要较高的客户基础作为门槛，所以发展较为迅速，规模也很容易扩大，但是平台在交易过程中的定位较为复杂，存在一定的政策风险。

在我国，债权转让交易模式的发展迅速，最具有代表性的平台是宜信。宜信在交易过程中只担保不抵押。和传统模式不同，宜信将借款行为和贷款行为分割开来，平台会根据投资人的信息和需要为投资人推荐合适的借款人。平台在交易过程中具有担保职能，如果出现借款逾期不还这种情况平台会对投资人进行赔偿，所以这种模式下投资人承担的风险将有所降低。正是因为投资人承担的风险相对较小，所以吸引了大量的投资人，使得宜信平台发展迅速。

虽然这种模式比较容易被我国市场和投资人接受，但是这种模式的践行需要平台不单单是发挥普通中介的作用，同时还需要平台介入借贷行为，存在一定的政策风险。

3. 担保模式

担保模式也是债权众筹进入我国市场之后衍生出的一种新的交易机制，并广泛被市场接受。担保模式下借款人和投资人在匹配成功之后，平台会用自有资金为借款行为进行担保，保证投资人会根据签订的合同获得应有的收益。

担保模式在国内是一种比较主流的模式，很多平台都采取或者借鉴了该模式。其本质就是平台构建风险保障机制，即将平台的一部分自有资金作为风险金，用于赔偿投资人可能出现的损失。这样一方面分担了投资人的风险，另一方面激发平台进行更好地风险控制从而减少了坏账、死账发生的可能。

这种方式在一定程度上保障了资金的安全，比较符合目前国内的市场环境和投资人的投资理念。但是从另一个角度来说也反映了国内投资人缺少必要的素质教育，对于风险的认识还比较狭隘。对于平台来说，这种方式虽然可以有效地吸引投资人和资金，但是由于在借贷过程中涉及担保环节，交易过程涉及的关联方较多很容易爆发出问题。

10.4.2　债权众筹平台客户的交易模式偏好分析

根据前文对交易模式的总结分析，可以进一步地将不同交易模式从平台收益、平台管理和客户风险方面的特点结合进来，总结客户对于三种交易模式的偏好。

就债权转让模式来说，是由第三方先购买债权，然后将债权转让给投资人。这种运行模式并没有给投资人提供真正意义上的选择权，有着流程不透明等特点，因而相对来说客户体验的满意度较低。综上所述，债权转让模式可以说是一种变相的线下担保模式，信息披露力度不足、信用风险较大、客户体验相对较低，并没有表现出明显的收益优势。

就担保模式来说，信任不止是对借款人的信任，更多的是对于债权众筹平台的信任。担保模式一般分为两种一种是引入担保公司进行担保，这种模式下客户更加关注平台的专业程度、规范性，以及与其合作的担保公司的情况，以便得到对平台的正确认识。然而实际上担保公司的杠杆率大多超过法律允许范围，并且存在很多信息不透明的现象，在本金保障上客户承担的实际风险要高于预期。另一种是设定风险准备金的形式对交易进行担保，作为一种行之有效的增信手段，目前还只有少部分平台设定了风险准备金，但是在资金是否由银行托管、能否有效覆盖坏账率等问题上还缺乏监督手段去落实。近年来，很多平台利用广大投资人没有足够的专业知识,以高额资金池为幌子,将平台包装为具备风险准备金的平台来吸引大量投资人进行诈骗。所以在客户投资方面素质越来越高的情况下,担保模式的弊端和潜在的风险被越来越多的人注意,风险保证金模式在国内缺乏被广泛认可的信用评价体系情况下可以作为一种有效的增信手段,但是还缺乏配套的监管和规范执行措施,这使得客户的信用和客户的体验低于预期。

就传统模式来说,借贷双方直接发生借贷关系,债权众筹平台只是充当信息中介的作用,风险较小,但同样的收益率与前两种模式相比处于相对较低的水平。首先这种模式主要通过线上交易,因而网站平台的管理更被客户重视,客户信任度和客户体验满意度更高,更加适合风险规避者及对资金管理有需求的客户选择。其次传统模式下的平台更加关注于向投资人灌输理性投资的理念,强调投资人素质的培训,会将更多的精力放在让投资人充分意识到自己承担的风险及风险承受能力上,对风险有一个专业的评估。最后该模式下平台不直接参与交易,风险主要来自于借款人,客户可以通过平台的审核机制及信用评价机制等对平台的可靠性进行评价,从而做出科学的投资决策。

所以在市场越来越成熟的情况下债权转让模式缺乏足够的竞争力;担保模式下的风险准备金模式值得进一步推广和落实从而有效增加平台信用,但目前其效果还低于预期;传统模式的特点最符合实证模型中得到的投资人与借款人相比更重视风险、对平台管理越来越重视等结论,说明在现阶段传统模式与客户的理性投资趋势最为契合,最值得去推广。

10.5 本章小结

本章为了刻画市场中的客户在选择平台时有哪些平台及客户自身的因素对客户的行为决策起到了重要的影响,在理论文献的基础上提出了平台收益、平台风险、平台管理、客户偏好、客户体验和客户信任六个维度来刻画客户在进行行为决策时的影响因素,并以此为基础以问卷调查的形式对每个维度有针对性的构建的具体问题进行了刻画。为了更好地描述不同维度之间的关系,构建了结构方程模型,根据消费者行为、社会资本等理论模型,以及前文设计的研究问题,将客户体验和客户信任作为内生变量,将平台收益、平台风险、平台管理和客户偏好作为外生变量,对债权众筹平台选择的影响因素之间的构造关系提出研究假设。

为了验证研究假设,将通过信度和效度检验的数据带入结构模型得到显著性的结果,说明风险是大多数客户最为看重的因素,风险越高客户体验和信任就越低。债权众筹平台的收益和管理状况会对客户的平台体验及信任程度产生相对较小的正向影响,客户风险偏好对客户体验有较小的负面影响,对客户信任有相对较小的正向影响。由此分析得出在债权众筹市场快速发展的过程中，客户的投资素质水平也在不断提高，投资理念趋于理性，在决策过程中不再简简单单的取决于收益水平，对于产品风险、平台管理、平台服务等方面都越来越有所关注。

最后结合主流交易模式的特点分析客户对于不同交易模式的偏好，得出现阶段债权转让模式信息披露力度不足、信用风险较大、客户体验相对较低，并且没有表现出明显的收益优势。担保模式下的风险准备金模式作为一种有效的增信手段值得进一步推广，但是目前由于监管等方面尚未落实，效果还低于预期。相比之下传统平台模式与投资人行为决策最为契合，一方面投资人行为决策有选择传统模式的趋势，另一方面这种趋势也有利于我国债权众筹平台及市场环境进一步健康发展。

第11章　互联网债权众筹市场超额收益率影响因素研究

众筹市场可分为债权众筹、股权众筹、捐赠众筹和激励众筹四种模式（刘志坚和吴珂，2014）。在债权众筹中，个人或者组织将资金出借给其他个人或者组织以期获得回报（Meyskens and Bird，2015）。

早期的关于债权众筹的研究主要探讨了国外典型 P2P 平台的经营特点和发展优势。Magee（2011）认为 P2P 网络借贷最大的优势就是借款人能够在无担保或抵押的情况下以低于银行利息的利率获取资金，同时投资人能够获得相对较高的投资收益。2008 年受全球经济危机影响，大型金融机构不得不紧缩信贷，这推动了诸多借款人转向 P2P 平台，使 P2P 的受众大量增加。钱金叶和杨飞（2012）等国内学者通过对比 P2P 融资模式与传统金融，发现 P2P 对银行等传统金融机构的借贷业务造成了一定冲击，但也有效地弥补了民间借贷的不足。

Everett（2015）分析债权众筹的起源和发展，认为债权众筹最早起源于社会融资，到现在演化为多种形式。在过去几年，债权众筹市场被普遍称为 P2P 市场（Matusik，2014）。但是，随着 P2P 市场的发展，市场参与主体日渐多元化，由原来的个人对个人的借贷，演化为现在的个人对企业、企业对企业、个人对金融机构、金融机构对金融机构等多种形式，2016 年，学者将 P2P 平台称为债权众筹平台。

11.1　互联网债权众筹平台相关研究

关于债权众筹市场的研究，主要是 P2P 平台的研究，研究主要围绕以下问题展开。

1. P2P 平台主要运营模式研究

在 2005 年,第一个 P2P 平台 Zopa 出现,之后大量平台相继出现(Frerichs and Schumann, 2008)。2009 年, 在各个国家出现不同运营模式的 P2P 平台, 其主要原因是各个国家的法律要求不同 (Berger and Gleisner, 2009)。Galloway 在 2009 年的文章中分析了 P2P 平台面对的机遇和挑战,强调平台应着重关注金额和期限, 同时应提高服务水平,满足投资人的需求。他认为平台不会取代传统的金融中介, 它只是传统金融中介的补充 (Galloway, 2009)。Magee (2011) 指出 P2P 网络借贷在线交易的模式, 降低了借贷交易的媒介费用, 有利于借款人和投资人双方共同获利。Klafft (2008a) 指出 P2P 网络借贷在网络上实现借贷交易的模式, 使得交易不受区域限制, 这有效扩大了金融服务的范围。Wang 等 (2009) 对相关数据统计发现, 集群贷款比例在推出 "牵头人奖励" 措施后反而下降了, 相比线下商业银行的集群贷款模式相比, 线上的集群贷款模式并未起到实质性的积极作用, 同时, Wang 等认为由朋友担保是一种更切实有效的方式。薛群群 (2013) 对小额信贷的产生背景、发展历程和现状进行了梳理, 对比分析国内外 5 家比较典型的 P2P 平台——英国 Zopa、美国 Prosper 和 Lending Club、国内的宜信和拍拍贷, 在行业监管、交易方式、借款额度、利率和风险控制等方面的异同点, 并在此基础上针对我国 P2P 行业运营中存在的问题提出了改进建议。

2. P2P 网络借贷平台作用的相关研究

在国外研究方面, 关于平台的积极作用, Hadlock 和 James (2002) 认为中小型企业从银行贷款时关注的核心问题是贷款的成本, 由于银行与借款人之间存在明显的信息不对称, 如果借款人有意隐瞒信息, 银行将很难完全了解借款人的真实信用状况, 为保证贷款成本银行设置了更高的贷款利率。相对而言 P2P 网络借贷平台提供了一个更加透明直接的小额借贷交易环境, 降低了借款人与投资人之间的信息不对称, 同时互联网操作使得交易程序流程化、规范化, 省去了人工服务的复杂手续, 增强了资金的流动性。学者们普遍认为 P2P 网络借贷平台具有融资成本低、效率高、可以为更多中小客户提供贷款需求的优点 (Schenone, 2004)。Heng 等 (2007) 认为网络信贷能够推动慈善事业的发展, 投资人通过 P2P 平台放贷, 其自身也可以获得精神上的满足, 在这些借贷行为中, 投资人为借款人提供了帮助, 可能帮助他人渡过难关。例如, 为发展中国家提供零利率的贷款、为贫困地区提供基础设施建设, 以及为贫穷地区学校的建设提供资金支持。

此外,学者们对 P2P 网络借贷在发展过程中产生的消极的方面也有相关研究。Stiglitz 和 Weiss (1981) 认为 P2P 市场上的借贷信息是影响借贷市场正常运营的关键因素, 但由于对于隐私的保护措施, 仅有部分权威机构能够获得借款人等相关信息, 如银行和信用管理机构, P2P 的兴起可能会使潜在的贷款人能轻易接触到个人隐私，最终个人隐私可能暴露在整个互联网中，这对隐私保护来说是一个全新的重大挑战。Denis 和 Mihov（2002）认为由于 P2P 平台本身并没有足够的资金来满足众多的借款需求，资金管理和融资是 P2P 平台关注的主要问题。另外，一些对零利率资金的补偿成本及管理成本的调控也是不容忽略的问题。Lee E. 和 Lee B.（2012）通过对韩国 P2P 企业的调查，发现投资人也有从众心理，选择借款人的时候也会受到其他人选择的影响，而这一现象会对 P2P 平台运营产生影响，不利于融资的效率和质量，也就是说 P2P 网络借贷平台可能会存在"羊群效应"。

国内研究方面，认为 P2P 网络借贷具有积极作用的文章较多。P2P 平台以透明的交易信息、简化的交易手续、较低的借贷门槛大大降低了交易成本和信息成本。不但拓宽了借贷参与者的范围，也分散了投资人集中借贷的风险。吴晓光和曹一（2011）从 P2P 网络借贷平台的功能特性入手，分析了平台的网络诚信度、长尾效应和信息中介职能为中小企业融资条件带来的机遇与挑战。陈静俊（2011）分析了 P2P 网络借贷平台的公益性和其产生的积极的社会效益。P2P 网络借贷平台的发展在使得以小额信贷为主的资金借贷活动更加快捷的同时，为居民手中的空闲资金提供了投资的渠道。同时，P2P 网络借贷平台还能够推动民间借贷走上阳光化、规范化发展的轨道。另外，一些公益性项目，如加强贫困地区基础设施建设、干旱地区的水利工程建设等可以通过 P2P 网络借贷平台获得必要的资金支持。俱思蕾（2015）指出 P2P 网络借贷平台可以推进民间借贷阳光化，为借款人和投资人创建了一个可以直接互动的平台。平台运营商不参与直接借贷，只作为信息中介，促进了民间借贷的合法化并为其创造了完善的运营模式，同时也降低了法律风险。另外，P2P 网络借贷平台的兴起也增加了借款人的融资渠道，行业市场化程度逐步提高。

关于 P2P 网络借贷平台的消极作用主要有以下几个方面的研究。从平台本身来看，王艳等（2009）和陈静俊（2011）认为，目前国内的 P2P 网络借贷平台缺乏有效监管，平台运作仍面临着较多的风险，无法保证投资人的收益。我国 P2P 行业门槛较低，市场上 P2P 网络借贷平台良莠不齐，相比传统的金融市场，信息不对称导致的道德风险和逆向选择等问题可能更为严重（陈霄，2014），由此可能引发严重的平台信息泄露问题。张玉梅（2010）提出，P2P 网络借贷平台不但不能预防个人信用违约的问题，还会对现行的货币政策提出挑战，具体表现为借款人资金成本高，但风险却由投资人独自承担。冯军政和陈英英（2013）认为，P2P 网络借贷平台不断扩大的客户群体和业务范围会对商业银行的信贷业务形成不可忽视的影响和冲击。

3. 决定 P2P 平台借贷借款成功的影响因素研究

在 P2P 平台撮合成功决定因素的研究中，虽然学者们运用不同变量不同方法进行了测算，但是最终没有得到一致的结论。首先，是研究信用评级对借贷撮合成功的重要影响。Klafft（2008a）的分析表明借款人的银行账户会对借贷撮合成功产生影响，信用评级低的借款人在商业银行得不到借款，在 P2P 平台获得借款的概率也很低。信用评级为 HR 的借款人占总借款人数的 57.4%，这些借款人在平台中只有 5.5%的可能性获得借款，但是信用评级为 AA 的借款人在平台中有54%的可能性获得借款。与 Klafft 得出的结论类似，Iyer（2011）认为借款人的信用得分会部分影响借款人能否借款成功。这是因为信用得分主要是存储/收入比、欠款次数、被信用调查的次数决定的，它反映了借款人以往的信用情况。在采用我国的数据进行实证研究时，也得出了相同的结果。王会娟和廖理（2014）对我国 P2P 平台信用认证机制进行了研究，研究结果表明信用评级与借款成功率正相关，与借款成本负相关。但是只根据信用评级并不能很好地解释平台风险。对借款行为影响较大的是工作认证、收入认证、视频认证，以及车产、房产认证。同时，线下和线上相结合的认证方式更能提高借款成功率和降低借款成本。

除了信用评级，项目细节对借贷撮合成功也有重要影响。Herzenstein 和Andrews（2008）运用 Logit 模型控制贷款总额、利率等金融参数，发现项目细节是决定借贷撮合是否成功的重要因素。Herzenstein 等（2010）部分支持这个观点，他们认为人口统计学因素（性别等）对撮合成功影响不大，金融因素和项目细节被披露的程度是决定撮合是否成功的重要因素。同样，Larrimore 等（2011）证明在网络融资平台，借款人用文字准确地描述自己的金融状况有利于获得贷款。Li和 Niu（2011）认为借款金额和利率决定借款人是否能够借款成功，并且不同的借款人会做出异质性决策。Ravina（2012）、Pope 和 Sydnor（2011）运用 Probit回归发现种族、年龄、性别和贷款利率是决定借贷撮合是否成功的重要因素，并且 Pope 和 Sydnor（2011）运用图像识别技术，通过分析 P2P 平台借款人照片发现，投资人为借款人提供资金有种族差异，投资人更愿意把资金投资给白种人。Duarte 等（2012）认为现在很多研究发现长相会影响就业和选举，但是很少有研究证明长相在金融市场交易的作用，因此，Duarte 等通过债权众筹市场借款人的照片研究长相对借款成功率的影响。研究结果表明，长相越靠谱的借款人会越容易获得借款，因为长相靠谱的借款人会有较高的信用评级，并且较不可能违约。温小霓和武小娟（2014）采用二元 Logistic 回归模型研究了 P2P 平台借贷成功率的影响因素，研究结果表明，借贷成功率与借款利率、借款人历史失败次数负相关；而借款成功率与借款金额、借款人历史成功次数、信用积分和审核项目数正相关，同时，借款人的性别和住宅情况也对借款结果有影响。

以上研究说明影响平台借款成功率的重要因素有信用评级、项目细节描述、借款金额和利率。这四项因素对借款成功率的影响是确定的，无论是我国还是其他国家的数据都能够通过该结论的验证。但是，人口因素对借款成功率的影响是不确定的。

4. P2P 平台借款利率的研究

利率是借款资金的价格，平台借款利率的研究主要是平台借款利率的影响因素和利率变动特征，其中对 P2P 平台借款利率影响因素的研究占主要部分。影响利率的主要因素有信用等级、账户确认、借款金额、借款收入比、可用的信用卡额度、完成交易的时间和社会网络。

关于平台借款利率影响因素的研究，P2P 平台利率主要受借款人和投资人的金融特征、人口统计学特征等因素的影响，其中，金融特征包括银行账户资金、拥有房屋数量、信用评级等。根据 Freedman 和 Jin（2008）的研究，投资人/借款人比率对利率的影响要高于人员总数对利率的影响，投资人/借款人比率越高利率越低。Klafft（2008b）认为借款人的信用等级和债务/收入比都会影响借款利率，但是债务/收入比对借款利率的影响很小，借款人的银行账户和拥有的房屋对借款利率没有影响。Bohme 和 Stefanie（2010）从 Smava.de 网站上选取了 672 个信贷项目，运用计量回归的方法，选取的变量有贷款金额，利率，到期日，借款人性别、年龄、国籍，信用评级和 KDF 指数（债务/收入比）和关于项目详细描述和图片，并设置成交利率为被解释变量，运用 Holsti（1969）的模型分析个人数据和其他软信息对成交利率的影响。结论表明，借款人披露更多的个人信息会获得较低的利率的资金。同时证明了网络融资平台上经济利益和个人隐私之间的冲突，特别分析了信贷数据被披露造成的影响，指出了 P2P 模式下的客户信息保护是未来重要的研究方向。Collier 和 Hampshire（2010）研究了借款成功率和利率的关系，结果发现信贷撮合的成功率与利率负相关。借款金额与成功率负相关，与利率正相关，因此，借款人可以通过提高利率或者减少借款金额来提高撮合的成功率。Gonzalez 和 Loureiro（2014）采用回归分析验证，与信用评级高的借款人相比，信用评级低的借款人获得借款需要的时间更长，借款的利率更高。

关于借款利率的变动特征研究，陈霄和叶德珠（2016）采用 AR-GARCH 模型研究了 P2P 平台市场利率的波动特征和"杠杆效应"，研究结果表明 P2P 平台的利率具有一定的"波动聚集性"和趋势性的特征。通过研究 P2P 平台利率与宏观经济波动、货币供求之间关系可以看出，P2P 平台利率具有"逆周期性"；当研究 P2P 平台利率与 Shibor 隔夜拆借利率之间关系时，发现 P2P 平台利率与 Shibor 隔夜拆借利率之间存在单向格兰杰因果关系，并且两者存在单向的溢出效应。

5. 借款人或者投资人的社交网络对 P2P 平台影响的研究

Wojciechowski（2009）认为网络资金是融通的，如债权众筹平台和捐赠型众筹平台等能够保证资金及时送达给借款人，弥补了现实捐赠的缺陷，同时，网络技术和网络上的人际关系会影响网络资金融通。很多学者的研究也支持这种观点，他们的研究证明，对于投资人来说，借款人之间的社会人际关系网络会减少信息不对称，帮助投资人做出更好的投资选择；对于借款人来说，如果和声誉好的群体合作，借款人更有可能以较低借款利率获得资金（Freedman and Jin，2008；Herrero-Lopez，2009；Lin，2009；Lin et al.，2013）。Berger 和 Gleisner 在 2009 年的研究中认为群体领袖的背书只能增加借贷撮合成功的可能性，不能提高借贷的利率。只有积极竞标的群体领袖和其他成员配合，才能降低借贷的利率（Berger and Gleisner，2009；Collier and Hampshire，2010）。Greiner 和 Wang（2009）的研究得出的结论是以上观点的整合，他认为借款人的社交网络是一种社会资本。同样，Lin（2009）实证获得更确切的结论，他预测在借款人的社会网络中，朋友中有人是投资人的借款人违约的概率平均会减少 9%。如果借款人的朋友参与借款人的项目投标，违约概率还会更低。Lin 等（2013）认为借款人网络上的社交网络是信用情况的信号，社交网络越广泛说明借款人违约率越低，他更有可能获得低利率的借款。Everett（2015）认为强大的人际关系会减少违约率。

6. 平台对于解决信息不透明问题的研究

Berger 和 Gleisner（2009）认为，P2P 平台是新的金融中介，能够有效降低信息不对称、增进网络融资平台主体之间的信任。Ashta 和 Assadi（2009）采用案例研究的方法研究美国及欧洲国家的网络融资平台，他们认为网络融资平台的两大优势是减少交易成本和扩大投融资范围，但是所有的交易都基于借款人与投资人之间的信任。获得信任可以通过三种方式：①借款人与投资人的个性及品质；②平台的合作者、法规和制度；③国家法律。现有的网络融资模式是通过第二个方式增加借款人和投资人的信任的。Weiss 等（2010）认为，平台提供并确认的信息能够有效减少逆向选择。但是部分学者认为在 P2P 平台中，投资人仍面对高的逆向选择的风险，高利率意味着高风险溢价（Garman et al.，2008）。Chen 等（2014）研究认为，投资人的信用主要受到对借款人和对平台信任的影响。为了让投资人更加信任，借款人应该提供更多可靠信息，平台应该提供高质量的服务和可靠的安全保护。庄雷和周勤（2015）采用拍拍贷网站的交易数据，研究信息披露与平台对借款人身份歧视的影响，研究结果表明，信息披露质量较低时，网络借贷存在显著的身份歧视，但是分信用等级的详细数据的实证研究表明，信息披露程度越高，平台中的身份歧视现象越不显著。李焰等（2014）对拍拍贷平台 2011 年 7 月 1 日到 2013 年 6 月 30 日 122 967 条借款标的研究虽然表明较高信用等级的借款人会提供较少数量的特征描述，同时，充足的特征描述会削弱信息不对称带来的负面影响，但提高了借款人的借款成功率。并且，充足的特征描述有利于加快投资人的信息甄别速度，提高投标速度，降低满标时间，最后，该研究提到研究的不足是无法根据描述信息确定借款人的违约风险。刘征驰和赖明勇（2015）研究了在金融市场一般均衡模型的基础上，引入"虚拟抵押品"和"软信息约束"机制构建 P2P 平台模式。通过与传统金融市场对比研究，该研究认为在传统金融市场因为信息不对称和信贷配给效应存在"柠檬市场"，既高风险借款人将低风险的借款人挤出市场，但是在 P2P 平台与传统金融市场中是完全相反的，因为"软信息约束"和"虚拟抵押品"机制使 P2P 平台中的低风险的借款人将高风险的借款人挤出市场。

7. P2P 平台中投资人投标行为的羊群效应研究

部分学者研究从借款人出标借入资金到投资人投标投入资金整个过程，发现投资人在投标时有羊群效应（Ceyhan et al.，2011；Yum et al.，2012；Shen et al.，2012）。Yum 等（2012）运用多项 Logit 市场分享模型，定义某种产品的吸引力系数（某种产品的潜在价值+开发潜力+误差项）。与线性回归相比，这一模型运用了行为效用理论，证明了战略性集群行为的存在，但是这种群集现象会不断消减。Liu 等（2015）认为，借款人的朋友，特别是线下朋友，是借款人进入平台的渠道；有线上朋友的投资人在投标中易发生羊群效应。吴佳哲（2015）采用 Kiva平台的数据进行实证研究，研究结果证明 P2P 网络借贷平台存在羊群效应。廖理等（2015）认为订单的完成进度越高越能吸引投资人参与，订单完成进度引发的羊群效应是边际递减的。细分样本研究表明信息不对称程度越高的订单，在订单初期羊群效应越明显，同时羊群效应持续的时间越短。因此，我国 P2P 平台羊群效应产生的重要原因是在平台中有信息发现机制，但是这种现象并不是一直存在的，当信息的对称程度到达某种水平之后，投资人将不能从其他投资人的行为中获取更多信息，羊群效应将逐渐消失。

8. 平台的监管问题研究

王朋月和李钧（2013）分析美国 P2P 平台的发展历程和现状，并给出了我国 P2P平台未来的监管建议：①明确 P2P 平台市场准入标准，推动集约化发展；②市场监管以消费者保护为中心。贾丽平和邵利敏（2015）构建了 P2P 平台监管博弈模型，研究 P2P 平台监管问题。通过与美国和英国监管制度的比较研究，该研究认为我国P2P 平台监管应引入社会中介组织监督约束机制，一方面通过第三方中介机构进行资金监管；另一方面构建和发展平台第三方信用评级机构，允许网络借贷平台使用全国征信系统。同时，加强政府监管也非常重要，构建相应法律法规体系，建立行业发展细则、消费者权益保护和信息披露制度等。俞林等（2015）构建了三个博弈模型，其中包括 P2P 平台与借款人、借款人与投资人、监管方与 P2P 平台。与以往研究主要不同的是，文中建议在 P2P 平台引入保险制度，保障投资人的资金安全。

9. 其他问题研究

Lin 等（2013）以债权众筹平台为研究对象，研究线上投资是否真的能够克服区域限制，探讨借款人改变区域前和借款人改变区域后投资人行为的变化。该研究表明在线上投资中提供借款人的地域信息是没有必要的，它对投资的行为没有产生影响。宋鹏程等（2014）认为，应兼顾投融资效率和投资人利益保护，应尽量给平台足够的发展空间。陈冬宇（2014）以社会认知理论为基础，采用结构方程模型，研究交易信任的形成机制及影响因素。该研究结果证明，影响交易信任的关键因素是投资人的信任倾向、借款人提供的信息质量、借款人的社会资本，以及借贷平台的安全保障水平。蔡炎宏等（2014）借鉴 Armstrong（2006）双边市场垄断平台模型，引入组内网络外部性参数，研究 P2P 平台对借款人和投资人的收费策略。研究结果为：①在均衡状态下，平台对投资人收取的中介费用小于对借款人收取的中介费用。②在垄断的 P2P 网络借贷平台，不管平台对投资人收取注册费、交易费或者两步收费，平台收取的费用与投资人的综合网络效应都负相关，与投资人带给借款人的组间网络外部性负相关，与借款人人数负相关。当平台上投资人之间分摊风险的合作大于他们之间的竞争时，平台对投资人收取的费用与投资人之间的组内网络外部性负相关，与投资人人数负相关；当合作小于竞争时，平台对投资人收取的费用与投资人的组内网络外部性负相关，与投资人人数正相关。③在垄断 P2P 网络借贷平台，不管平台对借款人采用以上三种收费方式中的哪一种，平台收取的费用与借款人的综合网络效应负相关，与借款人带给投资人的组间网络外部性负相关，与平台上的投资人人数负相关，与借款人的组内网络外部性负相关，与借款人人数正相关。岳中刚等（2016）研究债权众筹市场异质化信息对投资人参与行为的影响，以及对借款人事后违约行为的预测价值，结果表明借款人的信用评级和社交网络在众筹市场中的具有重要作用。鲁钊阳（2016）基于 15 个省级单位的微观调查数据实证研究 P2P 平台对农产品电商发展的影响。研究结果表明，P2P 平台会增强农产品电商的偿债能力、运营能力和盈利能力，同时，P2P 平台是否能够解决农产品电商的资金缺乏问题，受户主资源禀赋、家庭特征与地域特征等因素的影响。

基于上文有关互联网债权众筹市场的相关研究，可以看出，债权众筹平台初始目标是通过公开互联网信息减少借贷市场信息不对称的。然而，现阶段，我国债权众筹市场存在虚假信息，因此，借款人和投资人在市场有很大的信息获取风险，这部分风险很有可能影响投资人收益。

11.2　变量选择与解释

总结学者关于信息获取风险，杨之曙和姚松瑶（2004）研究了在股票市场做市商能够获取的信息对交易买卖价差的影响；在宏观经济基本面，岳朝龙和储灿春（2010）研究了宏观经济、股市波动和金融政策三者的关系。关于交易量，田利辉和王冠英（2014）通过实证研究表明交易量对股票市场收益率有显著的影响，特别是在信息不对称的情况下，交易量对股票市场的影响更大，交易量越大股票市场收益率越高。虽然这些指标在传统金融市场研究中已有过探讨，但是在互联网债权众筹市场的研究还未进行探讨。因此，本章选取信息获取风险、经济基本面、交易量和交易量的平方四个指标。

具体到互联网债权众筹市场，投资人的名义收益率就是债权众筹市场的利率，在以往对债权众筹市场利率影响因素研究中，尽管不同学者得出的影响因素大有不同，但是得到普遍认同的影响因素是信用评级（Klafft，2008b；Larrimore et al.，2011）。同时，市场调研的资料显示，平台确定利率考虑的主要因素是信用评级，对信用等级高的借款人制定较低的利率；对信用等级低的借款人制定较高的利率，因此，本节实证研究中除了考虑信息获取风险、宏观经济基本面、交易量及交易量的平方，还考虑了信用评级。通过计量实证研究，验证以上五个指标对投资人收益率的影响方向和影响程度。

本章的实证部分主要分为两步：第一步选取当月平均利率作为收益率，投资人如果将这部分资金投入债权众筹平台，那么会损失投入其他平台的收益，因此，存在机会成本，这一步选取利率减去无风险利率作为被解释变量，用来衡量平台超额收益率。根据上文分析，选取借款人在平台的信息描述作为信息获取整体风险的代理变量，搜集当月借款人发布的个人信息，计算信息中关键词和关联关键词的个数，数字越多表示发布内容的信息量越大，借款人在平台中描述的信息越多，投资人对借款人了解得越多，在做出投资决策之前投资人能够尽可能正确地对借款人的还款能力做出判断，最终做出投资决策，反之，借款人在平台中描述的信息越少，投资人对借款人还款能力进行判断能参考的信息就越少，投资人无法合理判断借款人的还款能力，对借款人还款能力判断的不确定性更大；名义 GDP（gross domestic product，国内生产总值）是宏观经济基本运行情况的代理变量；剩下三个解释变量为当月总交易量、当月总交易量的平方和当月借款人整体信用得分。

为保证实证研究结果的稳健性，本章进行第二步实证，选取实际收益率替换利率作为被解释变量，验证实证研究结果的稳健性。实际收益是根据利率收益减去实际违约损失减去相关手续费之后的金额计算的，计算公式为（投资人实际收回的金额–投资金额）/投资金额。与第一步相同，用实际收益率减去无风险利率作为被解释变量，用来衡量平台超额收益率，解释变量的选取也与第一步相同。实证研究变量选取、经济含义和符号，如表 11.1 所示。

表 11.1　实证研究变量选取、经济含义和符号

被解释变量		经济含义	符号
利率–无风险利率	实际收益率–无风险利率	超额收益率。其中，无风险利率的代理变量是剔除通货膨胀影响的真实借款基准利率。因为有借款人违约情况，实际收益率的计算方法为（投资人实际收回的总金额–总投资金额）/总投资金额	Y

解释变量	经济含义	符号
信息获取整体风险	平台信息获取整体风险	X1
名义 GDP	宏观经济基本运行情况	X2
当月总交易量	在平台中投资人与借款人的当月总交易量	X3
当月总交易量的平方	在平台中投资人与借款人当月总交易量的平方	X4
当月信用评级	在平台中借款人的总信用得分	X5

11.3　变量平稳性检验

根据实证研究的数据要求，本章选取的宏观经济数据来自 CEIC 数据库；选取的平台交易数据来自 Lending Club 平台 2007~2015 年完成交易的月度数据；名义 GDP 数值为季度数据，其他数据为月度数据，因此，将名义 GDP 的季度数值除以 3，作为每月数值的近似值。同时，因为数据来源的不同，在实证研究之前，先对数据进行归一化，将所有数据调整到[0，1]。

首先，对变量进行单位根检验。利用 ADF 检验变量的平稳性，选取 AIC（Akaike information criterion，Akaike 信息准则）标准进行单位根检验，检验结果如表 11.2 所示。可以看出，Y、$X1$、$X3$、$X4$ 和 $X5$ 在 1% 的显著性水平下是一阶单整，即在 1% 的显著性水平下都是平稳性序列。$X2$ 是非平稳序列，因此对 $X2$ 进行一阶差分，使之平稳。

表 11.2　单位根检验结果

变量	ADF 检验值	临界值 1%	临界值 5%	临界值 10%	平稳性结论
Y（按照利率计算）	−5.789	−3.43	−2.86	−2.57	平稳
Y（按照实际收益率计算）	−4.21	−3.44	−2.86	−2.57	平稳
$X1$	−6.55	−3.43	−2.86	−2.57	平稳
$X2$	−1.98	−3.44	−2.86	−2.57	不平稳
$X3$	−3.24	−3.44	−2.86	−2.57	平稳
$X4$	−4.00	−3.44	−2.86	−2.57	平稳
$X5$	−25.45	−3.44	−2.86	−2.57	平稳

11.4　实　证　研　究

本小节利用 Eviews 7.0 软件，分别采用最小二乘回归模型和 VaR 模型探究各个解释变量对被解释变量的静态影响和对被解释变量不同时点产生的影响。

11.4.1 最小二乘回归模型分析

采用最小二乘估计探讨被解释变量与解释变量之间的关系，实证研究结果，如表 11.3 所示。

表 11.3 最小二乘回归模型实证研究结果

变量	系数	t 值
常数	0.606***	51.141
$X1$	−0.691	−0.691
$X2$	0.037***	2.826
$X3$	0.266***	4.753
$X4$	−0.182***	−2.757
$X5$	−0.612***	−41.540

***表示在 1%水平上显著；**表示在 5%水平上显著；*表示在 10%水平上显著

平均利率计算的超额收益率为被解释变量，回归研究的显著变量为名义 GDP、当月总交易量、当月总交易量的平方和当月信用等级。名义 GDP 与超额收益率的相关系数为 0.037，说明宏观经济运行情况与超额收益率正相关，债权众筹平台的超额收益会受到宏观经济环境的影响，当宏观经济比较景气时，GDP 增长较快，债权众筹平台投资人的收益会增加；当宏观经济不景气时，GDP 增长缓慢，债权众筹平台投资人的收益会减少，同时，这个数值是 0.037，说明 GDP 每增加 1%，债权众筹市场的收益就会增加 0.037%。

当月总交易量与超额收益率的相关系数是 0.266，当月总交易量的平方与超额收益率的相关系数是−0.182，说明超额收益率与当月总交易量正相关，与当月总交易量的平方负相关，起初超额收益率是随着当月总交易量的增加而增加，当当月总交易量增加 1，超额收益率会增加 0.266，但是当当月总交易量达到某一数值后，超额收益率会随着当月总交易量的增加而减少，这时，当月总交易量的平方增加 1，超额收益率将减少 0.182。因此，超额收益率与当月总交易量之间是倒 U 型关系，并且在增加阶段和下降阶段是非对称的，收益的增长速度要大于收益的下降速度。

当月信用评级与超额收益率的相关系数是−0.612，说明当月信用评级与超额收益率负相关，借款人的当月信用评级越低，投资人的超额收益率越高。其主要的原因是本部分的超额收益率是根据利率减去无风险利率计算的，在债权众筹平台借款人的利率主要是根据借款人的信用评级设定的，当月信用评价越低，借款人要支付的利率越高，因此，实证研究结果会得出当月信用评级与超额收益率之间负相关的关系。

同时，信息获取整体风险与超额收益率的相关系数是−0.691，说明信息获取整体风险与超额收益率负相关，当平台提供更多借款人信息，投资人对借款人的了解更多，投资人根据这些信息会做出合理判断，避免借款人违约造成投资人损失，因此，投资人的超额收益率会上升。同时，实证研究结果也表明，两者的负相关关系不显著，可能是由于违约和手续等控制变量稀释了该变量的解释度。

各个变量系数比较，信息获取整体风险对超额收益率的影响最大，其次是当月信用评级，再次是当月总交易量和当月总交易量的平方，最后是名义 GDP。可以看出，信息获取整体风险在债权众筹市场有重要作用，因为债权众筹平台的主要服务对象是中小企业或者持有小额资金的个人，没有财务报表或者上市信息作为判断借款人还款能力的依据，因此，在平台中借款人能够提供的信息是投资人深入对借款人的了解、判断借款人诚信的标准，借款人信息在平台中显得尤为重要。此外，债权众筹平台的利率是非市场化的利率，其高于市场化的利率，这使平台投资人的收益率要高于市场化金融产品的收益率，反过来，借款人应当支付的利息也高于市场化金融产品的利息，因此，这个市场在保证高收益的同时也存在高风险。

11.4.2　VaR 模型分析

本章通过最小二乘研究获得了上文实证研究结果，但是最小二乘研究只能看到在某个时点，各个变量对超额收益率的影响方向和影响程度，不能看到各个变量的动态变化对超额收益率的影响。为了研究各个变量的动态变化对超额收益率的影响，研究超额收益率的变化趋势，本部分采用 VaR 模型进行实证研究。

1）VaR 模型滞后阶数 p 的确定

首先，利用 Eviews 7.0 软件确定 VaR 模型的最优滞后阶数，按照各种标准计算的滞后期间，如表 11.4 所示。标有*（星号）表示计算的最优滞后期，从表中可以看出，按照 LR、FPE、AIC 标准最优滞后期为 5 期，按照 SC、HQ 标准最优滞后期为 1 期。根据少数服从多数原则，将模型滞后期选择为 5 期。

表 11.4　各准则下的滞后阶数

Lag	LogL	LR	FPE	AIC	SC	HQ
0	2 544.21	NA	$3.97e^{-08}$	−5.69	−5.63	−5.67
1	5 366.57	5 600.33	$7.24e^{-11}$	−12.00	$−11.85^{*}$	$−11.94^{*}$
2	5 396.52	59.15	$7.02e^{-11}$	−12.03	−11.79	−11.94
3	5 416.95	40.18	$6.95e^{-11}$	−12.04	−11.72	−11.88
4	5 431.63	28.73	$6.97e^{-11}$	−12.04	−11.63	−11.87
5	5 457.05	49.88^{*}	$6.82e^{-11*}$	$−12.06^{*}$	−11.56	−11.82

*表示计算的最优滞后期

2）脉冲响应函数

其次，选定 5 期滞后期，并计算完成 VaR 模型之后，进行脉冲响应实证研究，论证当各个解释变量受到正向冲击时，超额收益率会发生的变化。当名义 GDP、当月总交易量、当月总交易量的平方和当月信用等级这四个指标受到正向冲击时，超额收益率受到影响，脉冲响应结果，如图 11.1~图 11.4 所示。

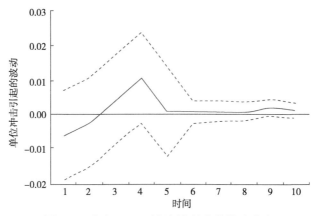

图 11.1　名义 GDP 对超额收益率的脉冲响应

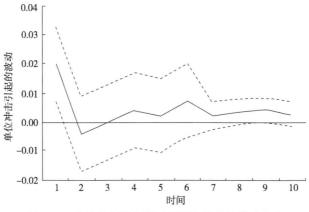

图 11.2　当月总交易金额对超额收益率的脉冲响应

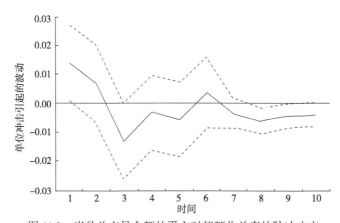

图 11.3　当月总交易金额的平方对超额收益率的脉冲响应

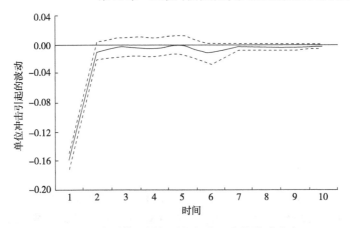

图 11.4 当月信用评级对超额收益率的脉冲响应

当名义 GDP 受到正向冲击时，投资人超额收益率首先会受到正向影响，正向影响会持续到第 4 期，第 4 期之后正向影响会逐渐消失，到第 6 期会完全消失。结果表明当宏观经济基本面发生正向冲击在短期内会增加平台投资人的超额收益率，这种影响会持续 4 期，到第 4 期之后，这种影响会逐渐消失。因此，投资人不仅要关注平台的情况，也要关注宏观经济环境的运行情况，宏观经济环境的运行会影响到平台投资人的收益率。

当当月总交易金额受到正向冲击时，投资人的超额收益率在第 1 期会受到负面冲击，到第 2 期之后这种负面冲击立即消失，从第 3 期到第 7 期超额收益率会受到正面影响，到第 7 期之后影响消失。但是，当月总交易金额平方受到正向冲击对投资人超额收益率的影响一直是负向影响，直到第 6 期之后，影响逐渐消失。

当当月信用等级受到正向冲击时，投资人的超额收益率在第 1 期受到正向影响，立即进行调整，到第 2 期影响结束。其主要原因是平台的利率主要是根据平台借款人的信用等级制定，当借款人进入平台，平台会根据借款人不同的信用等级设置利率，借款人的信用等级与利率存在一一对应关系，因此，会出现上面的结果。

11.5 模型稳健性检验

在互联网债权众筹市场，平均利率仅能表示名义收益率，在实际交易中，投资人并不能按照利率计算获得的借款利息，因为在互联网债权众筹市场中存在违约和手续费。因此，在本节的研究中，除了实证利率的影响因素之外，本节以实际收益率替换利率，以实际收益率减去无风险利率为被解释变量，研究平台超额收益率的影响因素。以此，对上文实证研究结果进行稳健性检验，保证实证研究结果的科学性及可靠性。

11.5.1 最小二乘回归模型稳健性检验

通过表 11.3 和表 11.5 对比可知，名义 GDP、当月总交易金额、当月总交易金额的平方对投资人超额收益率的影响是稳健的。两个模型计算出来的结果都表明，这三个指标对投资人超额收益率的影响是显著的，其中，名义 GDP 与投资人超额收益率正相关，宏观经济基本面越好，投资人超额收益率越高；当月总交易金额与投资人超额收益率正相关；当月总交易金额的平方与投资人超额收益率负相关。说明当月总交易金额与投资人超额收益率之间是倒 U 型关系，在临界点之前，随着当月交易量的增加，投资人的超额收益率是增加的；到达临界点之后，随着当月总交易金额的增加，投资人的超额收益率是减少的。

表 11.5　最小二乘回归模型稳健性检验实证结果

变量	系数	t 值
常数		
X1	-0.275^{***}	3.025
X2	0.226^{***}	6.238
X3	2.134^{***}	16.307
X4	-2.276^{***}	-12.449
X5	0.434^{***}	14.282

***表示在 1%的水平显著

两个模型实证研究结果中，信息获取整体风险和当月信用等级与超额收益率的关系是不稳健的：①当按照平均利率计算超额收益率时，信息获取整体风险对收益的影响不显著；当按照实际收益率计算超额收益率时，信息获取整体风险对收益有显著的反向影响，说明信息获取整体风险越低，投资人收益越高。原因是信息获取整体风险越低，平台信息透明度越高，投资人会对借款人的还款能力做出合理判断，避免了部分损失，因此，投资人收益率越高。②当按照平均利率计算超额收益率时，借款人的当月信用等级与投资人超额收益率负相关，原因是平台对借款人设定利率的主要依据是借款人的当月信用等级，当月信用等级越低的借款人在平台支付的利息越高，因此，当月信用等级与投资人超额收益率负相关；当按照实际收益率计算超额收益率时，当月信用等级与投资人超额收益率正相关。两者结果有区别的原因可能是违约影响投资人收益。

根据平均利率计算的超额收益率和根据实际收益率计算的超额收益率数值的最大差别是，在计算的过程中是否减去支付的费用和违约损失。按照平均利率计算的数值中没有剔除支付的费用和违约损失，而按照实际收益率计算的数值中剔除了两者，因此，本书认为信息获取整体风险和当月信用等级对投资人超额收益率影响不稳健的主要原因是受到支付的费用和违约损失的影响，与违约损失和借款金额相比，支付的费用非常小，因此，可以进一步认为其主要原因是违约损失影响。上文实证研究除了得到以上结论之外，还认为违约损失在平台中扮演着重要的角色，违约损失评价对平台的研究非常重要。

11.5.2　VaR 模型稳健性检验

第二部分脉冲响应研究是讨论以实际收益率计算的超额收益率为被解释变量，脉冲响应结果，如图 11.5~图 11.8 所示。

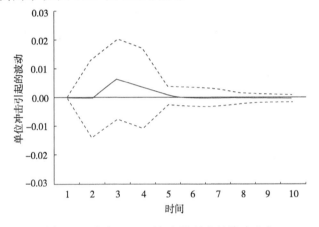

图 11.5　名义 GDP 对超额收益率的脉冲响应

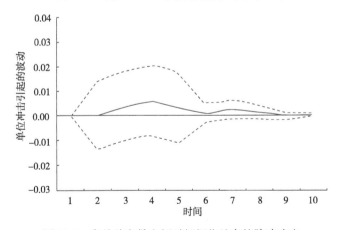

图 11.6　当月总交易金额对超额收益率的脉冲响应

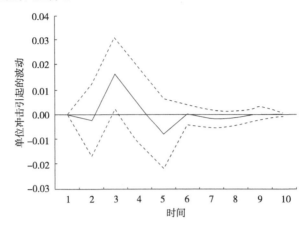

图 11.7 当月总交易金额的平方对超额收益率的脉冲响应

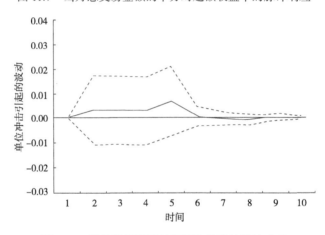

图 11.8 当月信用评级对超额收益率的脉冲响应

与上文脉冲响应结果比较，名义 GDP、当月总交易金额和当月总交易金额的平方对超额收益率的脉冲响应结果是稳健的。名义 GDP 正向冲击对投资人超额收益率有正向影响；当月总交易金额正向冲击对投资人超额收益率有正向影响；当月总交易金额的平方的正向冲击，起初对投资人超额收益率有正向影响，之后对投资人收益率有负向影响。但是，当借款人当月信用评级受到冲击，投资人的超额收益率会受到正面影响，影响会持续到第 6 期结束。借款人的当月信用等级能够反映借款人还款能力，当借款人当月信用等级提高时，借款人还款能力提高、违约概率降低，投资人违约损失会降低、收益会增加。当月信用等级对超额收益率脉冲响应结果不稳健的重要原因是借款人违约情况对超额收益率有重要影响。

11.6　本 章 小 结

最小二乘回归模型实证结果表明，影响债权众筹市场投资人收益率主要有名义 GDP、当月总交易金额、当月总交易金额的平方和当月信用等级。通过模型实证和稳健性验证，结果表明，名义 GDP、当月总交易量和当月总交易量的平方与投资人超额收益率之间存在稳健的相关性，当月总交易量与投资人超额收益呈正相关，但是当月总交易量的平方与投资人超额收益呈负相关，说明当月总交易量与投资人收益是倒 U 型关系，当当月总交易量增加时，投资人超额收益会增加，投资人边际收益递增，当当月总交易量到达某一个值之后，随着当月总交易量的增加，投资人超额收益会逐渐减少，投资人边际收益递减；名义 GDP 与投资人超额收益是正相关，原因是当宏观经济环境运行良好，借款人在平台的借款进行投资能够及时获得回报，并且借款人受宏观经济环境利好消息的影响，对资金在未来获得收益的期望值较高，会用已有资金及时归还借款，此时，投资人投入的资金会及时获得回报，投资人超额收益率升高。脉冲响应函数的研究结果也支持以上观点。因此，平台的投资人不仅要关注平台的情况，也要关注宏观经济环境的运行情况。宏观经济环境的运行会影响到平台投资人的收益率。但是，互联网债权众筹模式的利率是一种非市场化的利率，它会受宏观经济波动冲击的影响，但这种影响非常小。借款人的当月信用等级是现阶段平台确定利率的主要因素，但是，借款人的当月信用等级不是判断投资人实际收益的关键因素。

此外，微观信息获取整体风险和当月信用等级与投资人超额收益率关系不稳健的重要原因是受借款人违约率的影响。因此，可以看出借款人违约率会影响投资人的未来收益。借款人的当月信用等级越低，对借款人征收的利率越高，借款人还款能力有限，在未来越易发生违约。当投资金额达到某一数值，交易金额增加，借款人（特别是信用等级低的借款人）应归还的本息越高，超过能够支付的范围，会出现主动与被动违约，投资人收益将受到损失。已有的信用评级体系是对借款人过去发生的经济金融行为的评价。例如，在美国债权众筹平台采用的信用等级是 FICO 信用得分，FICO 信用得分主要是根据消费者日常信用卡使用情况进行评价。在我国债权众筹平台的信用评级主要是依据借款人的个人信息及社会资本信息，如借款人年龄、性别、职位、社会网络等。平台现阶段的信用评级体系没有考虑借款人在平台的行为，因此，在今后债权众筹平台的研究中，信用违约显得尤为重要。有关这方面问题的研究，一方面有利于投资人更好地回避信用违约风险，保证投资人收益；另一方面也有利于投资人对借款人进行筛选，对借款人进行有力的、合理的信用违约评价。

第 12 章　互联网债权众筹市场借款人信用风险的影响因素分析——基于中国数据的研究

　　自 2005 年第一家网络 P2P 投融资平台成立，到目前为止已发展到上万家。它作为主要金融中介的有力补充，满足个人和企业小额资金的需求，是个人和企业的"零钱包"。虽然每笔交易资金量小，但是凭借小额、短期限等特点，增加了信贷市场资金的流动性和灵活性，为许多拥有借款需求的中小企业和消费者提供了便利的借贷和融资渠道，在信贷市场中发挥着重要的功能。通过债权众筹平台寻求借款，对于借款人来说需要设定一定的门槛，目前主要是需要借款人对平台和投资人提供详尽的历史还款记录、借款用途和个人情况等信息。但是目前国内还没有完善的信用评价等级体系，所以这就给了借款人很大钻空子的可能。借款人为了提高获得贷款的可能性，会倾向于把不利于自身的信息进行隐瞒，使得信贷市场中借款人信息不对称问题十分明显，并且由此带来的逆向选择和道德风险等问题也还不能有效地被克服。而且国内配套的监管措施还在搭建过程中，这就给很多不正规的平台带来了可乘之机，污染了市场环境，使得市场内的平台水平良莠不齐。一些平台由于缺乏必要的风险识别和贷前审查有很高的信用风险，也有少部分问题平台钻金融监管的漏洞，在获得投资人的信任之后卷钱跑路。

　　目前互联网借贷市场主要的风险危害是平台本身带来的信用风险或者借款人带来的信用风险，信用风险导致的借款人在获得借款之后的违约行为。这不仅极大的危害了投资人的利益，也影响了平台的声誉，甚至会导致平台因大量违约无法归还借款而倒闭。针对目前暴露出的平台和借款人存在的信用风险问题，从平台角度来看，急需有效的手段进行借款人违约风险的识别和控制，降低违约发生的概率。为此本章选取 A 平台 10 000 位信息完备的借款人在 2013 年 1 月至 2015 年 12 月的交易数据，运用 Logistic 模型对债权众筹市场中借款人在信用风险的影响因素问题上进行实证和分析研究，找到对借款人是否发生违约或者发生违约概率大小具有较好解释能力的变量和因素，帮助平台在借贷过程中构建多维度的信用评级体系，从而使平台在发生贷款前就可以对借款人信用水平进行一个可靠的评估，提高平台对借款人违约概率大小判断的准确性和有效性。

12.1　网络借贷平台风险管理相关研究综述

12.1.1　关于借贷平台风险方面的研究

国外研究方面，Stiglitz 和 Weiss（1981）认为由于网络借贷的市场准入门槛比较低，以及参与主体具有广泛性，在信息的不对称的背景下，P2P 网络信贷交易极易产生逆向选择和道德风险等问题，甚至会引发借贷市场的危机。Freedman 和 Jin（2014）研究 Prosper 网站的数据后发现，投资人由于信息不对称问题面临逆向选择的风险。他们还指出可以通过查看借款人社交网络以获取相关信用信息，结合借款人在平台上提供的信息能真实反映借款人的信用状况，进一步保障投资人权益。Weiss 等（2010）发现 P2P 平台信贷业务的规范程度并没有随着交易规模的提升而提升，而且平台陆续暴露出许多问题。互联网带来的信息爆炸使得辨别信息的真伪更加困难，制造虚假信息的途径增多，真实的信息会被虚假信息掩盖。Eunkyoung 和 Byungtae（2012）指出 P2P 网络借贷模式从 2011 年以来取得了快速发展，这种无须抵押申请小额贷款的方式获得了大众的支持，不可否认，这种方式为个人及中小企业在融资等方面带来了方便和快捷，也支持和推动了经济的发展，但由于这个市场上的投资人并不是专业的投资人，甚至一些平台都缺乏专业性，这使得平台的投资人要承担很大的风险。

就国内研究而言，陈静俊（2011）认为，P2P 网络借贷平台的一个主要风险是信息泄露，而且平台无法落实贷款的最终用途，同时还存在借款人在平台进行贷款后进行其他风险非常高的投资行为。吴晓光和曹一（2011）讨论了 P2P 网络借贷平台的业务流程，即从用户注册到借款、还款的整个过程可能存在的风险。钮明（2012）认为，P2P 网络借贷平台可能出现信息泄露、借款人贷款真实用途无法跟踪识别、资金安全缺乏保障，以及缺乏有效的平台监管等问题，均会导致信用风险的产生。王紫薇和王银儿（2012）认为，平台的风险主要来自于借款人的信用违约和平台的网络安全问题，信用风险的管理可以从借贷前的信用审查、借贷中期的审核和借贷后的资金使用三方面着手，同时要加强网络安全维护防止用户信息泄露。傅晓锋（2013）认为，P2P 网络借贷平台应扮演信息中介的角色，通过服务费及账户管理费获取利润，而不能操纵借贷利率通过利息差牟利。国内 P2P 网络借贷平台的信用风险和投资风险在很大程度上来源于监管制度及征信体制的不完善。赵精武（2013）认为，我国网络监管和社会信用体制不健全，网络借贷债权人利益维护体系相对脆弱，监管政策应重点保障借款人利益。王欢和郭文（2014）分别分析了平台的借款人、投资人和担保方存在的风险。其中，借款人带来的风险主要由于平台无法对借款人资金使用去向进行跟踪追查，难以保证资金实际用途与预申请目的完全一致；投资人带来的风险主要是因为一些投资人投资目的不明确；平台的风险主要由于政府政策监管不到位，一些平台会趁机采用非法手段获利，损害投资人利益。杨姗媛（2014）认为，网络借贷平台的本质是一个依据互联网确定及完成交易关系的信息系统，但是由于其涉及金融业务，信息安全风险也是 P2P 平台建设的一个重要课题。卢馨和李慧敏（2015）指出 P2P 网络借贷现阶段主要面临四大方面的风险：①由于缺少相关的法律和监管政策，存在政策法律风险和监管风险；②因借贷平台监管不严和投资人动机的不纯而导致的洗钱风险；③平台操作不规范导致操作风险和技术投入不足导致网络风险；④借款人和平台的道德风险等。

12.1.2 关于借贷平台风险管理方面的研究

在平台中存在各种风险，包括道德风险、信用风险、技术风险、监管风险和网络风险等。关于借贷平台风险管理方面的研究，就国外研究而言，Diamond（1984）认为，建立联保贷款可以解决信息不对称问题，进而减少违约率。Hodrick 和 Prescott（1997）认为，改善网络借贷平台的监管是美国联邦政府面临的主要问题。Assadi 和 Hudson（2011）是首先从学术角度对借款人信息及对预测借款的预期风险进行研究的学者。Emekter 和 Tu（2015）指出，美国建立的债权分销模式，以银行为中介，合作银行对网络平台有一定的规范作用。

就国内研究而言，王艳等（2009）分析了目前 P2P 网络借贷平台中存在的问题，认为金融监管需要纳入 P2P 网络借贷平台管理之中。吴文丹（2011）提出应通过完善用户识别体系、强化资金管理机制、建立完善的反洗钱系统、推动信用评级体系建设、提高 P2P 网站的安全技术等方法加强对 P2P 平台的监管力度。吴晓光和曹一（2011）总结归纳了贷款流程中存在的风险，然后从用户审核、资金管理及信用评级体等三个方面提出了监管建议。李雪静（2013）分析了国外 P2P 网络借贷平台的监管案例，并在此基础上结合了我国实际情况，思考了我国监管状况，提出了监管建议。于秀（2013）认为，目前处于灰色地带的 P2P 网络借贷平台亟须向市场参与人证明自身的合法身份。中国人民银行及银监会采取措施以保证平台持有合法身份有序发展。谈超等（2014）分析 P2P 平台道德风险存在的原因是，投资人与借款人签订不完全协约后，借款人将得到的贷款资金挪用到其他违规的高风险的投资活动中，因为存在信息不对称和较高的事后监督成本，投资人短时间内监控不到这种行为，他们提出信用担保是预防道德风险的有效措施。

叶湘榕（2014）研究 P2P 平台不同模式存在的共性风险和异质风险，其中，风险主要包括小额信贷技术、中间账户监管缺位、财务披露、欺诈和洗钱、个人信息披露、产品异化、关联交易、流动性和非法集资等风险。其中，前三种是共性风险，后面六种是异质风险。王欢和郭文（2014）重点强调了 P2P 网络借贷平台的风险和借款人风险，并从借款人、P2P 平台和担保人三个方面对监管提出了完善建议。卢馨和李慧敏（2015）分别以政府、平台和投资人为主体分析了 P2P 网络借贷平台的风险管理措施，并指出从政府角度要完善相关法律法规、加强有效监管和完善全国征信系统建设；平台方面要完善网络技术、保护参与者隐私、规范操作流程；借款人要加强个人信誉的建立；投资人应加强自身教育、提升自身理性投资能力等。

12.1.3　网络借贷平台信用风险的相关研究综述

在平台的风险研究中，除了全面陈述各种风险及应对策略之外，大部分研究主要是集中在信用风险或者是违约风险方面。Kumar 等（2007）认为信用等级、账户确认、借款金额与违约率有明显的关系，借款金额与违约率明显正相关。Klafft（2008a）利用美国 P2P 网络借贷平台 Prosper 的数据，研究了借款人的信用评级得分对其在 P2P 平台上借款的成功率及借款利率的影响。结论说明借款人信用得分越高，获得贷款越容易，并且获得低利率的可能性越大。Weiss 等（2010）指出，这种陌生人之间的借贷交易加剧了 P2P 信息不对称的局面。P2P 网络借贷由于其特殊性，存在更加复杂的信用风险，如何解决这一问题也成为 P2P 网贷相关研究领域的重点课题。Iyer（2011）、Everett（2015）针对 P2P 网贷集群贷款模式下由于信息不对称带来的网贷信用风险进行了研究，研究结果证明集群贷款成员之间应该有充分的了解，这样就可以尽可能地减少信息不对称带来的负面影响。但实际上 P2P 网贷集群贷款的成员大多是通过网络进行拼团，团队成员之间并没有太多了解，因而这种形式上的团队在实际操作中难以起到降低信息不对称的作用，也因此并不能很好地减少由信息不对称带来的信用风险的影响。Iyer（2011）认为除了借款人信用等级，反映借款人的收入情况的指标，如债务/收入比也会对借贷行为产生重要影响。Pope 和 Sydnor（2011）在研究中指出借款人年龄也是会影响 P2P 网络借贷行为，因为一般年轻群体对新事物的接受比较容易，且低门槛等设置也有利于贷款或借款行为的完成。但同时这一群体也有着经济的不稳定性，这会导致借贷风险增加。Larrimore 等（2011）研究发现，借款人的相关信息是投资人进行信用风险判断的重要方面。Freedman 和 Jin（2014）指出，借款人与平台之间存在信息不对称的现象，借款人为了获得借款，可能会根据平台的门槛设置进行信息筛选，甚至编造虚假信息，这种行为会造成 P2P 行业的信息失真，影响信息披露的真实性，从而增大风险。廖理等（2015）认为平台的利率是一种非市场化的利率，对于相同的借款利率借款人违约的概率越大，订单募集资金成功所需要的投资人人数越多，这样会有更多的投资人涌向风险较小的订单，因此，对于风险较大的订单，完成交易需要的时间更长。投资人可以根据订单交易的完成时间判断借款人的违约情况。Emekter 和 Tu（2015）分析了贷款违约率的影响因素，发现对高风险的借款人收取较高的费用并不能补偿其高的违约率，需要吸收高质量的借款人才能持续经营。孙同阳和谢朝阳（2015）分析了信用风险产生的原因，其不仅存在于借款人与投资人之间，还发生在借款人与平台、投资人与平台之间。他们强调应强化过程监管，建立 P2P 行业信用评级标准，实施资金托管制度，加强平台之间的合作等。Everett（2015）的研究表明有两种途径能够降低违约概率，一是借款人披露更多的个人信息；二是平台对借款人进行有效的监督，因此，与商业银行、其他金融中介比较可知，P2P 平台能够部分解决信息不对称引起的借款人和投资人之间的逆向选择、道德风险和不完全条约等问题。Emekter 和 Tu（2015）使用 Lending Club 中的数据建模分析，效果表明信用等级、借款/收入比、信用得分和可用的信用卡额度在总额度中的占比是决定信用违约的重要因素。他们认为要求信用等级低的借款人支付高的利率并不能降低借款违约率，平台应该采取其他措施降低违约率。岳中刚等（2016）通过研究人人贷的数据，探究了众筹市场的异质化信息对投资人参与行为的影响，并预测了借款人事后违约行为，研究结果表明信用评级信息能够有效识别借款人潜在的违约风险，对投资人具有重要的决策价值；众筹市场存在信息披露"柠檬现象"，借款人会通过披露虚假信息掩盖违约风险，但是一些容易认证的个人信息（如学历），能够有效抑制虚假披露，因此，这些信息能够有效预测违约风险；借款人存储在平台的社交网络是形成网络声誉或虚拟社会资本的重要基础，因此，我们应充分发挥债权众筹市场信息中介的功能。陈丽（2016）从借款人的还款能力和道德因素两方面进行分析，发现借款金额、借款利率、历史逾期次数、信用分数等都会对借款人的违约率产生影响。

12.1.4　传统金融机构贷款产品风险度量方法的研究发展历程

在国内外对 P2P 网络投融资平台风险的研究中，Altman 在 1968 年运用多元统计分析方法，以美国制造业企业作为实验样本，构建了 Z 评分模型；之后，在此基础上 Altman 和 Saunders（1997）对 Z 评分模型进行了修正，构建了 Zeta 模型。Ohlson（1980）将多元非线性回归方法——Logit 回归应用于企业财务状况预测，证明了非线性回归方法能较好拟合信用风险和各因素之间的关系。Allen 和 Gale（1991）认为商业银行运用内部评价体系，有助于减少信息不对称、为更多边缘化的中小企业提供小额贷款、扩大银行贷款服务群体。Kumar 等（2007）认为借款人的信用等级、借款金额与违约率呈现正相关。Everett（2015）指出借款人的自身信息、借贷用途、期限等信息的披露程度越高，违约率就会越低。

　　信用风险不仅关系到投资人的收益，也会影响借款人的信用，因而它是 P2P 网络借贷平台投资人和借款人进行决策的重要参考指标。Barberis 和 Thaler（2003）认为根据行为金融理论，投资人是异质性的，他们对风险有不同的偏好。在 P2P 平台，这一理论也得到了很好的验证。Paravisini 等（2010）从投资组合中测算风险规避参数，结果表明当投资人财富变化时，风险规避的弹性是异质的，投资人越富有就越厌恶风险。Puro 等（2010）构建 P2P 平台借款人决策支持系统，为借款人提供个人风险评估、并提供贷款建议。Zhao 等（2014）采用投资组合理论测算了投资人投资种类和投资金额。同样，Malekipirbazari 和 Aksakalli（2015）运用随机森林方法进行网络融资平台风险评估，为投资人提供投资决策建议，帮助他们筛选出信用评级高的借款人。

　　Berger 和 Udell（1995）研究了抵押对银行信用风险的影响，结果表明，虽然理论研究证明低风险的借款人更倾向于提供抵押物，但是抵押物往往与高风险的借款人、高风险的投资人和高风险的银行相关。Altman 和 Saunders（1997）总结了传统信用风险的相关研究，并在此基础上提出了风险-收益均衡模型。Jarrow 和 Turnbull（1995）认为金融衍生品有两种信用风险：一种是金融衍生品下资产可能违约；一种是金融衍生产品的借方可能违约。Crouhy 等（2000）的研究借鉴 Amin 和 Jarrow 的研究成果提出金融衍生产品定价模型，他们的研究表明违约是内生的，与公司的资本结构有关，当公司的资本下降到一定程度时，违约就会出现。他们认为违约是由失业、利率水平和经济增长水平决定的。Atiya（2001）构建了预测企业破产的神经网络模型，预测的精度达到 85.5%。Blankespoor（2012）认为杠杆率能够有效地表示信用风险。Mare（2015）认为小型商业银行破产与国家或者地区的经济发展水平相关，经济发展缓慢会对小型商业银行的发展产生不良影响，应引入逆经济周期资本扶持措施。

12.1.5　现有研究总结与评价

　　国内外学者在网络借贷平台的定义、发展历程、经营模式，以及风险管理等方面进行了较为全面的研究。但在强大的征信系统和信息技术的支持下，国外的网络借贷平台相对健全。而我国，网络借贷平台行业起步较晚，内容比较单一，且国内个人征信体系还未建立，因此，平台所面临的信用风险更大，监管的手段也应与国外有所差别。在梳理了国内外已有研究成果的基础之上，本章立足于我国金融市场环境，分析我国网贷行业的具体情况。在具体的研究方法方面，国外平台的研究数据较为充足，因而进行实证的研究较多；而国内数据相对匮乏，文章多分析我国网贷行业信用风险产生的原因及规避措施，实证方面多利用拍拍贷和人人贷的数据进行测算。因而，我国网贷行业应加强信息披露，为投资人做出投资决策提供借鉴。

12.2 研 究 设 计

在互联网借贷中，信用风险普遍指由于借款人无法按时还本付息或者是违背借款合约给平台和投资人造成损失的风险。在实际情景里，影响借款人按时还款的一些突发情况的发生，如失业、患病、额外支出等是无法完全规避的，所以信用风险是无法完全消除的。但是根据借款人提供的信息，如借款人的学历、收入情况、信用卡还款信息等可以在一定程度上刻画影响信用违约概率的大小，这也是本章主要的研究目的。

在前文借贷信用风险产生机制中提到，信息不对称性增大了信用风险和违约发生的可能，其主要的原因在于市场中借款人的异质性。安全型借款人完全按照平台要求提交真实的借款需求和个人信息，将借款利息尽可能控制在自己能承受的风险范围内。而对于一些风险型借款人，其本身的信用水平相对较低，但是为了提高自己获得借款的可能，他们向投资人提供超出自身承受能力范围的借款利息，甚至不惜对自身情况进行隐瞒或者提供虚假的信息来欺骗平台和投资人。在实证过程中对于指标的选取和数据的使用如果不考虑借款人的异质性，一些指标数据会存在一定程度的失真，从而影响到结论的可靠性。所以，在研究设计时需要对数据加以一定的筛选和限制，保证数据的真实和准确。

前文提到在信息不对称下信用风险主要是通过平台和借款人两个方面形成的。为了避免平台由于缺乏贷前审核和贷后监管，为借款人提供虚假信息的可乘之机，我们对数据来源 A 平台进行了实地调研，该平台对借款人信息的收集相对全面，对于身份证、户口本、结婚证等材料都进行了审核，对于借款人的收入、工作等情况也都要求提供相关的证明，对于一些容易造假的材料进行了线下实地求证和考察，最大限度避免了平台审核原因导致的借款人数据作假。但是，因为现有的平台普遍缺乏对贷款发生后借款人行为进一步的追踪，而且 A 平台目前尚未对不同信用水平的借款人对应不同的借款利率，所以，本章选取借款利率相近的借款需求进行实证分析。

12.3 指 标 选 取

Crouhy 等（2000）认为从宏观角度来看，违约是由失业、利率水平和经济增长水平决定的。在更微观的视角中，Kumar 等（2007）认为信用等级、账户确认、借款金额与违约率有明显的关系,而且借款金额与违约率呈现明显的正相关关系。Emekter 和 Tu（2015）认为信用等级、借款/收入比、信用得分和可用的信用卡额度在总额度中的占比是决定信用违约的重要因素。

信用违约风险不仅关系到投资人的收益,也影响包括借款人的信用。根据行为金融理论,投资人是异质性的,他们对风险有不同的偏好。Barberis 和 Thaler（2003）认为,异质性的借款人和投资人在进行决策时会因为不同的借款和投资需求做出不一样的选择。廖理等（2015）对 P2P 借贷市场是否识别高学历的价值进行了实证,发现高学历借款人的如约还款概率存在明显的提高,高学历增强了借款人的自我约束。温小霓和武小娟（2014）、唐艺军和葛世星（2015）、宋丽平等（2015）从平台信息、标的信息、声誉等不同角度,研究了 P2P 借贷信用风险问题。

从以上文献可以看出,信用风险是传统金融研究重要的研究主题,也是 P2P 投融资平台中主体决策关注的重要问题。在已有文献的基础上,本章总结了一些学者对可能影响借款人违约概率的相关变量的研究结论,发现借款人披露的多方面的特征都对借款人违约风险产生了一定的影响。基于文献基础的指标体系,如表 12.1 所示。

表 12.1　基于文献基础的指标体系

作者	指标体系	
温小霓和武小娟 （2014）	借款因素	借款金额、借款利率、借款期限
	硬信息因素	借款成功次数、信用等级、逾期次数、审核项目数
	软信息因素	年龄、性别、婚姻、教育、住宅
唐艺军和葛世星 （2015）	信用特征	信用积分、逾期次数、有无银行逾期
	个人特征	结婚、房贷、车贷、学历、性别
	标的特征	网贷利率、网贷额度、网贷期限、总投标数
	历史借款特征	成功借款次数、如期还款次数
顾慧莹和姚铮 （2015）	个人特征	性别、年龄、有无照片、职业
	财务特征	是否拥有房屋产权、是否有车、收入、工作年限
	借款特征	借款金额、借款利率、借款周期、借款用途
	声誉	信用等级、借款成功次数、借款失败次数、认证项目数
胡海青 （2015）	借款人基本信息	年龄、学历、婚姻、工龄、房产、收入、房贷
	标的基本信息	信用水平、还款期限、借款利率、借款总额
	历史信息	借款成功次数、逾期次数、连续逾期次数、申请借款次数

根据表 12.1 可以发现，由于数据的可得性，目前关于网络贷款信用风险的相关研究中，几乎所有的研究都是采用诸如借款人基本信息、标的信息和借款人历史还款情况等指标。互联网借贷平台大多情况下采取的风控手段也是根据借款人披露的这些信息，以及其历史还款情况对其信用水平进行的评估和判断。

互联网借贷平台需要借款人在网络上提供个人信息，以供平台进行资格审查和信用评级。投资人需要根据这些信息和信用评级，结合借款人提供的投资收益率选择投资对象。借款人提供的信息一般比较固定，包括基本身份信息、资产状况、受教育程度、工作收入、历史还款信息和此次借款数量及借款用途等。本章结合实际情况，从借款人本身的特征入手，根据借款人个人特征、信用特征和借款特征研究互联网借贷借款人信用风险的影响因素。

12.3.1 借款人个人特征

借款人个人特征代表着借款人的自身的客观条件，既有借款人的基本信息，又有借款人财务的相关情况。借款人基础信息一般包括年龄、学历、性别、婚姻等。借款人的基础信息在一定程度上可以影响借款人的信用风险。例如，在年龄方面，年龄的大小可以反映一个人大概的消费水平和收入水平，对于一些年龄较低的借款人，在不考虑父母收入水平的情况下其还款能力普遍较弱，而中年人相对来说收入和花销都比较稳定，有较强的还款保证。学历方面，较高的学历意味着接受过更良好的教育，有更强的自我约束能力，获得较好的工作的机会也更大，还款能力更高。从性别角度来看，女性的消费需求一般大于男性，在国内对于按期还款的意识，女性普遍强于男性。在婚姻状况上，已婚的借款人在还款时夫妻双方都会提供一定的助力，在出现失业等突发事件的时候有更强的抗压和还款能力，而且违约带来的代价也高于没有家庭的借款人。

借款人的财务相关情况很大程度上直观地体现了借款人的还款能力，包括收入水平、资产情况和工作单位等。收入水平是能否如期还款的重要保障，如果借款人月收入远高于月还款额则借款人具有很强的还款能力的保证，即使是发生一些变故借款人也能避免逾期和违约。资产情况包括房产、车产等，房产作为不动资产，是表现借款人经济水平的一个很好的指标，同样车产价值也能一定程度上表现出其还款能力。工作单位表现了借款人的工作环境和工作的稳定性，工作越稳定，收入越有保障。

12.3.2 借款人信用特征

借款人信用特征主要包括，借款人表现的还款意愿和历史还款信息。借款人的还款意愿是从借款人主观的角度来看，其对按时还款的重视程度和保持良好信用水平的渴望。一般在提交借款需求的时候，借款人可以表达自身的还款意愿，但是由于这种信息大多无法直接得到验证，在信息不对称的情况下，平台和借款人不能直接通过这种还款意愿的表达来确定借款人的信用水平。

借款人的历史还款信息是借款人记录在案的以往的借款情况，包括信用卡的还款信息、个人银行流水等，可以有效地反映出在此次借款之前借款人的表现。一般来说，信用水平较高的借款人更乐于提供自己的信用信息材料；而信用水平较低的借款人为了掩饰自己的实际情况，提供的信息相对有限。对于已经获得借款的借款人来说，实际还款过程中是否出现逾期情况也可以衡量借款人发生违约概率的大小。在还款过程中若已经出现了很多次的逾期行为，则说明借款人目前的还款能力可能无法支撑其履行借贷合约，在后续的还款过程中逾期甚至违约的概率会有所增加。

12.3.3 借款人借款特征

借款人借款特征是借款人在提交贷款申请时，同时提交关于贷款金额、贷款利率、还款周期等标的合约的内容。对于借贷双方来说，贷款利率越高，意味着投资人要求的收益越高，而借款人获得借款的成本也就越高，成本越高风险自然就越大，而且贷款利率高可能是借款人借钱的用途具有较高的风险，也就意味着与低贷款利率的标的合约相比具有更高的信用风险。借款金额较多时还款压力就会较大，更有可能出现违约。而当借款人的还款期限较长时，其偿还本金的压力就会较小，反之短期限的借款一般都用于消费等用途，出现违约的概率较大。

本章基于实际情况和可得的借款人信息，建立合理的互联网贷款信用风险评级指标体系。该体系包括信用水平、逾期概率、是否发生连续逾期、信用卡额度、年龄、学历、性别、婚姻状况、资产情况、收入水平、居住城市、单位、借款金额、借款周期等指标。其中，信用水平是根据每个借款人在征信报告中近 24 个月的信用卡使用信息，以及贷款偿还情况进行打分后的标准化数据，最终得到的数值越大代表信用水平越高；逾期概率是借款人借贷之后在还款周期中发生逾期情况的概率；是否发生连续逾期是定性变量，指借款人在还款周期中是否存在连续三个月或三个月以上出现逾期的情况，存在其值则为 1，没有存在其值则为 0；信用卡额度是借款人开户时间最近的正常使用的信用卡的额度；年龄为可比的定性变量，小于 30 岁值为 1，30~50 岁为 2，大于 50 岁为 3；学历为可比的定性变量，高中及以下定为 1，专科或本科为 2，硕士及以上为 3；性别为定性变量，男性为 0，女性为 1；婚姻状况为定性变量，未婚或离异为 0，已婚为 1；资产情况是借款人的房屋资产情况，无房为 0，有房为 1；收入水平为可比的定性变量，月收入低于 2 000 元为 1，2 000~5 000 元为 2，5 000~10 000 元为 3，10 000~20 000 元为 4，20 000~50 000 元为 5，50 000 元以上为 6；居住城市是定性变量，居住在西部城市为 1，居住在中部城市为 2，居住在东部城市为 3；借款人单位为定性变量，国有企业为 1，其余情况为 0；借款金额为可比的定性变量，在 2 万元以下为 1，2 万~4 万元为 2，4 万~6 万元为 3，6 万~10 万元为 4，10 万~20 万元为 5，20 万元以上为 6；借款周期为可比的定性变量，在一年以内为 1，一年到两年为 2，两年以上为 3。

在传统的信用风险评估模型中许多选取定量指标，如资产负债率、流动比率等，采用主成分分析法或者聚类分析法对原始的指标进行筛选，挑选出具有更强解释力度的指标。但是由于本章涉及的多为定性数据，以往的指标筛选方法在本章中的适用性较低。针对本章数据特征，信息增益原则是一个很有效的方法。郭亚维和刘晓霞（2012）、黄志艳（2013）等学者指出信息增益方法在指标较多时能够剔除冗余信息，筛选出有更强解释能力的指标，具有很好的分类效果。

信息增益是一种计算方法，是信息论中十分重要的理论，能有效计算某个系统中新加入的信息变量给整个系统带来的信息增量，即每新增一项信息给系统带来的贡献量。由于指标体系中每个变量对被解释变量有不同的影响程度，有的影响很大而有些则不明显，因此，本章采用信息增益法来判断不同指标对结果影响程度的大小。信息增益法是根据指标为被解释变量提供信息量的多少来决定其重要性的，指标引入的信息越多越重要。因变量在有某个指标和没有该指标时信息量的差值为该指标的信息增益。通过计算可得各个指标的信息增益值，如表 12.2 所示。

表 12.2　指标信息增益值

指标	信息增益值
信用水平	0.004 34
逾期概率	0.005 97
是否发生连续逾期	0.009 36
信用卡额度	0.000 66
年龄	0.001 65
学历	0.002 18
性别	0.001 66
婚姻状况	0.001 97
资产情况	0.001 67
收入水平	0.008 61
居住城市	0.000 03
单位	0.003 77
借款金额	0.003 48
借款周期	0.009 03

以 0.001 为判断标准，信用卡额度和居住城市情况的信息增益较小，说明这两个指标对个人信用风险的影响不大，可以从模型里排除。所以最后选取的影响

因素指标如表 12.3 所示。

表 12.3　信用风险评价指标体系

一级指标	二级指标	变量
信用特征	信用水平	X_1
	逾期概率	X_2
	是否发生连续逾期	X_3
个人特征	年龄	X_4
	学历	X_5
	性别	X_6
	婚姻状况	X_7
	资产情况	X_8
	单位	X_9
	收入水平	X_{10}
借款特征	借款金额	X_{11}
	借款周期	X_{12}

12.4　实 证 分 析

12.4.1　Logistic 模型介绍

不同于一般的多元线性回归模型，Logistic 回归是用来预测不同可能结果的，常用于因变量服从断点分布的情况。模型中的自变量独立于因变量，形式上可以是实值也可以是二值、分类值等。例如，一个人的血型诊断结果，某个人接听电话的语音类型，选举是否能获得选票支持，办公室地点选择在哪个国家和城市，等等。这些统计分类问题它们都具有共同的特点，因变量要被预测来自一组有限的项目，并且不能被有意义地排序。多项式回归是一个特定的解决方案，以它假设观察到的一些特征和具体问题的参数的线性组合，可以用于确定因变量的每个分类特定结果的概率。Logistic 回归因变量是定性变量通过二进制表达的，即有 2 种可能的结果，非有即无。

具体而言，假设我们有 N 个观测数据点。每个数据点 i（范围是 1~N）是由一组 M 个解释性变量 $X_1 \cdots X_M$，X_1（又名独立变量、预测值变量、特征等），和相关的分类结果（又名因变量、响应变量）为 2 种可能结果中的一个。可能的值表示在 Logistic 中独立的类别，并且经常以 0-1 变量来表达。本章研究的是客户信用风险的影响因素分析，客户违约与否是一个二元因变量，本章设违约标的编码为 1，则守约标的编码为 0。

Logistic 模型的数学表达为，假设有独立同分布的观测值 (X_{ij}, Y_i)，$X_{ij} = (x_{i1}, x_{i2}, \cdots, x_{ip})$，$i = 1, 2, 3, \cdots, N$，其中，$X_{ij}$ 和 Y_i 分别为模型的解释变量和被解释变量；Y_i 为二元离散数据变量，即 $Y_i \in \{0,1\}$，Logistic 回归模型的条件概率为

$$\log\left\{\frac{P(Y=0 \mid X_j)}{P(Y=1 \mid X_j)}\right\} = \beta_0 + \sum_j x_j \beta_j$$

由函数可知，Logistic 模型变换为一个参数为 β_j 的线性函数。这时拟合线性模型函数的参数就等于拟合二元 Logistic 模型方程的参数，就可求出模型的最优解，同时求出模型相应的参数。

12.4.2 数据描述性统计

本部分选取 A 平台中 1 万名借款人在 2013 年 1 月至 2015 年 12 月中的交易数据，通过信息增益方法从中选取 12 个主要变量。在此基础上对借款人违约情况与影响因素指标进行描述性统计分析，如表 12.4 所示。从分析结果可以看出所选取的借款人数据有较强的随机性，保证了数据的可靠性。

表 12.4 指标数据描述性统计

指标名称	个数	极小值	极大值	均值	标准差
违约情况	10 000	0	1	0.32	0.47
信用水平	10 000	−0.29	40.07	0.00	1.00
逾期概率	10 000	0	1	0.21	2.95
是否发生连续逾期	10 000	0	1	0.43	0.81
年龄	10 000	1	3	2.05	0.52
学历	10 000	1	3	1.74	0.47
性别	10 000	0	1	0.42	2.65
婚姻状况	10 000	0	1	0.72	0.41
资产情况	10 000	0	1	0.68	0.74
单位	10 000	0	1	0.39	0.72
收入水平	10 000	1	6	2.67	3.17
借款金额	10 000	1	6	3.08	1.00
借款周期	10 000	1	3	2.03	0.66

12.4.3 模型结果分析

在以上数据分析和处理之后，进行 Logistic 回归，设置违约情况为因变量其余变量为解释变量。Logstic 模型自变量估计结果，如表 12.5 所示。

表 12.5　Logstic 模型自变量估计结果

自变量	系数	标准差	Wald 统计量	P 值
信用水平	−0.094	0.284	5.681	0.017
逾期概率	0.079	0.003	570.855	0.000
是否连续逾期	0.316	0.121	6.850	0.009
年龄	−0.005	0.079	2.508	0.113
学历	−0.227	0.086	6.922	0.009
性别	−0.145	0.098	2.192	0.139
婚姻状况	0.099	0.107	0.338	0.561
资产情况	−0.147	0.079	6.704	0.010
单位	−0.302	0.108	7.818	0.005
收入水平	−0.036	0.045	24.327	0.000
借款金额	0.181	0.043	18.164	0.000
借款周期	−0.388	0.076	25.928	0.000
常数项	−3.290	0.373	132.104	0.000

从模型实证结果可以看出，相比较来看信用水平、逾期概率、是否发生连续逾期、学历、资产情况、单位、收入水平、借款金额和借款周期都在 5% 的显著性水平下显著异于 0。具体来看，在征信信息中表现越好的人，信用水平越高，其信用风险发生的可能性越低，说明征信报告的数据可以有效地刻画借款人的信用水平，借款人详细的信用卡还款信息，以及贷款还款信息可以帮助平台在贷款前对其信用水平进行一个可靠的评估。发生过连续逾期及逾期概率较高的人更容易发生信用风险，这说明在还款过程中借款人的行为尤其是逾期行为可以帮助我们预测借款人是否会出现违约，从而可以做到动态地刻画借款人的信用水平，预防在接下来的还款过程中可能出现的逾期或者是违约情况。学历较高的人信用风险发生概率更低，说明学历越高的人，在接受更多教育的情况下对自己有更好的约束，对信用概念也有着更正确的认识，更容易遵守金融规则，而且整体来看学历较高的人的平均生活水平更高，收入更稳定，这也降低了违约的概率。借款金额与违约率成明显的正相关关系，而借款周期则恰恰相反。对于借款人来说，借款金额越多时还款压力越大，越有可能出现违约，而当借款人的还款期限较长时，其偿还本金的压力就会较小，反之短期限的借款一般都是在缺钱的情况下应急，出现偿还困难时没有比较好的应对措施，出现违约的概率相对大一些。国企员工信用水平更好，一方面是国企的员工收入更加稳定，有利于按时还款，而且国企员工相对来说比较在意自己的信用水平，主观上更不愿意发生违约，所以违约相对就会较低一些。收入越高的人，还款压力就会越小，而且应对突发事件的能力越强，所以更不容易发生违约。拥有房产的人，在资产上有较强的保障，这降低

了无法按时还款的可能。其他指标，如年龄、婚姻状况、性别在本模型中不能证明可以显著影响客户的违约行为发生与否。根据 Wald 统计量来看，逾期概率、收入水平、借款金额，以及借款周期可以很大程度地解释信用风险的大小，更值得人们去重视。

12.5　本 章 小 结

　　信用风险如何有效地被刻画和控制是平台每时每刻都需要考虑的最重要的问题之一。本章采用 A 平台 2013 年 1 月至 2015 年 12 月的一万名借款人的交易数据，通过信息增益对指标进行筛选，选取了借款人信用水平、逾期概率、是否发生连续逾期、年龄、学历、性别、婚姻状况、资产情况、收入水平、单位、借款金额，以及借款周期 12 项指标研究其对于解释贷款违约中发挥的作用。将借款人违约与否作为因变量，选择 Logistic 模型进行实证研究，找到影响借款人违约的重要因素。以往的研究大多没有考虑借款人异质性的问题，虽然本章研究由于数据的限制无法对不同性质的借款人进行分文别类，但是本章从数据和指标的选择上尽可能地规避了借款人的逆向选择问题和道德风险问题，降低了其对模型结果的干扰。

　　从实证的结果可以看出，大部分的结果是符合前文的预期的。在征信信息中表现越好的人，信用风险发生的可能性越低；发生过连续逾期及逾期概率较高的人更容易发生信用风险；学历较高的人信用风险发生概率更低；借款金额越高越容易发生违约；借款周期越短越容易引起违约；国企员工发生违约的概率较低；收入较高、拥有房产的借款人较不容易发生信用风险。其中，借款周期与违约率大小的关系可能和预期不同，其原因可能是当还款期限较长时，借款人有更多的时间进行资金周转，没钱还款的风险就会降低一些，偿还本金的压力也就会较小，反之短期限的借款一般都是在缺钱的情况下应急，出现偿还困难时没有比较好的应对措施。因为很多投资人对于互联网借贷比较谨慎，更希望在平台上投资后尽早收回本金和利息，所以借款期限短的产品和标的更容易完成融资，而借款期限长的产品和标的相对较难获得融资。一些借款人在提交借款申请时故意将借款的期限写短，提高自己获得借款的机会，同时，这种逆向选择现象也加大了这类借款人的信用风险。

　　在 Logistic 模型中，年龄、性别和婚姻状况的系数并不显著。婚姻情况对违约率的影响不显著，这个结论和预期是不同的，这说明单纯以借款人的婚姻情况来作为其中一个违约率影响因素来判断缺乏一定的数据支撑，也许还要对家庭背景有更细致的了解，并进行区分才能够帮助刻画违约率的高低。一般来说，我们认为年龄较高的借款人，工作环境更加稳定，且有较多的储蓄，还款能力更强。但是违约率的高低和年龄大小可能不是简单的线性关系，也许在特定的年龄段内违约率较低。目前许多年轻的借款人虽然收入不稳定，日常开销也比较大，容易出现无法按时还款的现象，但是年轻人一般借款金额较低，一旦出现逾期之后有很大概率父母会帮助他们还款保证较高的信用水平，所以对于年龄对违约率的影响还不能简单下定论。性别对违约率的影响不显著是符合预期的，因为男性和女性在按时还款意识和按时还款能力等方面没有明显差别，无法仅根据性别判断出现违约概率的大小。

第 13 章　互联网债权众筹市场违约概率预测研究——基于美国数据的研究

在第四部分第 11 章的分析中,得出借款人违约对互联网债权众筹市场资本投资人收益有重要的影响,本章重点研究互联网债权众筹市场违约评价。主要采用的方法是多项 Lasso-Logistic 模型。

13.1　多项 Lasso-Logistic 模型构建

在自变量较多的情况下,构建模型的第一步是减少自变量的个数以提高模型的解释性和预测精度,也就是挑选对被解释变量最具有解释性的自变量,这个过程被称为模型选择(或者变量选择、特征选择),它决定了之后建立模型的偏差,是建模过程中非常重要的问题。

一般模型选择采用最小二乘方法,这种方法两个主要的技术是子集选择法和岭回归。但是,它们存在缺陷:①子集选择法虽然可以得出一个可以解释的模型,但是回归的过程中既不能保存变量又不能提出变量,模型过于多变,数据微小的变化会影响模型的选择,降低模型预测的精度;②岭回归是仅用于共线性分析的有偏估计回归方法,可以不断收缩系数,模型预测结果较平稳,但是,它放弃了最小二乘法的无偏性,以损失部分数据信息为代价来换取更符合实际、更可靠的回归系数。综合参考这两种模型的优缺点,本章采用 Tibshirani(1996)提出的绝对收缩和选择算子算法(the least absolute shrinkage and selection operator, Lasso)。这种计算方法是通过构造惩罚函数,让一些指标的系数变为零,最终达到指标结合缩减的目的,它主要是用来解决具有多重共线性的有偏估计。

Lasso 模型最早受 Leo Breiman 的非负 Garrotte(Non-Negative Garrotte, NNG)的影响。NNG 模型的表达为

$$\min \sum_{i=1}^{N} \left(y_i - a - \sum_j c_j x_{ij} \hat{\beta}_j \right)^2$$

$$\text{s.t.} \quad c_j \geqslant 0, \ \sum c_j \leqslant t$$

NNG 可以求解出参数为严格正数和零的计量模型。

Tibshirani（1996）对上述模型进行修改得到 Lasso，可以求解出参数严格为零的计量模型。假设有 n 个观测值和 p 个估计值，给定了线性回归标准化的解释变量 x_{ij} 和中心化的被解释变量 y_i，其中，$i=1,2,3,\cdots,N$；$j=1,2,\cdots,p$

$$\min \sum_{i=1}^{N} \left(y_i - \alpha - \sum_j x_{ij} \beta_j \right)^2$$

$$\text{s.t.} \quad \sum |\beta_j| \leqslant t$$

其中，$t \geqslant 0$，为可调整的参数，当 t 减小到一定程度，会有一些回归系数的数值为零；当 t 增大到一定程度，所有变量都会进入回归方程中，这时的估计方程为最小二乘估计。对于所有 t 对 α 的预测就是 $\hat{\alpha} = \bar{y}$，假设 Lasso 模型预测没有偏差，即 $\bar{y} = \hat{\alpha} = 0$，所以舍弃 α。上式可以简化为

$$\min \sum_{i=1}^{N} \left(y_i - \sum_j x_{ij} \beta_j \right)^2$$

$$\text{s.t.} \quad \sum |\beta_j| \leqslant t$$

转化为拉格朗日方程为

$$\hat{\beta}(\text{Lasso}) = \frac{\text{argmin}}{\beta} \ y - \sum_j x_j \beta_j^2 + \lambda \sum |\beta_j|$$

Lasso 模型出现后，很多学者对其提出了不一样的计算方法，其中，Efron 等（2004）提出的最小角回归（least angle regression）算法很好地解决了 Lasso 的计算问题；Zou（2006）证明了 Lasso 变量选择可以是不连续的。

Lasso 的基本思想是在满足残差平方和最小的情况下，增加约束条件，要求回归系数的绝对值之和小于某一常数。在计算结果中能够得到某些严格等于 0 的回归系数，在不降低计算结果精确度的情况下，使 Lasso 模型更加具有解释力。

Lasso 方法主要应用于线性模型，本质是在残差平方和上添加惩罚函数。而信贷平台违约因变量是三元离散取值。自变量是 50 个变量，此时不能利用线性回归模型，而应该使用多元 Lasso-Logistic 模型。

Lasso-Logistic 模型具体运算步骤为，假设有独立同分布的观测值 (X_{ij}, Y_i)，其中，X_{ij} 和 Y_i 分别为模型的解释变量和被解释变量；$X_{ij} = (x_{i1}, x_{i2}, \cdots, x_{ip})$，$i = 1,2,3,\cdots,N$；$Y_i$ 为三元离散数据变量，即 $Y_i \in \{-1,0,1\}$，Logistic 回归模型的条件概率为

$$\log\left\{\frac{P(Y=-1\,|\,X_j)}{P(Y=1\,|\,X_j)}\right\} = \beta_{1,0} + \sum_j x_{1,j}\beta_{1,j}$$

$$\log\left\{\frac{P(Y=0\,|\,X_j)}{P(Y=1\,|\,X_j)}\right\} = \beta_{2,0} + \sum_j x_{2,j}\beta_{2,j}$$

$$P\left(Y_i=-1|X_j\right) + P\left(Y_i=0|X_j\right) + P\left(Y_i=1|X_j\right) = 1$$

由以上两个公式变化为

$$P\left(Y=-1|X_j\right) = P\left(Y=1\,|\,X_j\right)\exp\left(\beta_{1,0} + \sum_j x_{1,j}\beta_{1,j}\right)$$

$$P\left(Y=0|X_j\right) = P\left(Y=1\,|\,X_j\right)\exp\left(\beta_{2,0} + \sum_j x_{2,j}\beta_{2,j}\right)$$

可以计算得到

$$P\left(Y=1|X_j\right) = \frac{1}{1 + \displaystyle\sum_{m=1}^{2}\exp\left(\beta_{m,0} + \sum_j x_{m,j}\beta_{m,j}\right)}$$

$$P\left(Y=-1|X_j\right) = \frac{\exp\left(\beta_{1,0} + \displaystyle\sum_j x_{1,j}\beta_{1,j}\right)}{1 + \displaystyle\sum_{m=1}^{2}\exp\left(\beta_{1,0} + \sum_j x_{m,j}\beta_{m,j}\right)}$$

$$P\left(Y=0|X_j\right) = \frac{\exp\left(\beta_{2,0} + \displaystyle\sum_j x_{2,j}\beta_{2,j}\right)}{1 + \displaystyle\sum_{m=1}^{2}\exp\left(\beta_{1,0} + \sum_j x_{m,j}\beta_{m,j}\right)}$$

因为各项观测值相互独立，所以联合分布可以表示为各边际分布的乘积：

$$L\left(p\right) = P\left(Y=1|X_j\right) \times P\left(Y=-1|X_j\right) \times P\left(Y=0|X_j\right)$$

$$= \prod_{m=1}^{2}\frac{\exp\left(\beta_{m,0} + \displaystyle\sum_j x_{m,j}\beta_{m,j}\right)}{\left[1 + \displaystyle\sum_{m=1}^{2}\exp\left(\beta_{m,0} + \sum_j x_{m,j}\beta_{m,j}\right)\right]^3}$$

该式也就是似然函数。$\ln\left[L(\beta)\right] = \displaystyle\sum_{m-1}^{2}\left(\beta_{m,0} + \sum_j x_{m,j}\beta_{m,j}\right) - 3\ln\left[1 + \sum_{m=1}^{2}\exp\left(\beta_{m,0} + \sum_j x_{m,j}\beta_{m,j}\right)\right]$

为对数似然函数。

根据 Zou（2006）提出的线性模型的自适应 Lasso 方法的思路，可以将残差平方和替换为似然函数。在这种方法下，估计量 $\hat{\beta}(\text{Lasso})$ 定义为

$$\hat{\beta}\left(\text{Lasso}\right) = \frac{\text{argmin}}{\beta}\left\{-l(\beta)\right\} + \lambda\sum\left|\beta_j\right|$$

其中，$l(\beta)$ 为模型对应的对数似然函数。

Lasso-Logistic 回归模型中系数估计值是由下式给定的：

$$\hat{\beta}(\text{Lasso}) = \frac{\text{argmin}}{\beta} \left\{ 3\ln\left[1 + \sum_{m=1}^{2}\exp\left(\beta_{m,0} + \sum_j x_{m,j}\beta_{m,j}\right)\right] - \sum_{m=1}^{2}\left(\beta_{m,0} + \sum_j x_{m,j}\beta_{m,j}\right)\right\}$$

$$+ \lambda\sum_{m=1}^{2}\sum_j |\beta_{m,j}|$$

其计算步骤如下：

（1）数据预处理，将给定的解释变量 x_{ij} 和被解释变量 y_i 标准化；

（2）调和参数 Lambda 选择，选择调和参数 Lambda 的方法主要有交叉验证法、广义交叉验证法和无偏估计方法，本部分采用的是交叉验证（cross-validated，CV）法来确定罚函数 Lambda 的值（Tibshirani，1996）；

（3）选择参数 β 和被解释变量；

（4）检验模型结果计算准确性。

13.2　数据来源及指标介绍、编码规则

13.2.1　数据来源

本章选取的数据来自 Lending Club 网站。Lending Club 建立的初衷是满足信用良好的信用卡客户的资金需求，因此，通过审核的 Lending Club 用户的信用额度为 660 分以上。尽管如此，Lending Club 依然出现了高违约率。高违约率不仅会直接影响投资人的利益，而且会间接影响借款人的信用情况，甚至会影响平台公司的信用。因此，控制平台的违约率是保证借款人和投资人多方利益、维护平台信誉、增加平台收益的重要因素。

Lending Club 官方数据显示，2009 年第四季度至 2016 年第三季度的贷款总额及环比增长率如图 13.1 所示。从图 13.1 中可以看出，环比增长率在 2010 年第三季度出现了大幅下降，环比下降了 3%，其原因是受到监管当局的影响，这说明对平台更加严格的监管政策使平台的交易量受到影响。到 2010 年第四季度，贷款总额明显增加，环比增加 62%，其中一方面是因为前一期监管政策导致交易量严重下降；另一方面是因为平台采取合理的调整路线，也就是由之前的银行模式转化为证券模式，这使平台的交易回归合法化，平台的交易量也随之上升。从 2011 年第一季度到 2016 年第三季度，平台的贷款总额稳步增长。到 2016 年第三季度，平台的贷款总额为 226.60 亿美元。

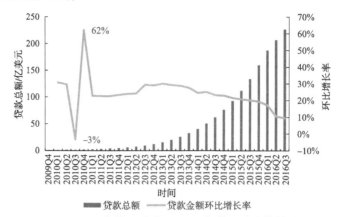

图 13.1　Lending Club 2009 年第四季度至 2016 年第三季度贷款总额及环比增长率

资料来源：Lending Club 网站

图 13.2 表示 Lending Club 2009 年第四季度到 2016 年第三季度交易总数与环比变化率，可以看到 Lending Club 2009 年第四季度到 2016 年第三季度交易总数呈现明显增长的态势，从 2014 年第二季度以来环比增长率虽然有所下降，但是交易总数还是不断增加。2016 年第三季度，交易总数约为 184 万笔。

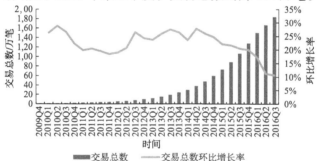

图 13.2　Lending Club 2009 年第四季度至 2016 年第三季度交易总数与环比变化率

资料来源：Lending Club 网站

图 13.3 表示 Lending Club 不同交易资金目的及资金占比。平台有关不同交易目的资金的数据显示，平台借款的目的有再融资、支付信用卡、改善住房、购买住房、医疗费用、度假、商业融资、购车、购物和其他。首先，再融资资金占比最多，达到 47%，说明平台中很多借款人借用资金是为了归还之前的借款或者再投资；其次，支付信用卡占比是 13%，这和美国人的消费习惯相关，美国人提倡提前消费，他们消费信用卡中的资金，再从平台借钱归还信用卡；再次，改善住房的费用占 7%，改善住房主要指已有住房的消费者购买新的住房或者对住房进行修缮或者扩建等；最后，度假购买住房、医疗费用、购物、商业融资、购车、其他项目，所有金额占总额不到 35%，这说明债权众筹平台没有很好地发挥对中小企业融资的功能，其中大部分资金被用于再融资。

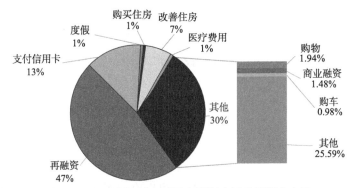

图 13.3　Lending Club 不同交易资金目的及资金占比

资料来源：Lending Club 网站

图 13.4 和图 13.5 表明 Lending Club 发行至 2015 年第四季度到期的项目中，不同信用等级借款人坏账金额占总发行额的比例、延期付款金额和坏账金额。从图 13.4 可以看出，信用等级较低的借款人更有可能不归还借款。随着信用等级依次降低，坏账金额在总发行额的比例不断增加，其中，信用等级为 FG 的借款人坏账金额占总发行额的比例最高；信用等级为 A 的借款人坏账金额占总发行额的比例最低。因此，借款人的信用等级能够部分反映借款人能够归还借款。

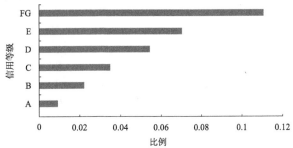

图 13.4　不同信用等级借款人坏账金额占总发行额的比例

资料来源：Lending Club 网站

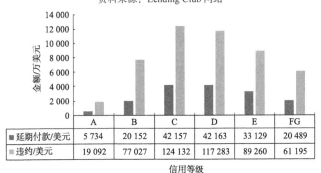

信用等级	A	B	C	D	E	FG
延期付款/美元	5 734	20 152	42 157	42 163	33 129	20 489
违约/美元	19 092	77 027	124 132	117 283	89 260	61 195

图 13.5　不同信用等级借款人延期付款金额和坏账金额

资料来源：Lending Club 网站

从图 13.5 可以看出，不同信用等级借款人延期付款金额和坏账金额各不相同，与其他信用评级借款人的延期付款金额和坏账金额相比，信用评级为 C、D 的借款人延期付款金额和坏账金额是较多的，延期付款金额达到四千万美元以上，违约金额达到一亿美元以上，这说明借款人的信用等级能够部分反映借款人能否按期还款、能否归还借款，但是不能仅仅根据借款人的信用等级判断归还借款的情况。

综合图 13.4 和图 13.5 可以确定，借款人归还借款的情况同时受借款人信用等级及其他因素的影响，但是，我们不能确定信用等级是否是决定借款人是否能归还借款的决定性因素。同时，从图 13.6 也可以得出相同的结论。图 13.6 的横坐标轴代表借款人不同的信用等级，分为 A、B、C、D、E、FG，纵坐标轴代表百分比。借款人的信用等级为 A，平台设置的利率为 7.51%；借款人的信用等级为 B，平台设置的利率为 11.31%；借款人的信用等级为 C，平台设置的利率为 14.49%，以此类推。但是，不同信用等级的借款人在未来带来的收益率可能不会随着利率水平的增加而增加，每种信用等级借款人带来的净收益率没有很大的差别，保持在 5%~8%。

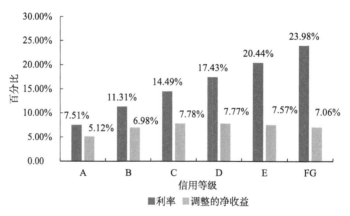

图 13.6 不同信用等级借款人的利率和调整的净收益

资料来源：Lending Club 网站

13.2.2 指标选取及编码规则

本章实证研究数据是来自 Lending Club 网站 2007 年 1 月到 2016 年 3 月的 9 225 528 条交易数据，其中包括 50 个解释变量和 1 个被解释变量，如表 13.1 所示。

表 13.1　交易数据变量及变量解释

编号	变量	单位	变量解释
1	id		在 Lending Club 网站上注册的 ID 账号
2	member_id		在 Lending Club 网站上注册的会员 ID 账号
3	loan_amnt	美元	借款人申请的借款金额
4	funded_amnt	美元	借款人得到的借款金额
5	funded_amnt_inv	美元	投资人为借款人的投资金额
6	term	月份	借款期限，分为 36 个月和 60 个月
7	int_rate	百分比	借款利率
8	installment	美元 / 月	每月还款金额
9	grade		信用等级
10	sub_grade		次级信用等级
11	emp_title		借款人工作头衔
12	emp_length	年	借款人工作年限
13	home_ownership		房屋所有情况：自有、租赁和抵押贷款
14	annual_income	美元 / 年	借款人年收入情况
15	verification_status		是否能够对借款人收入来源进行确认，分为两种：不能够确认和能够确认
16	credit_years_before_issue	年	借款人借款之前信用记录年份
17	plmnt_plan		借款人的还款计划
18	desc		借款人提供的借款描述
19	purpose		借款人借款目的分类
20	title		借款人提供的借款说明
21	zip_code		借款人住址邮政编码后三位
22	dti		（借款人月支付–平均到每个月的贷款金额）/ 借款人月收入=借款人月支付利息 / 借款人月收入
23	delinq_2yrs	次数	借款人过去两年的犯罪次数
24	inq_last_6mths		表示在过去 6 个月被金融部门调阅的次数
25	mths_since_last_deling	月	借款人最近一次犯罪记录的月份
26	mths_since_last_record	月	从最近一次公共记录的月份
27	open_acc	人数	借款人被资助的投资人的人数
28	pub_rec	次数	借款人不良公共记录的次数
29	revol_bal	美元	借款人总信用循环额度
30	revol_util	百分比	借款人已使用信用额度在总信用额度的占比
31	total_acc	美元	借款人所有信用额度总数
32	initial_list_status		借款人初始借款状态，W 代表全额借款，F 代表分散借款。
33	out_prncp	美元	未偿还本金在总借款金额的占比

编号	变量	单位	变量解释
34	out_prncp_inv	百分比	借款人作为投资人未收回本金在总投资金额的占比
35	total_pymnt	美元	借款人作为投资人收回的资金（注：因为数据下载日期为2016年3月，因此收回的本金是从借款之日起到2016年3月期间收回的本金）
36	total_pymnt_inv	百分比	借款人作为投资人收到的本金占总投资金额的比重
37	total_rec_prncp	美元	借款人作为投资人收到的本金
38	total_rec_int	美元	借款人作为投资人收到的利息
39	total_rec_late_fee	美元	借款人作为投资人收到的延期还款费用
40	recoveries	美元	借款人作为投资人收到的违约还款
41	collection_recovery_fee	美元	借款人作为投资人收到的违约金
42	last_pymnt_amnt	美元	借款人作为投资人收到的最新还款金额
43	last_credit_pull_d	月份	对借款人进行信用再评级最新的月份
44	collection_12mths_ex_med	美元	过去一年收回的投资资金金额
45	mths_since_last_major_derog	月	距离最近90天或者较差信用评级日期的月份
46	policy_code		参与已经公开的产品获得借款是1，参与未公开的产品获得借款是2
47	application_type		申请借款的类型，个人借款或者合伙借款
48	annual_inc_joint	美元/年	合伙借款人的年收入总和
49	dti_joint	百分比	（联合借款人月支付−联合借款人平均到每个月的贷款金额）/联合借款人月收入=联合借款人月支付利息/联合借款人月收入
50	vertification_status_joint		平台是否确认借款人的联合收入
51	loan_status		借款人有3种状态：已付清、违约（坏账）和正在付款

资料来源：Lending Club网站

以上指标详细解释及编码规则：

grade 和 sub_grade，信用等级和次级信用等级。Lending Club 使用的是 FICO 的信用得分，评价信用得分的主要因素是按时还款的百分比、信用卡的使用情况、获得信用得分的年龄、拥有的金融账户的数量、信用调查和信用卡的不良记录次数，这些因素以不同的权重综合计入信用得分中。信用得分位于 350~850 分，不同的信用得分对应不同的信用等级。在 Lending Club 有信用等级 grade，在每个一级信用等级下面再细分五个次级信用评级，如 A 下面细分为 A1、A2、A3、A4、A5 等。在信用等级的基础上，FICO 也给出了参与人的次级信用等级 sub-grade。

emp_title，借款人工作头衔，表明借款人工作情况，是已经有工作或者是处在失业状态。借款人用文字描述工作头衔，编码为 1，未用文字描述工作头衔，编码为 0。

emp_length，借款人工作年限，表示借款人参加工作的年份，工作少于一年及一年，取值为 1；工作十年及十年以上，取值为 10；如果借款人没有填写工作年限，取值为 0。

home_ownership，借款人房屋所有情况，分为三种：租赁、自有和住房抵押贷款。赋值规则为，租赁为 0，住房抵押贷款为 1，自有为 2。

verification_status，平台是否能够对借款人收入来源进行确认，分为两种：不能够确认和能够确认。赋值规则为，不能够确认为 0，能够确认为 1。一般情况下，平台会对借款人的收入来源进行确认，这是平台保证借款人还款的重要步骤，也是平台重要的风险控制措施。

credit_years_before_issue，借款人借款之前信用记录年份，是由借款发布年份与最早获得信用记录年份相减。

desc，借款人详细描述自身情况、借款用途等内容。在本部分主要采用文本处理的方法，首先提取关键词及相关词，计算关键词的个数；其次计算语句描述中用词综述；最后采用因子分析法将两项指标合并为借款人描述指标。数值越大，证明借款人描述得越详细。

purpose，描述借款原因。根据其中文字陈述，借款原因主要有债务合并或者归还信用卡、购买住房或者房屋改善（包括更换住处）、医疗、购买交通工具（包括汽车、摩托车和自行车等）、结婚、日常消费、创业、度假、教育和其他。本部分的编码规则是其他为 0，债务合并或者归还信用卡为 1，购买交通工具为 2，创业为 3，结婚为 4，购买住房或者房屋改善为 5，日常消费为 6，医疗为 7，度假为 8，教育为 9。这个指标数值大小并没有实际意义，只是用数字区分借款人借款目的的不同。

title，借款人简要描述自身情况、借款用途等内容。有简要文字描述为 1，没有文字描述为 0。

policy_code，参与已经公开的产品获得借款是 1，参与未公开的产品获得借款是 2。现阶段，平台为保证信息透明度，会对借款项目进行公开，因此，大部分是参与公开的产品的借款。

loan_status，借款人的借款状态，有三种：已付清、违约（坏账）和正在付款。已付清是指借款人已付清借款；违约是指已到借款截止日期，借款人还清部分借款金额和利息，但是没有还清全部借款金额和利息；正在付款是指还款日期没有截止，借款人按期每月归还本金和利息。赋值规则为，已付清为 1，正在付款为 2，违约（坏账）为 3。因为平台还款规定中写明，可延期还款 120 天，所以延期还款 120 天之内，视为正在还款。

各个变量及对应的表示符号如表 13.2 所示。

表 13.2　变量及表示符号

变量	符号
id	$X1$
member_id	$X2$
loan_amnt	$X3$
founded_amnt	$X4$
funded_amnt_inv	$X5$
term	$X6$
int_rate	$X7$
installment	$X8$
grade	$X9$
sub_grade	$X10$
emp_title	$D1$
emp_length	$X11$
home_ownership	$D2$
annual_income	$X12$
verification_status	$D3$
credit_years_before_issue	$X13$
plmnt_plan	$D4$
desc	$D5$
purpose	$D6$
title	$D7$
zip_code	$X14$
dti	$X15$
delinq_2yrs	$X16$
inq_last_6mths	$X17$
mths_since_last_delinq	$X18$
mths_since_last_record	$X19$
open_acc	$X20$
pub_rec	$X21$
revol_bal	$X22$
revol_util	$X23$
total_acc	$X24$

变量	符号
initial_list_status	X25
out_prncp	X26
out_prncp_inv	X27
total_pymnt	X28
total_pymnt_inv	X29
total_rec_prncp	X30
total_rec_int	X31
total_rec_late_fee	X32
recoveries	X33
collection_recovery_fee	X34
last_pymnt_amnt	X35
last_credit_pull_d	X36
collection_12mths_ex_med	X37
mths_since_last_major_derog	X38
policy_code	D8
application_type	D9
annual_inc_joint	X39
dti_joint	X40
vertification_status_joint	D10
loan_status	Y

13.3　Lasso-Logistic 计算步骤及计算结果

13.3.1　优化的 Lasso-Logistic 计算步骤

按照 Lasso-Logistic 模型估计的需要及实证数据的具体情况，本章对 Lasso-Logistic 模型计算过程做出如下优化。

第一阶段：分层抽样。用 $y=1$ 表示借款人已付清借款；$y=2$ 表示借款人正在归还借款；$y=3$ 表示借款人违约分析数据可知，样本数据存在非均衡性，数据中 $y=2$ 样本数据占比最大，其次是 $y=1$，最后是 $y=3$。因为样本数据中 $y=2$ 明显占有大的比重，如果与其他样本数据共同随机抽样可能会因为 $y=2$ 数据量占比太高而降低 y=1 与 y=3 预测的准确度。因此，在这一阶段，改进非均衡数据抽样方法，采用分层抽样（Ganganwar，2012）。首先按照 y=1、y=2、y=3 对数据进行分类，其次从数据量最少的 y=3 中随机不重复抽取 25% 为验证集、50% 为训练集和 25% 为测试集，其中的数据量分别为 11 685、23 370 和 11 685 条数据。从 y=1 中随机不重复抽取 11 685 条数据为验证集，23 370 条数据为训练集，11 685 条数据为测试集。从 y=2 中随机不重复抽取 11 685 条数据为验证集，23 370 条数据为训练集，11 685 条数据为测试集。这样抽取数据是为了保证验证集和训练集中样本数据 y=1、y=2、y=3 的占比相同，避免因数据占比严重偏差引起的预测偏差。

　　第二阶段：求出模型参数。采用验证集的样本数据，利用 Lasso-Logistic 模型运用的是 R 软件中 Glmnet 程序包（Friedman et al.，2010；Simon et al.，2011），通过交叉验证法，得到图 13.7 参数 Lambda 值的变化，横坐标轴代表 log（Lambda）值的变化，纵坐标轴代表模型标准差的变化，最上方数据表示筛选出的变量个数。图 13.7 两条虚线中间 Lambda 的取值区间，表示标准差的值域范围。Tibshirani（1996）认为，Lambda 估计值取在此区间内模型预测偏差变动幅度相对较小，一般建议 Lambda 取值在这个区间。从图 13.7 可以看出，最优 Lambda 为 0.000 28～0.000 409。

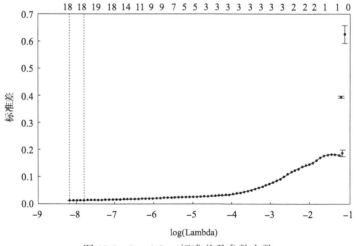

图 13.7　Lambda、标准差及参数个数

　　第三阶段：计算结果合成。为保证实证研究结果稳健性，将第一阶段和第二阶段重复进行 10 次，求出 10 次相关系数计算结果的平均值，作为最终相关系数的结果。

　　图 13.7 是 Lasso-Logistic 模型系数解路径，其中横坐标轴表示 log（Lambda），纵坐标轴表示标准差，上方的数据表示系数解的个数。表示随着 Lambda 的变化，模型中 18 个变量的筛选情况，随着 Lambda 取值不断缩小，模型的压缩程度增大，

模型中包含的自变量的数目减少，模型选择出重要变量的功能增强。也就是说，当 Lambda 减少时，模型会更加简练，筛选出来参数的个数会更少。根据图 13.7 选取的最优 Lambda 为 0.000 28~0.000 409，对应的变量个数为 18 个。

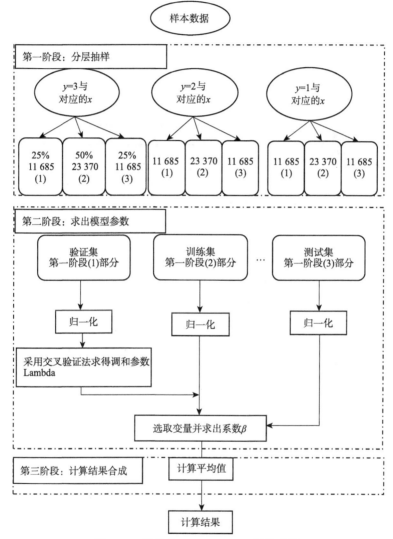

图 13.8　优化的 Lasso-Logistic 计算步骤

13.3.2　Lasso-Logistic 模型计算结果

基于以上验证集数据实证研究得到的 Lambda 结果，本小节用训练集数据进行实证研究，获取相关系数。10 次计算结果获得相关系数的平均值如表 13.3 所示。其中，分别包含当 Lambda=0.000 28 时训练集获得的相关系数和当 Lambda=0.000 409 时训练集获得的相关系数。

表 13.3　相关系数的平均值：当 Lambda=0.000 208 和 0.000 409 计算的相关系数

变量	y					
	1		2		3	
Lambda	0.000 28	0.000 409	0.000 28	0.000 409	0.000 28	0.000 409
截距项	3.405 1	5.301 5	−7.189 9	−10.684 2	3.784 8	5.382 7
X1						
X2			0.706 8	0.911 8	−4.635 3	−4.188 3
X3					6.335 4	5.845 6
X4	−67.856 0	−48.654 5			66.559 8	61.576 2
X5	−11.653 4	−9.779 4			5.881 9	2.057 83
X6					0.391 82	0.324 89
X7			−0.087 3	−0.044 3	2.134 7	2.079 7
X8	−2.954 9	−1.875 0				
X9			0.101 1	0.067 7		
X10					−1.064 3	−0.852 8
D1						
X11			0.087 6	0.072 2	−0.066 8	−0.053 6
D2						
X12	4.694 1					
D3			0.017 7	0.002 8	−0.002 7	−0.009 8
X13			0.670 5	0.587 9		
D4						
D5			−6.395 7	−6.383 4	−3.240 1	−2.818 7
D6			.	.	0.171 7	0.149 6
D7			0.688 81	0.496 8	−3.131 9	−2.540 8
X14	−0.035 9				0.162 8	0.130 2
X15						
X16						
X17			−0.752 4	−0.786 7	0.785 3	0.618 1
X18			−0.036 3			
X19			0.006 6	0.001 0		
X20			0.241 3	0.072 9		
X21					−0.904 7	−0.779 2
X22						
X23			0.288 0	0.219 6		

续表

变量	y					
	1		2		3	
X24						
X25			−0.411 7	−0.413 4	0.208 9	0.168 8
X26			79.867 6	71.410 3		
X27						
X28					−0.012 4	.
X29					−23.398 4	−16.514 9
X30	77.839 01	58.464 1			−55.589 4	−52.385 3
X31			8.899 8	9.376 4		
X32					17.322 2	16.910 6
X33					84.454 1	59.247 4
X34						
X35	13.659 1	12.170 9	−5.291 5	−6.617 7		
X36			9.769 8	15.024 3		
X37						
X38			0.799 5	0.719 8	−0.337 5	−0.356 60
D8						
D9						
X39						
X40					−0.802 6	
D10						

注：没有数字的部分表示变量被剔除

13.4　计算结果分析

　　本章基于以往关于违约率的研究，引入包括借款人对借款目标的简要描述、详细文字描述、借款人在收到资金之后进行再投资收到的本金、利息金额等 50 个指标，采用 Lasso-Logistic 模型筛选变量。

　　在 Lasso-Logistic 模型研究中，针对数据非均衡的特点，采用分层抽样方法研究借款人违约行为，最后，为保证结果的稳健性进行多次重复试验。实证结果表明，影响借款人按期还款的主要因素是借款金额、月支付金额、借款人年收入、借款人作为投资人收回的本金、借款人作为投资人最近一期收回的金额。其中，借款人按期还款与借款人年收入、借款人作为投资人收回的本金、借款人作为投资人最近一期收回的金额正相关，与借款金额和月支付金额负相关。其主要原因是借款人除了会用自有资金归还借款外，也会使用从平台获得的资金归还借款，即平台中的借款人也是投资人，他们会用从平台投资获得的回报归还借款。

影响借款人正在还款的主要因素是借款人借款描述、未偿还本金在总借款金额的占比、借款人作为投资人收到的利息、借款人作为投资人最近一期收回的金额、借款人最新的信用评级的月份。

影响借款人违约的主要因素是借款金额、借款利率、信用等级、借款人借款描述、借款人的借款目的、借款人作为投资人收回的本金、借款人作为投资人收回的逾期支付的费用、借款人作为投资人收回的违约还款。其中，借款人违约与借款金额和借款利率正相关，与信用等级、借款人借款描述、借款人的借款目的、借款人作为投资人收回的本金、借款人作为投资人收回的逾期支付的费用和借款人作为投资人收回的违约还款等指标负相关。

综合以上研究结果，本章得出结论，第一，平台中大部分借款人具有双重身份，既是借款人也是投资人，他们把平台作为一种投资机会，从平台借入资金再通过平台将资金出借给其他人，通过出借资金获得的本金和利息归还借入资金的本金和利息，并且从其中获取资金利差作为收益。第二，仅仅依据信用等级及次级信用等级并不能很好评价借款人是否违约，对借款人违约可能性评价也要参照借款人在平台对自身情况、借款目标等内容文字描述得详细情况等指标。同时，本章发现，计算预测精度与以往的研究比较，本部分对违约预测研究的预测精度提高了 10%。

13.5　本 章 小 结

借款人按期还款的主要影响因素是借款金额、月支付金额、借款人年收入、借款人作为投资人收回的本金、借款人作为投资人最近一期收回的金额。主要原因是借款人除了会用自有资金归还借款之外，也会使用从平台获得的资金归还借款，即平台中的借款人也是投资人，他们会用从平台投资获得的回报归还借款。

当借款人违约，影响借款人违约的主要因素是借款金额、借款利率、信用等级、借款人的借款描述、借款人的借款目的、借款人作为投资人收回的本金、借款人作为投资人收回的逾期支付的费用、借款人作为投资人收回的违约还款。但是，信用等级及次级信用等级对借款人违约影响不大。主要原因是平台采用信用等级判断借款人还款能力，但是信用等级反映的是借款人日常信用卡使用情况，并不能反映借款人在平台的行为，因此，本章得出结论，信用等级及次级信用等级对借款人违约影响不大。

综上所述，文本信息在信用违约评价中具有重要作用，仅仅依据信用等级等数据判断借款人违约概率是欠缺的。参与人将平台作为一种投资机会，大部分借款人在平台中有双重角色：借款人+投资人，用平台中的投资获得的收益和年收入归还借款。借款人的违约行为很可能会导致连锁反应，造成大面积违约，因此，结合金融大数据及采用有效的方法提高信用违约评价的精确度对研究信用违约具有重要意义。

第14章 互联网债权众筹市场投资人信任的形成机制研究

随着互联网和信息技术的广泛应用，网络用户的数量不断上升，这象征着网络经济的时代已经到来。我国的债权众筹行业在自 2012 年以来呈现爆发式的增长。截至 2016 年 12 月底，债权众筹行业贷款的余额达到 8 162.24 亿元，环比增加 4.82%，同比增长达到 100.99%。

而与此同时，快速地发展也带来了平台的一系列问题。仅仅 2016 年 12 月份一个月的停业及问题平台数就达到了 97 家，其中，包括 23 家问题平台、74 家停业平台。而截至 2016 年的 12 月底，问题平台的累计投资人数已经达到 45.2 万人。暴露的一系列问题反映出互联网债权众筹行业的风险仍然较大，并且由于借贷双方信息的不透明及历史交易数据的匮乏，信用风险成为当前债权众筹行业面临的最大问题。而债权众筹市场的健康发展离不开投资人的资金支持。因此，债权众筹平台的客户信任成为影响平台经营和发展至关重要的因素，提升客户对平台的信任、实现高效融资及有效风控，成为债权众筹市场健康发展的关键。

14.1 已有研究基础

信任的发展是一个反复、持续并且动态变化的过程，网贷客户选择平台及产品进行交易的过程也存在着从缺乏信任到初始信任、再到高度信任的变化。许多学者的研究也证实了信任在交易过程中在不断地进行调整，Shapiro（1987）将信任分为威望、知识及共识的信任；Rousseau 等（1998）认为信任分为建立、维系和终结阶段；Grazioli 和 Jarvenpaa（2000）研究了顾客对线上业务的最初信任，认为初始信任是潜在客户了解交易平台、制定交易决策的关键阶段；Bhattacherjee（2002）探讨了客户交易过程中的稳定信任，指出这一阶段的信任主要受交易过程中客户感知的影响。

而最常用的信任维度的划分方法是 Gefen 和 Straub（2004）提出的三维度划分，他们将信任划分为三个维度，分别是基于能力、正直和善意的信任。此后，也有学者根据别的视角来对信任进行划分，比较广泛被接纳的是基于制度、直觉和认证这三个维度的划分。从本质来看这两种划分方式有相通之处，基于能力或制度的信任是指对被信任方达到目标可能性的预判；基于正直、直觉的信任是指信任方相信被信任方，即平台方会完成双方约定的目标；基于善意的信任是信任方希望平台方会关注信任方的利益，而不是只关注平台自己的利益。本章以投资人是否购买了债权众筹产品为界限，将债权众筹市场中投资人对平台的信任划分为初始信任与持续信任两个阶段，并根据其不同的驱动因素分析了债权众筹交易过程中的信任动态演化过程。本章从平台的角度出发，根据是否有过债权众筹的投资经历将被调查者分为两组，分别设计了调查问卷进行了调查并收集数据，探寻了客户信任的动态变化规律，了解了影响客户信任的影响因素，为客户决策的平台建设提供参考。

14.2　模型构建

14.2.1　指标选择

债权众筹平台信任的主要因素有三个：主体因素、客体因素和交互因素。其中，客体因素主要包括平台网站的特征。对没有投资经历的投资人来说，平台建设状况及外界声誉等客体特征对客户投资决策具有非常强大的指导作用。而交互因素包括卖家的客户响应能力和关系营销水平，通过影响客户体验影响有投资经验的客户的进一步决策。因而，本章从平台角度出发，选取财务状况、技术能力、从业经验、管理能力、安全性和社会声誉六个因素分析其对初始信任的影响；在此基础上，本章加入了投资人对平台交易的感知收益、感知风险和感知有用性三个指标进行持续性信任的影响路径研究；并且将平台信任维度分为基于诚实、能力和直觉的信任进行分析。

14.2.2　概念模型构建

根据现有研究，信任存在于施信方与受信方之间，因此信任受施信方和受信方相关的特征或行为的影响。当然，在债权众筹交易过程中的诸多方面也会影响信任。但目前国内外多数研究都只关注受信方和施信方特征方面，而对二者交易过程的研究较为缺乏。因而本章在研究静态初始信任的基础上，加入了双方交易过程进行动态的持续信任分析，并对比两种信任模式下客户信任的变动及不同。初始信任和持续信任机制，如图 14.1 所示。

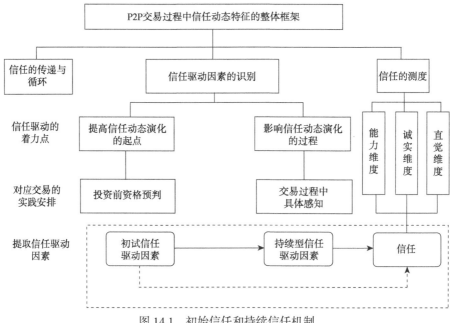

图 14.1　初始信任和持续信任机制

1. 初始信任模型

本节提出如图 14.2 所示的待证的初始信任理论模型，同时提出以下研究假设：

假设 $H_{14.1}$：债权众筹平台的财务状况越好，投资人对它的初始信任程度越高；

假设 $H_{14.2}$：债权众筹平台的技术能力越好，投资人对它的初始信任程度越高；

假设 $H_{14.3}$：债权众筹平台的从业经验越丰富，投资人对它的初始信任程度越高；

假设 $H_{14.4}$：债权众筹平台的管理能力越好，投资人对它的初始信任程度越高；

假设 $H_{14.5}$：债权众筹平台的安全性越好，投资人对它的初始信任程度越高；

假设 $H_{14.6}$：债权众筹平台的社会声誉越好，投资人对它的初始信任程度越高。

除此之外，本章还提出以下研究假设：

假设 $H_{14.7}$：债权众筹平台的从业经验越丰富，平台的技术能力越高；

假设 $H_{14.8}$：债权众筹平台的从业经验越丰富，平台的管理能力越高；

假设 $H_{14.9}$：债权众筹平台的从业经验越丰富，平台的安全性越高；

假设 $H_{14.10}$：债权众筹平台的管理能力越好，平台的安全性越高；

假设 $H_{14.11}$：债权众筹平台的技术能力越好，平台的安全性越高；

假设 $H_{14.12}$：债权众筹平台的安全性越好，平台的社会声誉越高；

假设 $H_{14.13}$：债权众筹平台的财务状况越好，平台的社会声誉越高。

初始信任的影响因素　　　　　　　　　　　静态的初始信任

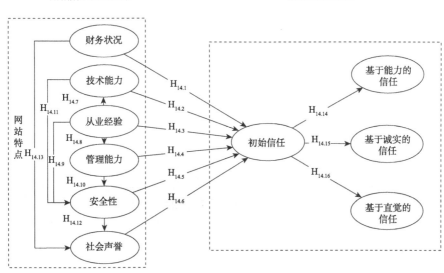

图 14.2　待证的初始信任理论模型

2. 持续信任模型

持续信任是在初始信任的基础上，通过投资人在债权众筹平台投资后的整体感受对债权众筹平台产生的信任。本部分主要增加了投资人对平台交易的感知收益、感知风险和感知有用性三个部分，如图 14.3 所示。主要假设如下：

假设 $H_{14.14}$：债权众筹平台的感知收益越多，平台的持续型信任越高；

假设 $H_{14.15}$：债权众筹平台的感知风险越低，平台的持续型信任越高；

假设 $H_{14.16}$：债权众筹平台的感知有用性越多，平台的持续型信任越高。

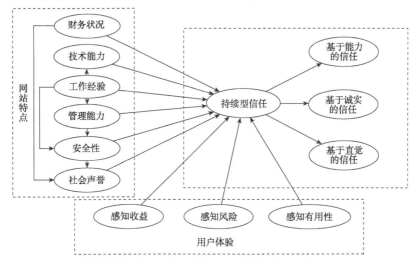

图 14.3　待证的持续信任理论模型

14.2.3 行为量表设计

调查问卷的设计过程参考了债权众筹平台信用风险研究领域的文献基础，通过对债权众筹平台进行实地调研和向对债权众筹市场比较熟悉的投资人进行访问，根据实际情况进行了量表设计。为了保证题目客观明确、不存在歧义、方便被调查者答题，问卷的第一部分用来指导；第二部分是调查的问答部分，根据前面的研究和分析，将问卷分为投资经历、信任因素、风险因素、收益因素、公司运营及平台服务，以及用户反馈等部分；第三部分是用户的个人信息的调查。另外调查问卷除个别特殊问题外，题目所提供选项遵循同意程度依次递增的形式，依照非常不同意、不同意、不确定、同意、非常同意五个选项，分别给予 1、2、3、4、5 的得分。为了使获得的数据更全面、更有代表性，调查问卷针对平台投资人和潜在平台投资人设计了两种类型问卷，使得问题更加具体，回答更加明确。

14.3 客户决策行为的实证分析

14.3.1 数据来源及特征描述

在对债权众筹平台运营模式的相关影响因素进行分析的基础上，对研究指标进行了适当的调整，并针对选择的指标设计调查问卷再将调查问卷发放出去进行调研。主要通过网上发放调查问卷的方式进行数据收集。此次调研共收回了 302 份问卷，其中包括 288 份有效问卷，有效回收率达到 95%。有投资经验的调查者 127 份，无投资经验的客户 161 份。根据结构方程模型应用的要求，回收的有效问卷中每个指标均符合大于等于 5 个样本数的最低相关要求，因而可以进行结构方程的分析。

通过对被调查者的基本信息进行分析，可以看出被调查者来自不同的群体，这体现了较强的随机性，从而保证了此数据的可靠性。由图 14.4 提供的数据可以计算出，金融工作者所占比重最大为 34%，公务员所占比例最小为 5%，学生群体也占据了比较大的比重。由图 14.5 可以看出被调查者中，年收入水平最多的区间是 5 万~10 万元，占比 27%；其次是 10 万~15 万元，占比为 24%；人数最少的区间是年薪 25 万元以上，所占比重为 13%。反映出年收入 5 万~15 万元的中等收入人群对债权众筹交易平台有更大的需求量。

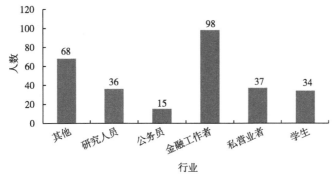

图 14.4　被调者职业构成

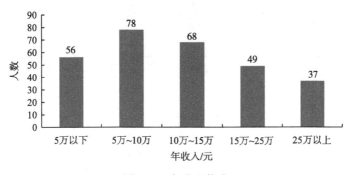

图 14.5　年收入构成

14.3.2　初始信任模型构建及实证结果分析

初始信任量表主要借鉴了 Pinto 等（2009）开发的信任度量表。该量表主要从能力、诚实、直觉这三个维度来衡量客户的信任度，这部分主要使用没有投资经历的被调查者的数据进行初始信任的分析。

1. 信度和效度检验

信度，是指一种测量实施之前的数据和实施之后相比得出的相似程度。Cronbach's α 信度系数是目前最常用的信度系数，其公式为

$$\alpha = \frac{k}{k-1}\left[1 - \frac{\sum_{i=1}^{k}\sigma_i^2}{\sigma_T^2}\right]$$

利用 SPSS 软件对问卷数据进行信度和效度分析，结果如表 14.1 所示。一般来说，当 Cronbach's α 的系数大于等于 0.7 的时候，量表数据的同质性比较高，属于高信度区间，0.5~0.7 为可接受水平的信度区间，0.3 以下为低信度区间，应删除量表中的该题项。从表 14.1 结果可以看出，各个分项的值都大于 0.5，且整个量表的总信度值大于 0.7，表明整个问卷内部一致性较好，信度符合要求。而在

删除了"管理能力"因子中的"资质审核标准"题项后，各潜在变量的 KMO 值均大于其最低标准值 0.5，总体 KMO 值也大于 0.7，表明量表数据通过了效度检验，适合做因子分析。

表 14.1   变量的可靠及有效性分析

	因子	测量数	测量内容	Cronbach's α 值		KMO 值	
初始信任影响因素	财务状况	3	自有资金状况、财务抗风险能力	0.766	0.872	0.631	0.836
	技术能力	2	技术人员情况、公司资质情况	0.614		0.692	
	从业经验	1	从业年限	0.531		0.550	
	管理能力	3	公司组织机构情况、管理人员综合素质	0.627		0.696	
	安全性	3	信息安全、流程透明	0.672		0.761	
	社会声誉	2	信用等级、同行评价	0.633		0.653	
初始信任	基于能力的信任	2	您认为您选择的平台是专业的	0.853	0.891	0.816	0.902
			您肯定您选择的平台的以往业绩				
	基于诚实的信任	2	您相信平台从业人员会遵守行业标准	0.742		0.737	
			您相信平台会关心您的利益，不会轻易让您蒙受损失				
	基于直觉的信任	2	您预感这个合作会取得比较好的结果	0.827		0.736	
			您相信，对方是可以信赖的合作伙伴				

2. 测量模型的检验

本章提出的初始信任的理论模型由两部分组成，一部分用于测量初始信任的影响因素，而另一部分用于测量静态的初始信任。在进行初始信任的假设检验之前，先分别对这两部分测量模型进行检验。表 14.2 和表 14.3 显示了用 AMOS 软件对上述两个测量模型的检验结果，结果主要用拟合指标表示。

表 14.2   初始信任影响因素的拟合指标

指标	$\frac{x^2}{df}$	P 值	RMSEA	GFI	AGFI	RFI	RMR
指标值	1.32	0.000	0.032	0.832	0.926	0.903	0.027

表 14.3　静态初始信任的拟合指标

指标	$\dfrac{x^2}{df}$	P 值	RMSEA	GFI	AGFI	RFI	RMR
指标值	1.47	0.000	0.041	0.931	0.937	0.926	0.041

从上述结果可以看出,两组测量模型均满足 $\dfrac{x^2}{df}<2$,$P\leqslant0.05$,RMSEA<0.08,AGFI>0.9 等条件,两组数据的各项指标都达到可接受的参考值,说明两个测量模型与数据拟合效果良好。

3. 结构模型与假设检验结果

将量表的数据带入初始信任模型,利用 AOMS 软件进行 SEM 分析后得到结果,如表 14.4 所示。

表 14.4　初始信任模型的假设检验结果

假设编号	假设描述	标准化路径系数	P 值	是否支持原假设
$H_{14.1}$	财务状况→初始信任	0.472	***	支持
$H_{14.2}$	技术能力→初始信任	0.396	***	支持
$H_{14.3}$	从业经验→初始信任	0.211	0.163	拒绝
$H_{14.4}$	管理能力→初始信任	0.512	***	支持
$H_{14.5}$	安全性→初始信任	0.479	***	支持
$H_{14.6}$	社会声誉→初始信任	0.563	***	支持
$H_{14.7}$	从业经验→技术能力	0.102	0.463	拒绝
$H_{14.8}$	从业经验→管理能力	0.231	0.301	拒绝
$H_{14.9}$	从业经验→安全性	0.377	***	支持
$H_{14.10}$	管理能力→安全性	0.609	***	支持
$H_{14.11}$	技术能力→安全性	0.776	***	支持
$H_{14.12}$	安全性→社会声誉	0.910	***	支持
$H_{14.13}$	财务状况→社会声誉	0.497	***	支持

*表示显著性水平 0.05;**表示显著性水平 0.01;***表示显著性水平 0.001;无星表示结果不显著,拒绝原假设

由表 14.4 可知,假设部分的 6 个初始信任的影响因素中,除从业经验对初始信任的影响不显著外,其余 5 个影响因素与初始信任显著正相关。且重要性排序为:社会声誉、管理能力、安全性、财务状况、技术能力。这主要体现了大多数投资人获取债权众筹平台信息的渠道主要是朋友推荐或者广告宣传,这其中平台的社会评价会对投资人产生重要的影响;与此同时,债权众筹平台的风控、客户服务等管理能力也是投资人进行决策的重要影响因素,有着较多相关经验及资历的管理人员更能对平台的风控等进行有效的管理,从而增加投资人信任;并且由于 2016 年以来债权众筹平台倒闭、跑路等事件频发,平台的安全性也是投资人信

任的重要考量指标；财务状况和技术能力不仅影响投资人对平台的初始信任，并且分别通过影响社会声誉和安全性对初始信任产生间接作用。

初始信任的结构模型中二阶因子标准化路径系数分别为 0.963、0.872、0.829，这说明了初始信任的能力、诚实和直觉 3 个维度对初始信任总体水平的贡献，代表了投资人对债权众筹平台初始信任的一般结构。从中也可以看出，初始信任的三个维度比例几乎相同，其中基于诚实和直觉的信任更为接近，基于能力的信任比其余两个维度占比大。虽然初始信任中基于能力的信任占比最大，但由于人的理性有限，以及信息不对称、未来不确定性等，在债权众筹平台的交易过程中，投资人会根据主观情绪进行判断，所以基于直觉的信任占比会随着信息不对称和未来不确定性的增加而增大。

14.3.3　持续型信任模型构建及实证结果分析

基于基础理论分析与文献调研，选取影响投资人选择的关键因素，构建概念模型如下，旨在投资人初始信任影响因素的基础上，增加感知风险、感知收益及感知有用性等因素对投资人决策的影响，本节对具有投资经验的客户数据进行分析，并且通过了信度和效度检验。

1. 测量模型的检验

本章提出的持续信任的理论模型包括持续信任的影响因素和持续信任的构成两部分，在进行持续信任的假设检验之前，先分别对这两部分测量模型进行检验。表 14.5 为用 AMOS 软件对上述两个测量模型进行检验的检验结果。其中，持续信任的影响因素在初始信任影响因素的基础上增加了感知收益、感知风险、感知有用性三个用户感知因素。

表 14.5　持续信任影响因素的拟合指标

指标	$\dfrac{x^2}{\mathrm{df}}$	P 值	RMSEA	GFI	AGFI	RFI	RMR
指标值	1.12	0.000	0.027	0.902	0.931	0.897	0.029

从上述结果可以看出，两组数据的各项指标同样都达到可接受的参考值，说明两个测量模型的数据拟合度较好。

2. 结构模型与假设检验结果

将量表的数据带入持续信任模型，利用 AMOS 软件进行 SEM 分析后的各项指标同样通过了检验，具体路径影响结果，如表 14.6 所示。

表 14.6　初始信任模型的假设检验结果

假设编号	假设描述	标准化路径系数	P 值	是否支持原假设
$H_{14.14}$	感知收益→持续信任	0.322	***	支持
$H_{14.15}$	感知风险→持续信任	0.679	***	支持
$H_{14.16}$	感知有用性→持续信任	0.586	***	支持
$H_{14.1}$	财务状况→持续信任	0.421	***	支持
$H_{14.2}$	技术能力→持续信任	0.379	***	支持
$H_{14.3}$	从业经验→持续信任	0.302	0.129	拒绝
$H_{14.4}$	管理能力→持续信任	0.463	***	支持
$H_{14.5}$	安全性→持续信任	0.482	***	支持
$H_{14.6}$	社会声誉→持续信任	0.579	***	支持
$H_{14.7}$	从业经验→技术能力	0.233	0.376	拒绝
$H_{14.8}$	从业经验→管理能力	0.369	0.203	拒绝
$H_{14.9}$	从业经验→安全性	0.377	0.116	拒绝
$H_{14.10}$	管理能力→安全性	0.609	***	支持
$H_{14.11}$	技术能力→安全性	0.798	***	支持
$H_{14.12}$	安全性→社会声誉	0.822	***	支持
$H_{14.13}$	财务状况→社会声誉	0.512	**	支持

*表示显著性水平 0.05；**表示显著性水平 0.01；***表示显著性水平 0.001；无星表示结果不显著，拒绝原假设

由上述结果可以看出，用户感知对持续信任的路径系数分别为 0.322、0.679 和 0.586。用户感知风险对持续信任的影响较大，而感知收益对持续信任的影响最小。这说明用户在平台投资中较为理性，没有盲目追求高额的利润，而是在逐渐增加对风险的认知。其他因素的影响情况与初始信任基本一致。而持续信任构成的三个维度能力、诚实和直觉 3 个维度对持续信任总体水平的贡献度分别为 0.972、0.856、0.793，这说明持续信任会增加对能力的信任而减少对直觉的信任，体现出在有投资经历后，投资人的选择会更加理性化。

债权众筹平台的收益和管理状况会对用户的信任程度产生相对较小的正向影响，说明一方面随着债权众筹平台在国内的快速发展，客户的专业素质越来越高，已经不仅仅只凭借收益和风险水平决定偏好，而开始广泛关注平台背景和管理并逐渐意识到其重要性；另一方面对于大多数用户来说与收益相比，用户更看重风险水平的高低，这也说明用户的风险控制意识在逐渐上升，用户在追求收益的同时考虑的问题也越来越全面。实证结论说明在 P2P 快速发展的过程中，用户的投资素质水平在不断提高，投资理念趋于理性，决策过程不再简简单单的取决于收益水平，他们对产品的风险、平台的管理、服务等方面也越来越关注。

14.4　本 章 小 结

本章从债权众筹平台的角度出发，研究债权众筹市场网贷交易过程中客户对平台信任的作用机理及动态变化。依据驱动因素的不同，将投资人信任分为初始信任和持续性信任两种信任机制，从理论分析和实证检验两个方面探索了不同阶段信任形成和作用机制的差异，为客户决策及平台建设提供了参考。具体研究结果如下。

一是两种信任机制存在显著不同，这体现了客户理性的提升。在投资人对债权众筹平台初始信任的影响因素中，除平台的从业经验对初始信任的影响不显著外，其余 5 个影响因素均与之显著正相关。由此可见尚没有投资经验的投资人进行投资决策主要依靠网站信息及平台口碑，但由于双方信息不对称及人的理性有限，初始信任有相当一部分是基于投资人自身的主观情感、判断等，因此，基于直觉的信任占比会随着交易双方信息不对称程度的升高而增大。

而对投资人的持续性信任来说，进行投资后的用户感知对信任的影响较大。通过分析结果可以看到，感知收益对客户信任的影响最小，而感知风险和有用性对客户信任和决策具有较为显著的影响。这一结论说明用户在平台投资中较为理性，没有盲目追求高额的利润，而是逐渐增加了对风险的认知。并且持续信任增加了对能力的信任，降低了基于直觉的信任，体现出在有过投资经历后，投资人的选择更加理性化。

二是两种信用机制都会对客户决策产生直接影响，因而对债权众筹平台建设提出了更高的要求。债权众筹平台中初始信任产生就是投资人根据平台公布的信息做出投资判断和决策。而在投资过程中，投资人对平台的持续性信任会越来越受到其感知风险、感知有用性、感知收益等实际感知的影响，并且增加了对能力的信任，降低了直觉的信任。用户的决策过程不再简简单单的取决于收益水平，他们对于产品的风险、平台的管理、服务等方面也越来越关注，这也对平台加强自身风控管理等方面的建设提出了更高的要求。

第15章 中国债权众筹平台创新模式研究

2015 年人民银行等十部门联合印发了《关于促进互联网金融健康发展的指导意见》及《网络借贷信息中介机构业务活动管理暂行办法（征求意见稿）》，明确了监管主体和行业定位，为互联网金融未来的发展明确了方向，意味着互联网金融将进入有法可依的时代。随着监管体系与规则逐渐完备，中国的债权众筹行业将持续快速增长，债权众筹监管透明化、行业竞争格局激化、投资人决策理性化成为新的发展趋势，这导致一些平台可能会因为无法适应新的竞争形势而出局，而抓住行业变革机会、符合监管要求、合规经营的债权众筹平台则有望迅速崛起。由于互联网金融市场中各平台竞争加剧，平台同质化水平严重，一些平台开始向场景化方向发展，以寻求新的细分领域，新的创新点。

15.1 创 新 背 景

债权众筹行业已经结束了短平快的发展阶段，在中国人民银行监管的要求下，2016 年整个行业进入了调整阶段，各网络借贷平台开始谋求长期稳定发展。虽然互联网金融行业还处于发展初期，但是经过 2016 年和 2017 年两年的发展，很多互联网平台已经具有了上亿的规模。规模的快速增长促使各平台开始注重平台的发展，在竞争激烈的形势之下，各平台开始谋求新的平台发展模式、寻找新的盈利增长点。本章节结合互联网债权众筹平台的发展现状，分析债权众筹平台的创新发展模式。

15.2   债权众筹市场创新模式分析

15.2.1   债权众筹场景化消费金融趋势剖析

近两年来债权众筹平台的数量呈指数型增长，目前大部分平台赚取的还只是利率半市场化进程中被传统金融压抑的钱，他们将民间金融和银行体系之外的金融资产从线下搬到线上，以通过集合互联网碎片化资金帮助借款人进行融资为主要模式。行业竞争的加大及规范政策的出台，让众多债权众筹平台深度挖掘资产、扩大投资范围，促进债权众筹平台走向新的差异化、个性化、平台化、场景化的发展路径。根据第 14 章的结论可知平台定价水平与平台差异化水平呈正相关，即平台差异化程度越大，其不可替代性越大，平台的自主定价权就会越高，而场景化产品设计应用则提供了很好的差异化道路。

根据波士顿咨询研究分析，互联网金融竞争的焦点将集中在基础设施、平台、渠道、场景这四大关键点上。支付体系、信用体系等基础设施是产生颠覆创新的基础；平台是互联网行业平台模式在金融领域的延续和创新；渠道是互联网时代对金融机构传统核心资产的重新审视，也是互联网企业线上线下整合的重要阵地；场景是金融"生活化"及"以客户为中心"的核心体现。金融生活场景化设计，是 P2P 行业构建开放生态圈重要的一环。

从图 15.1 的数据可以看出，2015 年的场景金融市场，因电商巨头在消费信贷领域纷纷推出关联产品，巨额交易量集中涌入，导致 2014 年和 2015 年场景金融市场交易规模暴增。

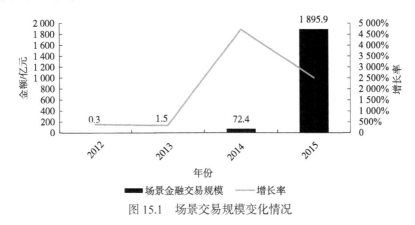

图 15.1   场景交易规模变化情况

艾瑞咨询预计，2016~2018 年，随着移动支付线下布局的进一步完善和用户习惯的日渐养成，场景金融市场还将保持一定规模的增长，同时，随着互联网技术的普及，尤其是移动支付的快速发展，场景金融将更多的渗透到我国既有的经济运行中。预计 2019 年，我国社会消费品零售市场中，将有 13.8%的销售额被场景金融覆盖，而在互联网消费金融领域，这一数字将达到 95%。消费场景金融有以下几种类型。

第一，场景化资产挖掘。场景分为生产场景和消费场景，生产场景主要是核心企业上下游的一种供应链金融模式，有供应商、销售渠道，以及企业的物流、资金流、信息流；消费场景有支付、商户交易、个人购买、消费分期。金融生活场景化，为获取足够丰富的优质金融资产、降低获客成本、提高流量导入，以及增加客户黏性等问题提供了有效解决方案。场景化设计应用在一定程度上打破了行业同质化，提高了平台定价议价能力，建立了专业化业务准则，提高了平台的权威性。场景化构建最有可能在充值、交易、支付、转让等具有金融属性的行为环节，以及电子商务、娱乐、沟通交流和信息获取等社会环节实现突破和成功。做好场景化必须解决两个核心问题：①市场的挖掘，能否找到合适的场景消费，获得足够丰富的优质金融资产，满足各个消费场景下不同消费者的理财需求；②借款客户获取端，交易成本、风险控制、流量导入，以及客户黏性等问题需要具体衡量。而上述两个问题均可通过具体的金融生活场景化设计创新找到新的解决途径。

根据统计，场景涉及最多的是电子商务、娱乐、沟通交流和信息获取等消费活动。例如，陆金所与饿了么、杜蕾斯、东方梦工厂《功夫熊猫 3》展开跨界合作设计了理财产品，此外陆金所还与东方梦工厂《功夫熊猫 3》合作推出了娱乐权益类投资产品，用户注册并投资这款产品后，获得的理财产品高收益与《功夫熊猫 3》电影相关权益，就是把电影的相关收益权作为投资产品吸引消费者投资，下面将列举几个案例进行分析。

分期乐消费金融模式，如图 15.2 所示。分期乐作为一家互联网消费金融创业公司，其核心价值是个人消费资产小额分散、风险较低，这样能以较高的资产评级去获得低成本资金。该公司通过 3C 数码等消费分期场景可以更加精准地获取客户、降低获客成本。玖富和信融财富最初与分期乐建立资金通道，接着分期乐和有利网、积木盒子等进行了合作。2014 年 8 月，分期乐旗下的债权众筹平台桔子理财上线，和其他债权众筹平台相比，其资产来自分期乐的债权，每个标的大约 3 000~4 000 元，非常分散。目前桔子理财的资金来源占据了分期乐资金通道一半以上，据桔子理财周年公布的数据月交易额都接近 10 亿元，累计成交已达 60 亿元。商品的供应链线下流量入口体系和自有的资金通道，形成了分期乐完整的生态链。

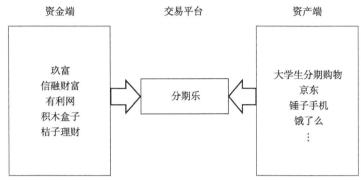

图 15.2　分期乐的消费金融模式

玖富金融与世纪佳缘"婚恋+金融"消费信贷模式为一对一的红娘业务，能为用户提供更加精准和个性化的婚恋定制服务，但其相对较高的收费门槛超越了很多用户一次性消费的心理阈值。玖富利用自己长期以来积累的小微金融信审、风控、债权匹配等技术优势，为世纪佳缘 1.5 亿注册用户批量提供 20 万元以下无抵押、无担保的个人消费借款服务。世纪佳缘以红娘一对一分期付款服务为切入点，致力于改善用户体验、提升用户黏性。从婚恋交友开始，后续世纪佳缘"婚恋+金融"的产业形态也许会拓展到结婚买房、婚房装修、怀孕生产、小孩教育等人生大事上。这是世纪佳缘对"婚恋+金融"新形态的又一次尝试和探索。

消费信贷主要涉及住房、医疗、教育等多个领域，针对特定人群、特定场景的创新型消费。分期公司不仅要具备场景化的把控能力，还要具备低成本获取用户、保持用户黏性的能力，能够自建场景，具有良好的风控体系，其中掌握现金流的创业公司将会成为细分领域的龙头。

第二，供应链金融的创新模式。互联网供应链金融可以降低企业运营成本，提升产业效率。相较于传统的融资模式，供应链金融一方面缩短了还款周期，减少了期间利息的支出，降低了企业借款利率，充分整合了供应链和平台的资源与优势，实现了网络借贷平台与企业发展的双向对接，提高了管理效率；另一方面降低了企业的融资成本，提高了资金运转效率，中下游企业可以依托供应链整体的金融模式，打破融资难瓶颈，缓解中小企业资金流压力。

以找钢网为例，找钢网通过免费撮合交易汇集订单流，通过直营模式最大化提高钢材现货的交易效率。此外，我们还依据订单集中化的优势，不断用先进的信息化技术解决行业的痛点，为行业进一步提供包括仓库、简加工、物流、金融、出口、技术等服务，为钢贸流通产业链带来了系统化的解决方案，并由此诞生了丰富的盈利点。找钢网盈利模式，如图 15.3 所示。

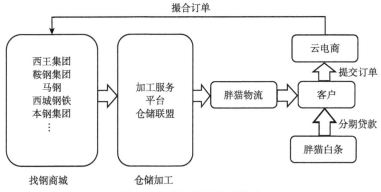

图 15.3　找钢网的盈利模式

第三，农业领域消费信贷。现在，越来越多品类的互联网消费金融创业公司在旅游、装修、教育、租房等领域陆续出现。在农业领域，我们可以看到一些合作社在购买农机及农资商品时会采用分期贷款业务，如可牛金融和农分期。上市公司吉峰农机和一些第三方服务公司签署融资租赁业务，为农户提供分期支付租金业务。分期支付租金业务和消费金融不一样，但是我们能看到广袤的农业市场正在涌现消费金融萌芽。

其他的专涉农业领域的债权众筹平台，如安润金融和麻布袋。安润金融债权众筹平台专事涉农信贷业务，针对农村金融市场做小额贷款，帮助农民采购种子、化肥等生产资料，提高农民的生产效率，同时也保障农民的还款能力，降低违约风险。作为涉农债权众筹平台，安润金融在贷款端主要做"小额分散"的产品——纯信用贷，金额不超过 3 万元。麻布袋网络借贷平台的主要业务是农业 P2P、农业众筹、农业电商，帮助解决农业经营性贷款、环内农民贷款和中长期农业健康发展的问题，为每一个融资人设计高效的、可操作性的担保方案，以实现理财客户和借款人价值最大化。

综上所述，消费者行为学的研究表明，影响消费者购买决策的因素主要包括以下几个，需求激发、信息搜寻与购买评估、实施购买及购后评价。而今各类互联网网站已将后三个因素囊括进生态体系，随着场景设计与布局的逐步完善，将可以完成消费者消费决策过程的闭环，以全链条的商业服务来获取更稳定、更具黏性、更丰厚的利润。

就场景化设计的环节来讲，首先，场景化设计优先考虑的是客户，根据客户体验搭建模拟场景，客户的消费需求在哪产品就在哪，围绕具体的消费场景和需求设计，为用户营造一个线上实时下单、线下实时体验、涵盖任何领域的综合场景化服务。究其原因，目前信息的流动在数量、速度等环节前所未有地膨胀，人们的具体需求更加个性化，对自主性、情感和娱乐的需求进一步上升。市场参与者们需要以更灵活、更动态、更前瞻的适应型战略来应对新的背景，并通过试错机制、组织调整优化、生态系统构建、社群经济真正建立和执行适应型战略。

其次，客户获取、客户黏性建设围绕扩大目标客群、占领客户的时间为重点。扩大客群的方法有很多种，如兴趣爱好的扩张、年龄层的扩张、财富层的扩张等。而占领客户的生活时间则需要占据尽量多的应用场景，即流量入口，让客户随时随地处于"连接"和"在线"的状态，其偏好、行为、甚至心情能够被实时发现和追踪。通过细分及丰富的应用场景形成多流量入口，占领客户的时间提高客户黏性，最终实现产品的定制化、使用的高频化，以及服务的全方位覆盖。

但同时也需要认识到的是，不论在哪个时代，金融的发展都与经济活动的兴衰密切相连，其使命和功能也必然归根于客户的需求和价值。债权众筹之所以能够在中国取得如火如荼的发展，也是因为其针对中国金融压抑的现状提出了一种新的解决方案，实实在在地满足了客户需求，为客户创造了价值。虽然场景应用各家打法各不相同，但是必须围绕客户需求来构建并能形成黏性。

15.2.2　债权众筹与金融机构的合作模式分析

2015 年《人民银行等十部门发布〈关于促进互联网金融健康发展的指导意见〉》中国家积极鼓励互联网金融平台与金融机构、证券、保险、基金等金融机构合作，利用互联网技术促进传统产业的转型升级。现如今债权众筹平台相对于借贷方处于弱势阶段，前期的技术投入和销售费用很高，借贷平台需要提高借贷人的资金成本维持日常的运营和管理费用，虽然借贷利率居高不下，但是还是有很多平台在上线两三年之后仍未营利，这也是形成平台欺诈风险的潜在因素。如果可以借用银行、信托等金融机构的资金，则可以降低借贷成本，解决债权众筹平台面临的资金成本高、信用风险高的问题。

首先，如果和银行、券商资管等传统金融机构合作必须证明平台的合法化、专业化、资产合规和信息透明等，才能通过一般金融机构的审核和认可，这在侧面促使了平台走向正规化的道路。2017 年来债权众筹平台在产品开发上与银行、券商资管等金融机构进行合作，为银行等机构提供了新的发展平台和投资市场，如分期乐和京东白条的资产证券化产品。

京东白条应收账款资产证券化产品。2015 年 10 月 28 日，京东白条应收账款债权资产支持专项计划在深交所挂牌，2015 年 12 月，京东发行了京东白条二期应收账款债权资产支持专项计划。京东白条与信用卡类似，具有先消费后还款的特征，所以也被定义为一种类信用卡贷款的资产证券化产品。京东白条 ABS（asset-backed securities，资产证券化）产品的基础资产是京东的应收账款，其具有小额分散、信用较高的特点。如图 15.4 所示，发起人为京东世纪贸易，计划管理人为华泰资管，托管人为兴业银行，登记托管机构为中国登记结算深圳分公司。京东对此次 ABS 产品进行了分层，一期优先级债券评级为 3A，发行规模 6 亿元，预计年化收益为 5.1%；二期优先级债券评级为 3A，发行规模 9 亿元，预计年化收益为 4.7%。

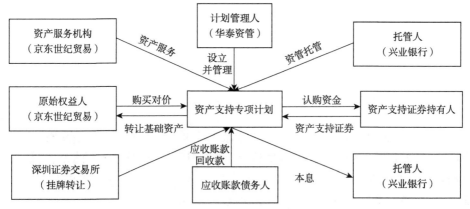

图 15.4　京东白条应收账款债权资产支持专项计划交易结构图

分期乐资产支持证券产品。2016 年 1 月 20 日，分期乐旗下嘉实资本–分期乐 1 号资产支持证券（以下简称分期乐 ABS）登陆上海证券交易所发行并完成资产交割。此次 ABS 产品发行规模为 2 亿元，其基础资产为分期乐商城的分期消费债权，具有真实、分散、小额的特点，资产质量高。如图 15.5 所示，分期乐 ABS 在发行过程中，招商证券担任财务顾问，招商银行为托管人，嘉实基金子公司嘉实资本为计划管理人，中合中小企业融资担保股份有限公司为优先级提供增信，中诚信国际信用评级有限公司担任评级机构，君合律师事务所为外聘律所，亚太（集团）会计师事务所有限公司则提供审计意见。分期乐 ABS 产品进行了分层，优先级评级为 3A，发行利率为 5.05%。

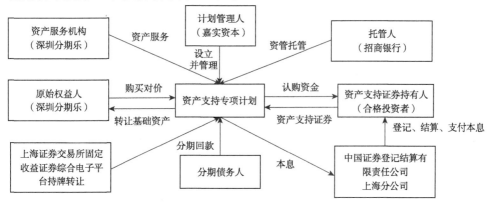

图 15.5　分期乐 ABS 专项计划交易结构图

其次，监管规定债权众筹平台的资金必须放在银行存管，这在一定程度上促使了债权众筹公司与第三方金融机构加深合作，同时债权众筹平台也引入了银行机构的风控体系和操作要求，如积木盒子与民生银行合作，平台的交易流水银行都会详细记录，平台也必须实时公布相应信息，并把投资方向、借贷信息等发给投资人，因此对互联网平台的合规化和透明化起到重要的作用。

债权众筹平台和传统金融机构在业务上也逐渐加强了合作，引入金融机构的资金和产品，降低平台借款人的借贷成本，提供更加安全保险的理财产品，保证投资人的收益。以91金融为例，91金融从诞生起就拥有"互联网+金融"两种行业的属性，运用大数据和云计算，满足普通人和中小企业的金融服务需求，弥补传统金融的普惠金融服务短板，并进一步提升传统金融机构的运营效率，合理配置资源。91金融已经建立了一个以91金融云和91金融开放平台为基础的在线金融产品与服务导购平台——91金融超市、面向中小企业理财服务的91增值宝、打通资产证券化市场的互联网直接理财平台91旺财、面向二级市场的互联网证券业务91股神、面向金融从业者的专属信息平台91金融圈。

如图15.6所示，91金融所打造的金融生态系统解决了传统金融体系流动性和风险控制的问题，让金融需求对接更精准、流动性更快，让金融资产定价更合理，让风险控制更有效。最终帮助中小企业及传统金融机构，更加高效地实现金融交易，促进金融体系的繁荣，促进实体经济的昌盛。

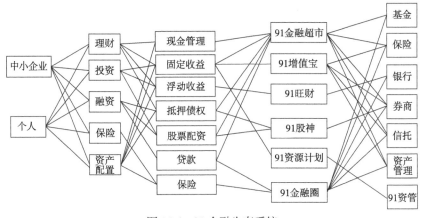

图 15.6　91 金融生态系统

与银行、基金公司在内的金融机构建立联系与合作的时候，还可以在自有平台上帮助其构建直销银行等互联网金融产品的营销模式。也可以通过为互联网金融企业提供专业化IT支撑，掌握众多债权众筹平台资源，并凭借银行资源为其提供账户托管等专业金融辅助服务。可为平台上的各参与方提供经营决策支持，构造起新的行业生态产业链。

最后，与资产管理的合作可以帮助债权众筹平台拓展业务增长点。传统的资产管理行业圈子封闭、效率低下、获客成本高、机构之间信息严重不对称、套利价差巨大，总体上缺乏高效、通畅的信息传导机制，市场资源极度割裂。但资产管理业务具有巨大的市场容量和众多的客户需求，同时，资产管理行业的各方均有动力推动资产流转速度的加快。另外，在利率市场化背景下，金融机构将资产出表可产生利差收益，实现利息收入向中间收入的转变。资产交易与服务，必将成为重中之重。互联网金融平台设立资产转让平台，服务于泛资产管理行业，以信息的流动带动资产的流动，抹平人的因素的阻碍，资产流转业务市场空间巨大。

互联网金融平台为金融机构提供全方向的结构融资服务、居间撮合交易业务，以及通道业务，包括 PPP（public-private partnership，政府和社会资本合作）项目融资、资产证券化、私募股权投资、非标资产投资、供应链金融、股权质押等。例如，对于 PPP 项目，整合同业及企业资源，在资金与项目对接方面提供相应信息；通道业务可以为金融机构提供出表服务，在合规前提下，改善经营指标；资产证券化是监管层主导的盘活存量资产，缓释同业信贷风险的重要手段，市场空间巨大。互联网金融平台可以在资产证券化系统开发、互联网信贷资产组织、风险计量及定价模型研发、互联网分销等方面提供服务。

传统行业和 P2P 公司的合作也可以促进传统金融行业的改革升级。债权众筹平台公司可以作为传统金融服务机构的补充，面对中小企业借贷困难、短期资金缺乏、金融红利难以普及等问题，互联网金融平台可以以自身的技术优势和借贷效率弥补传统金融的漏缺。互联网金融平台可以通过线上化，帮助银行、券商等金融机构有效解决信息不对称问题，降低沟通和实施成本。在此过程中，互联网金融平台可以打造相应系统模块建立进行银团贷款业务的交流、撮合与贷后跟踪功能，充分整合平台上现有的资源。金融机构既可以作为项目提供方和牵头方，也可将他方提供的项目作为备选。原来债权众筹平台业务与金融机构的合作不多，但债权众筹的优势会慢慢吸引银行、基金等金融机构的参与，有利于形成互补双赢的局面。

15.2.3　大数据在债权众筹行业的应用分析

在实证分析当中，第 10 章在问卷的结构方程分析当中，突出了客户体验与对平台信用这两个维度对于用户决策的重要性；在第 13 章 Logistic-Logistic 模型显示借款人的信用评级、工作年限两个因素是能够显著影响借款人违约行为的客观因素，更显示了客户的微观信息可以强化客户的违约预警。而利用大数据，一方面，可以实现多维度，丰富信息量的引入（如网络社交、网络消费等重要的相关因素），建立完善的风险预警体系及征信系统，提高客户对平台的信用并降低平台的借款成本，另一方面可以引入对个体数据分析判断，进行定向营销，推动规模的快速发展。

（1）利用大数据进行风控是债权众筹公司提升服务安全的重要手段。债权众筹通过大数据来挖掘资质合适的借款人，利用借款人的授权提供和债权众筹平台自身搜集的信息，可以建立一个巨大且永久的数据库，通过该数据库债权众筹平台能够更加准确和高效的对借款人进行审核，这对于以风控为核心的债权众筹平台而言是至关重要的。

运用大数据进行信用征信，主要基于三个维度进行分析，包括个体状况、网络社交行为和网络购物行为及电子账户资金流水。

在个体状况的分析中，利用大数据可以对借款人填报的个人工作状况、教育背景、收入情况的真实性进行有效分析，通过互联网的日常关注与访问行为，以及社交软件关系圈信息的提取能够较为准确的判断借款人的身份是否真实、是否具有基本的还款能力，有效排除恶意借款的发生。在网络社交行为的分析中，由于人们目前对于社交软件的依赖远高于对于电话与短信的需求，通过对借款人网络社交的好友数量、发帖内容等因素进行信用评估，能够有效地确定借款人的违约风险。通过对网络购物行为及电子账户资金流水的分析，可以获得借款人资金状况与消费能力的重要信息，并在此基础上进行信用评估。举例来看，京东商场推出的京东白条业务，可以使消费者最多申请 1.5 万元的个人贷款用于京东商城购物的支付，京东白条类似于虚拟信用卡，但与银行发放信用卡烦琐的审核程序不同，京东完全根据以往的购物行为来授予信用额度。在网络平台中，积木盒子、拍拍贷等债权众筹平台也在通过个人消费标的、主打网商标的和网购标来间接搜索网络购物行为与网络购物信息，着力构建网络购物行为数据库。

此外，利用大数据与复杂算法模型，玖富旗下多款产品陆续实现了人脸识别功能，这一技术手段的应用有效降低了欺诈行为发生的风险，同时提高了审核效率。对于 P2P 平台来说，已有的数据质量与数据透明度是平台发展的重要因素，由于目前投资人对标的品质的要求越来越高，为满足投资人需求，需要高质量的数据做支撑，因此，P2P 网络借贷平台需要在数据挖掘方面布局，壮大平台进行数据清洗、加工、利用的能力。

（2）债权众筹平台应用大数据，使得业务扩张的规模化速度大大提高，同时实现了定向营销。2014 年 4 月，宜人贷推出了国内首款大数据信贷产品——"极速模式"。该产品的主要目标是为具有"充分互联网行为"的人群提供的手机借款服务。在"极速模式"下申请借款的客户，需要满足两个条件：①拥有信用卡及接收信用卡电子账单的邮箱；②拥有电商网站的账号及真实的交易记录。进一步，宜信公司采集信用卡账单及电商网站信息，结合用户提供的个人信息，将全部数据放入后台的反欺诈系统，反复交叉验证用户数据，将其作为判断是否授信及衡量授信额度的依据。目前，"极速模式"已经达成"3 分钟授信，10 分钟审核，最快当天到账、最高 10 万元额度的快速借款。目前累计放款突破 9 亿元，为超过百万的用户提供了信用评估服务。因此，在债权众筹中，大数据不仅有助于迅速锁定目标人群，同时极大地提高了规模化的速度。

（3）大数据的应用能够实现债权众筹的场景化转型。随着债权众筹行业的入局者越来越多，同质化竞争加剧的状况不可避免。债权众筹平台必须寻找新的差异化发展路径。在服务手段上，债权众筹平台可以通过大数据实现精准营销。通过不同特征将服务群体进行分类，再设计满足这个类别需求的产品，或者将已有产品推荐给可能接受它的最优客户，充分满足客户的需求。大数据背景下，产品研发打破了传统的生产线，逆向的通过确定的需求量来进行产品的生产，能够避免传统模式下生产过剩与供不应求的情形。

大数据技术能够将客户电脑端和移动应用端的数据全面结合起来，通过追踪、搜集、分析客户线上的浏览历史，分析客户所处的情景状况、产品需求与资金盈余情况，在推出产品时就可以精准匹配需求。例如，闪银公司利用深入的数据挖掘和数据建模，开发了用户的兴趣标签、人脉标签和用户社交重要性指标，形成了不同的产品提供给不同用户，同时将服务推广到58同城、宝驾租车和小猪短租等应用领域。债权众筹的场景化转型不仅是债权众筹公司实现差异化发展的必然选择，而且也是企业进入蓝海市场，占据市场定价权的重要途径。

大数据有以下几个方面的不足。大数据只能代表过去的表现；投资人可利用的数据太少，而且有时间局限，时间不够长，缺乏连贯性。大数据各个孤立的因素是相互支撑的，但相互关系并非因果关系。

就目前来说，互联网债权众筹平台完全依赖大数据还是欠缺火候的。大数据要尽量收集更多的非相关数据，来计算这些数据的相关性，这必然会带有极大的成本和结果的不确定性。成本大是因为数据收集成本和整理成本都很高；结果不确定是因为都是非相关数据，在之前是很难确定这些数据是否是相关性的，这需要不断碰撞和测试，不但耗费成本，而且很可能穷尽之后发现这些数据是不相关的，所以投入和产出经常极不对称。债权众筹结合大数据发展的道路还很漫长，对于大部分企业来说，现阶段并没有采集、分析大数据的实力。

15.2.4　债权众筹公司未来发展趋势——FinTech

债权众筹公司经过2012~2017年的快速发展，随着行业规模的进一步稳定，竞争的加剧，平台短平快的高速发展时期已经过去。对于债权众筹平台，革新技术不仅可以提高用户体验、完善平台安全机制、挖掘内部潜力、增加资产和资金的匹配效率，也可以围绕核心技术、形成产品解决方案、挖掘公司的新的业务线与利润增长点。

目前，众多的债权众筹平台已经加强了技术力量的投入，加强了债权众筹系统的输出，加快了内部系统的改造。为满足日益增长的资金资产撮合的需求，甚至是大量资金配置的要求，部分大型债权众筹公司仿照银行建立核心系统与资产管理系统，使平台的经营进一步走向合规化、标准化、常态化；另外，孵化出了一批以输出互联网金融综合解决方案为导向的企业。

以深圳前海九慧金服科技有限公司（以下简称九慧金服）为例，其前身脱胎于高阳金信网络金融部，他们多年学习银行的核心系统经验，熟悉大型金融机构的业务、技术要求，IT 团队成员具有多年的金融 IT 项目实施经验及互联网金融业务运营经验，在银行核心、综合支付、网络投融资、客户营销等方面都积累了丰富的项目案例，且具有自主知识产权的产品线，同时在运维支撑、运营拓展方面也拥有完善的体系和技术方案。九慧金服提供的 9-BOX 互联网金融综合方案包，包括一系列标准化服务，如全资产状态平台的设立、大数据风控、前端直销银行或平台、综合支付、短信及增值服务等诸多功能。以技术为切入点增加平台客户黏性、实现财务顾问收入，以技术引导业务。目前，九慧金服已与多家银行及互联网借贷平台开展了业务合作。案例包括，国内某家股份制银行的债权众筹账户存管项目，目前有上市背景、国企债权众筹借鉴签约或意向签约十多家；某股份制银行的融资服务平台项目，实现全生命周期的资产交易管理与分销推动；与某省移动合作的手机贷系统与大数据营销模型建立;某城商行的直销银行系统；某大型债权众筹平台的资产管理系统；等等多个项目。

可视化的金融技术也是债权众筹平台发展不可忽视的一方面。在目前大数据时代海量信息的背景下，结构化与非结构化数据并行，如何从纷繁复杂的数据当中提炼出有效的数据，并且用合适的方式展示出来，是一个重要的问题。对于债权众筹平台而言，如果借贷的双方无法站在对方的角度考虑问题，很多交易将无法被撮合，债权众筹平台作为中介，需要利用数据可视化，带来更多数据关联价值，帮助借贷双方站在同一个平台上互相模拟、互相评估与互相决策。玖富通过旗下 Wecash 闪银云和自主开发的 bus 信用审核系统,将大数据信用评估模型应用于 40 余项数据、数千个数据点，为每个用户建立了立体的信用画像，使信用评估结果的准确性与可读性大大提高。

15.3　本　章　小　结

本章首先分析了债权众筹平台创新模式的发展背景，随着监管体系与规则逐渐完备，我国债权众筹行业走向监管透明化、行业竞争格局激化和投资人决策理性化。由于互联网金融市场上各平台竞争加剧，平台同质化水平严重，一些平台开始深挖资产源，寻求新的细分领域和新的创新点。其次分析了几个主要的债权众筹创新模式。从深挖资产、开拓资产源、与金融机构合作等方面分析了债权众筹的发展趋势，债权众筹平台正积极围绕客户需求来构建黏性的消费场景，形成个性化的资产产品，提高自身的竞争力。最后本章从三个维度——个体状况、网络社交行为和网络购物行为等分析了大数据对信用征信影响，提出先进科技技术的发展提高了债权众筹平台客户体验，提高了资产和资金的匹配效率，核心技术也将形成产品解决方案，挖掘公司的新的业务线与利润增长点。

本章以分析我国债权众筹的创新模式为主，旨在分析债权众筹平台未来的发展模式，未来债权众筹行业将向构建多元化、专业化、合法化的开放生态系统演进。

第四部分　互联网债权众筹市场风险管理的策略建议

第16章 互联网债权众筹市场发展的策略建议

监管法规不健全、征信系统不完善、电子合同效力不可保障，以及信用风险频发等问题是主要阻碍我国互联网债权众筹平台发展的绊脚石，然而这些问题的解决需要一个相对漫长的过程，不是一朝一夕能够取得效果的。市场环境的净化及这些问题的解决需要政府给予足够的重视和引导，同时也需要平台自身的努力和发展。针对前文中查阅文献和实际调研的材料，以及实证研究的结论，本章从我国互联网债权众筹平台监管和投资人投资两个角度出发，提出了以下几点策略建议。

16.1 互联网债权众筹市场监管的策略建议

1. 完善监管法律法规，统一网络借贷平台口径

总的来说，债权众筹行业的健康发展离不开法律法规和相关政策的支持及监管，因此政府及相关部门方面应当扶持该行业，给予行业发展创新的空间，通过不同的渠道支持行业发展。与此同时，也不能让监管滞后于发展，要提高违约成本，积极探索信息披露等内部管理方法，形成较好的监管体系。

在监管方面，必须先设置行业准入门槛，如初始资本设置、资金更名需要金融办审批等。具体而言，首先，网络借贷平台的服务范围应该得到明确的界定，避免有的借贷平台挂羊头卖狗肉。只有圈定了具体的服务范围才能更好地进行把关，制定超出服务范围情况下的处理办法，这样也有助于法律法规的有效实施。其次，平台在进行相关业务之前，应当事先取得开展该业务的牌照，以受到相应的法律保护。将债权众筹平台模式引入国内借贷市场最初的用意是希望借此模式搭建一个可以将借款人和投资人有效匹配并实现信息共享的平台，进而弥补目前

我国借贷市场在这方面的空缺。正因为如此，现阶段我国绝大多数的债权众筹平台所取得的是 API 网络牌照。然而债权众筹市场在国内生根发芽之后发展迅速，在面对市场内很大的融资需求的情况下债权众筹平台的数量呈现出爆炸式增加，与此同时，一些平台也另辟蹊径，不再简单的套用国外的运营模式。为了迎合国内市场的需要和提升核心竞争力，很多平台开始扩展业务的类型，逐渐向多元化发展。然而平台模式的分化及业务的延伸需要一定的行业框架进行约束，否则很容易触碰法律红线或者出现违规操作。所以，明确界定平台服务范围的重要性不言而喻。互联网金融规模很小，但风险传染比较快，所以必须出台监管政策。因为行业的特殊性，新的监管制度和不良企业的退出对行业的冲击和"马太效应"会比较明显。一些小平台可能需要付出更多的努力来减少新的监管制度和不良企业的退出给他们带来的影响，因此，有关部门应当给予这些小平台进行更多的关注和支持。

政府除了完善相关法律法规外，还应出台政府文件来统一债权众筹行业各平台的管理口径，鼓励平台之间的合作，促进平台之间风险分摊。例如，政府可以出台相关政策对其进行积极地引导，从平台层面规范市场行为，如明确平台的预付款、设置一定的平台借款利率等。对债权众筹行业的监管是一个需要不断比较、反复查漏补缺、逐渐走向完善的漫长过程。此外，债权众筹行业的发展参差不齐，一些平台本身实力强大，而另一些平台实力稍弱，因此监管要"因材监管"，对于本身运营已经规范的平台要提供创新空间，对于运营规范性弱的平台则要加强监管。此外，联合监管，即政府联合行业相关部门运用多种方式对债权众筹行业监管，将对我国网贷行业健康有序发展起到事半功倍的作用。

2. 优化服务内容，创新发展模式

目前来看，债权众筹平台服务内容的优化和创新主要落脚于两个方面，一是提供免费的手机 APP 服务。免费的手机 APP 服务更好地实现了网络借贷平台信息交换媒介的功能，提高了平台的运行效率，增加了平台的透明度。移动终端最大的优势是提供方便、快捷的服务，让使用者能够第一时间进行操作，加强了借款人和投资人之间的交流互动。网络借贷平台提供免费的手机 APP 服务，对于借款人，能够更加快捷地发布资金需求，在平台中表达自己的想法和感受；对于投资人，能够极大地降低投资交易的难度，更有利于投资人实时关注动态把握良好的投资机会；对于平台，能够方便、快捷地获取和发布更多的借款人和投资人的个人信息、交易信息等。二是提供投资组合建议。参与网络借贷平台交易的投资人大多是非金融专业人员，部分投资人抱着试试看的态度参与平台投资。在投资人缺乏金融专业知识的情况下，设置投资组合建议会给投资人带来极大的方便，也能够吸引投资人加入平台。网络借贷平台可为客户搭建交流平台，建立交流社区，并让有经验的员工成为交流社区的管理人员，管理人员在交流社区中充当基金经理的角色。一方面，交流社区为投资人和借款人提供了一个可以相互沟通、交流和交换信息的地方，同时，对于平台来说这种投资也是大有益处的，通过获取投资人和借款人之间的对话可以得到更多有关投资人和借款人的信息，有利于更准确的衡量投资者的风险偏好、借款人信用风险大小等；另一方面，社区管理人员可以为投资人提供投资建议，提高投资人决策的效率。

发展模式除借鉴国外模式外，也可以根据国内实际情况及互联网发展的大背景，秉持合规性、创新性、专业性、智能化和开放性原则发展。合规性是指互联网金融在一定监管约束和平台自律下的规范化发展；创新性是指借由互联网属性，形式超越传统金融的创新概念；专业性是指平台应当以专业的团队，进行专业的数据分析技术，互联网改变的是数据获取和分析的效率和准确性，而专业性可以减少数据获取和分析过程中人为风险和道德风险；智能化是指利用信息化手段使投资人方便快捷的借贷，并提供相关的决策支持服务，我国缺乏专业的投资人，市场中的个体投资人对金融产品本身的了解存在差异性和落后性，平台应当提供智能决策系统，包括对借款人行为分析、投资人个性化推荐、产品风险评估和定价等；开放性是指向通过合作进行优势互补，向外面输出资源的同时优化自身，利用债权众筹平台的特殊性成为未来的大数据平台。

3. 完善平台征信系统，降低信用风险

为了杜绝债权众筹平台跑路的现象就需要平台能够做到有效地控制信用风险，平台应注重积累征信数据，探索基于大数据技术构架的自身征信系统，加强平台的信用风险管理水平。在搭建信用评级体系方面，应该多借鉴国外成熟的信用评级体系，信用评级指标中应当囊括更多的用户基本信息，尤其是金融业务及信用方面的信息。评级模型应综合考虑借款人的基本信息、金融能力、信用等因素，考虑了这些因素之后，评级模型才更加具有可信度，从而模型能够有效降低信用风险及违约风险，同时也保障了投资人的资金安全。此外，在审核阶段，应当对用户进行多维度的实名认证，还可以加入社交化因素，加强资料的真实性。同时建议平台拥有线下的审核团队，对借款人进行实地调查，防止洗钱或诈骗情况的发生。我国目前主要涉及的是征信审查信用的阶段，即对用户资料的审核。未来应该主要构建对违约人的惩罚机制，如信用不够不能出国、信用不够不能乘坐公共交通等，而信用达到一定等级可以获得一些优惠，如免签等。征信体系的建立还可以借助大数据的力量，在互联网技术和大数据技术日益成熟的今天，利用大数据分析平台交易主体，如借款人的信用行为，不仅可以评估借款人的信用风险，还可以对其未来的信用风险进行预测，而且大数据技术可以保证评估和预测结果的准确性和可靠性。大数据在债权众筹行业中对信用风险评估的重要性不仅体现在海量数据上，还可以为信用风险评估和预测理论模型提供数据支持。同时，运用大数据技术，可以动态跟踪借款人在社交网络上的行为，建立动态及更

新的借款人行为数据库，可以更好地评价借款人的信用等级。

4. 加强平台信息披露，便于投资人决策

信息披露是债权众筹平台亟须完善的地方，债权众筹平台在网站上不仅需要披露平台自身的信息，如公司基本信息、运营模式及情况、团队成员，以及风控体系等，还需要公布借款人和投资人相关信息，如实时更新借款人的借款信息、定期公布平台参与双方的特征等。最为重要的是平台应定期公布资金回报率和逾期率等数据，为用户提供充分的信息使他们更好地做出决策判断。本章研究表明，信息披露会影响客户体验和信任程度，因此加强平台信息披露，有助于提升客户满意度，加大客户黏性。为更好地做好信息披露工作，平台应设立专门的部门负责信息披露事宜，信息披露不仅是指向投资人披露，也应向行业协会、合作机构，以及监管部门披露。但在信息披露的同时，应当注意保护借款人的隐私。此外，在规范平台自身运营，加强信息披露的同时，应当实现政府、媒体和教育三位一体化。即进行用户教育，加深对债权众筹平台的认识，举办合规的教育、下社区宣讲等活动，如行业协会举办的打击非法集资活动等。媒体也需要报道一些典型的值得传播的消息，引导公众正确认识债权众筹平台存在的风险。

5. 改善风险承担机制，提高平台安全技术

在目前的市场环境下，投资人独自承担着较大的风险。为了降低投资人的投资风险，平台可以将出现的不良贷款进行打包出售给专业的催收机构，从而尽可能减小投资人损失。除此之外，也可以利用"同一借款人的风险分享"，也就是同一借款人的借款由多个投资人共同分担，也就是说，同一投资人的资金不会完全分配给一个借款人，而是通过资金分散为小份的方式分别分配给不同的借款人，这样实现了损失分担，降低了风险造成的影响。

在技术方面，平台可以借用先进的互联网技术来加强数据库保护，在增强平台可操作性的同时，也对平台的稳定性和安全性进行了保障。而且，因为债权众筹行业离不开互联网技术的支撑，所以行业可以制定统一的技术标准，运用多种技术和手段对风险易发模块进行检测，对漏洞及时进行维护，以保障系统运行的稳定性。同时可以运用先进的加密技术对客户资料进行加密，确保客户的隐私安全。

16.2　互联网债权众筹市场投资的策略建议

互联网债权众筹市场主要需要预防平台跑路风险和借款人违约风险，因此，本节主要从防范平台跑路风险、细化投资资金和关注宏观经济环境三个方面提出

互联网金融债权众筹市场投资策略建议。

1. 有效识别问题平台，防范平台跑路风险

上千家债权众筹平台跑路关闭，主要原因是庞氏骗局、经营不善和借款人违约。在投资人投资之前，挑选出一家可靠的平台非常重要。本章建议投资人可以从以下几点识别债权众筹平台：①考察注册地址。一些问题平台的注册地址是任意填写的，并不是真实的信息，如果有可能可以实地考察平台的注册地址。②平台第三方合作机构的性质。平台第三方合作机构从侧面反映了平台的资金实力和管理水平，是平台的隐性信用。如果平台的第三方合作机构是国有企业、商业银行、上市公司，那么平台的管理水平相对较高，风险防范相对比较严格，在这样的平台投资会相对安全。③平台透明化程度。在我国互联网债权众筹平台披露的信息主要包括平台的财务信息、项目信息和借款人详细信息。考量平台的信息透明程度，主要参考平台是否及时披露了这些信息，并且对平台披露的这些信息进行判断，因为有时借款人披露的信息有可能是虚假的信息。因此，借款人不仅要看到平台披露的信息，还要对这些信息做出合理的判断。④谨慎考虑高利率平台和高利息秒标平台。一些问题平台为了吸引投资人上当，可能会设置高于其他平台利率的项目，或者是设置秒标项目，制造大量投资人参与平台交易的假象，欺骗投资人投资。对于高利率和秒标的平台，投资人应谨慎投资。⑤警惕超短期项目过多的平台。互联网债权众筹平台的投资期限分布在 1 个月到 3 年的时间不等，为了防范违约风险，平台一般都会设置不同期限的项目，而不仅仅设置 3 个月以内或者 1 年以内的超短期项目。因此，投资人应警惕超短期项目的骗局。⑥平台交易费用，债权众筹平台作为信息中介，在监管部门禁止设立资金池和禁止平台介入投融资项目时，平台不能从利差获得收益，只能从交易费用或者中介服务费用获得收益，低额的交易费用不能保证平台长期存续，因此，投资人在选择平台时要选择交易费用相对合理的平台。

2. 妥善管理投资资金，分散投资违约风险

债权众筹平台的投资人之间不仅有竞争关系，也有相互合作关系。一方面，为了避免损失，投资人往往会选择投资信用评级高的借款人或者项目，这样债权众筹平台的投资人之间就存在了竞争关系，他们需要竞争信用评级高的借款人的借款项目，这样的项目风险相对较低，对应的收益也相对较低。

另一方面，债权众筹平台的投资人之间存在合作关系，多个投资人投资某个高风险高收益项目，投资人之间分摊借款人违约风险。这样投资人既可以投资风险低收益低的项目，也可以投资风险相对较高、收益相对较高的项目。基于以上分析，平台投资人可将投资资金分为多个部分，对不同信用等级的借款人进行分散投资，一方面能够有效降低某个借款人违约带来的违约损失，另一方面能够投

资信用等级低的借款人，收取较高的利息，获得较高的收益。

3. 理性投资平台项目，谨防任意盲目跟投

在债权众筹市场存在羊群效应，投资人在平台投资应理性投资，不能进行盲目跟投。与传统金融市场相较，平台提高了信息透明度，但是依然会因为信息不对称，存在逆向选择和道德风险，如债权众筹平台不会提供借款人资金使用流水等信息。因为借款人可能提供的信息不全面，或者借款人提供虚假的信息，在进入平台之前和在平台投入资金之前，应根据搜集到的信息对平台和平台中的借款人进行合理的判断。为了获取利益，平台或者借款人会公布少量信息或者公布虚假信息，投资人应在平台中理性投资，对平台提供的信息进行有效甄别，谨防不经过合理判断，将资金投入风险高而参与投资人多的项目，防范被平台虚假信息蒙骗造成的财产损失。

4. 关注宏观经济环境，预防大面积违约风险

实时监测宏观环境变化，如宏观经济基本面 GDP 变化，宏观环境变化会影响借款人的还款能力和投资人的投资金额，进而影响平台的发展，因此要监测宏观环境变动。当宏观经济环境发展稳健时，宏观经济波动对债权众筹市场会产生正向影响，但是影响不大。当宏观经济发展萧条时，会影响企业的经营情况和借款人资金的收益情况，最终必然会影响互联网债权众筹市场，出现借款人大面积违约的现象，带来社会恐慌。因此，在互联网债权众筹市场投资要密切关注宏观经济环境变化，在经济萧条期时，应慎重在平台投资。避免平台受到宏观经济环境的影响，产生大量违约，严重危害投资人的经济财产安全。

目前，我国互联网债权众筹市场处在规范化蜕变的时期，各个方面需要整合，向着更加合规化、功能单一化的方向发展。作为传统金融市场的补充，对于互联网债权平台应严格遵守相关制度规范，经营更加合规，更好地发挥在市场中的作用。对于投资人，应在债权众筹市场谨慎投资，对平台和借款人或者项目应做出理性判断，谨防跟风盲目投资造成的财产损失。

16.3　本章小结

根据以上的理论与实证研究，本章分别提出了平台风险管理策略建议和投资人投资建议。其中，互联网债权众筹市场风险管理策略建议为：在国家层面，应加强宏观行业监管和互联网金融公司的企业审核，完善行业指导政策及规范法规，加强互联网债权众筹市场征信体系的建设，促进借贷市场中征信数据的共享和开发，平衡传统行业与互联网金融行业的共同发展，保护金融借贷体系的安全性和

规范性。在互联网债权众筹平台层面，要着重建立科学有效的信用风险评估体系，加强对用户的资料审核力度，完善对用户的征信工作、资金链的管理工作，积极建立有效的贷后监督机制、违约追索机制和惩罚机制，提高平台的安全技术。同时，互联网债权众筹市场的投资人在投资的过程中，应分散化投资，不仅仅要关注平台的发展情况、借款人的信用资质，也要关注宏观经济环境变化。因此，本章从分散投资、平台、借款人和宏观经济环境四个方面提出了投资策略建议。

参 考 文 献

蔡炎宏, 刘淳, 张春霞. 2014. P2P 网贷平台的定价策略研究——基于垄断条件下的建模分析. 投资研究, 33（4）: 4-15.

陈初. 2010. 对中国 "P2P" 网络融资的思考. 人民论坛·学术前沿, （302）: 128-129.

陈冬宇. 2014. 基于社会认知理论的 P2P 网络放贷交易信任研究. 南开管理评论, 17（3）: 40-48, 73.

陈静俊. 2011. P2P 网络借贷: 金融创新中的问题和对策研究. 科技信息, （13）: 812, 765.

陈丽. 2016. P2P 借款人信用风险研究. 华东政法大学硕士学位论文.

陈霄. 2014. 民间借贷成本研究——基于 P2P 网络借贷的实证分析. 金融经济学研究, 29（1）: 50-58.

陈霄, 叶德珠. 2016. 中国 P2P 网络借贷利率波动研究. 国际货币评论, （40）: 180-201.

冯军政, 陈英英. 2013. P2P 信贷平台: 新型金融模式对商业银行的启示. 新金融, （5）: 56-59.

傅晓锋. 2013. P2P 网贷平台的现状及其风险. 中国商贸, （32）: 77-80.

龚鹏程, 臧公庆. 2014. 美国众筹监管立法研究及其对我国的启示. 金融监管研究, （11）: 42-60.

顾慧莹, 姚铮. 2015. P2P 网络借贷平台中借款人违约风险影响因素研究——以 WDW 为例. 上海经济研究, （11）: 37-46.

郭亚维, 刘晓霞. 2012. 文本分类中信息增益特征选择方法的研究. 计算机工程与应用, 48（27）: 119-122.

侯雯雪. 2015. 我国 P2P 网络借贷问题研究. 山东财经大学硕士学位论文.

胡海青. 2015. 信息不对称下 P2P 网络借贷投资者行为的实证. 中国流通经济, （10）: 49-55.

胡旻昱, 孟庆军. 2014. P2P 网贷平台发展中的风险及其系统分析. 武汉金融, （6）: 45-48.

黄志艳. 2013. 一种基于信息增益的特征选择方法. 山东农业大学学报自然科学版, 44（2）: 252-256.

贾丽平, 邵利敏. 2015. P2P 网络借贷的监管边界: 理论探讨与中国的检验. 经济社会体制比较, （3）: 175-184.

俱思蕾. 2015. 我国 P2P 网络借贷平台的风险管理与规范研究. 山西财经大学硕士学位论文.

李鹏飞. 2015. 浅析国内 P2P 网贷平台现状. 新经济, （2）: 21-22.

李雪静. 2013. 众筹融资模式的发展探析. 上海金融学院学报, (6): 73-79.

李焰, 等. 2014. 借款人描述性信息对投资人决策的影响——基于P2P网络借贷平台的分析. 经济研究, (S1): 143-155.

廖理, 吉霖, 张伟强. 2015. 借贷市场能准确识别学历的价值吗?——来自P2P平台的经验证据. 金融研究, (3): 146-159.

林南. 2002. 建构社会资本的网络理论. 国外社会学, (2): 18-37.

刘征驰, 赖明勇. 2015. 虚拟抵押品、软信息约束与P2P互联网金融. 中国软科学, (1): 35-46.

刘志坚, 吴珂. 2014. 众筹融资起源、发展与前瞻. 海南金融, (6): 77-81.

卢馨, 李慧敏. 2015. P2P网络借贷的运行模式与风险管控. 改革, (2): 60-68.

鲁钊阳. 2016. P2P网络借贷能解决农户贷款难问题吗? 中南财经政法大学学报, (2): 149-156.

马朝良. 2016. 中小企业创新项目众筹模式选择及定价机制研究. 中国科学技术大学博士学位论文.

钮明. 2012. "草根" 金融P2P信贷模式探究. 金融理论与实践, (2): 58-61.

钱金叶, 杨飞. 2012. 中国P2P网络借贷的发展现状及前景. 金融论坛, (1): 46-51.

宋丽平, 张利坤, 徐玮. 2015. P2P网络借贷个人信用风险评估. 财会月刊·全国优秀经济期刊, (35): 94-96.

宋鹏程, 吴志国, 赵京. 2014. 投融资效率与投资者保护的平衡: P2P借贷平台监管模式研究. 金融理论与实践, (1): 33-38.

孙同阳, 谢朝阳. 2015. 基于决策树的P2P网贷信用风险评价. 商业经济研究, (2): 81-82.

谈超, 王冀宁, 孙本芝. 2014. P2P网络借贷平台中的逆向选择和道德风险研究. 金融经济学研究, (5): 100-108.

唐艺军, 葛世星. 2015. 我国P2P网络信贷风险控制实证分析. 商业研究, (10): 64-72.

田俊领. 2014. 我国P2P网络借贷发展现状及其监管思考. 金融理论与实践, (12): 104-108.

田利辉, 王冠英. 2014. 我国股票定价五因素模型: 交易量如何影响股票收益率? 南开经济研究, (2): 54-75.

王欢, 郭文. 2014. P2P的风险与监管. 中国金融, (8): 52-53.

王会娟, 廖理. 2014. 中国P2P网络借贷平台信用认证机制研究——来自 "人人贷" 的经验证据. 中国工业经济, (4): 136-147.

王朋月, 李钧. 2013. 美国P2P借贷平台发展: 历史、现状与展望. 金融监管研究, (7): 26-39.

王艳, 陈小辉, 邢增. 2009. 网络借贷中的监管空白及完善. 当代经济, (24): 46-47.

王紫薇, 王银儿. 2012. 从巴塞尔协议的发展看国际金融监管改革趋势. 浙江金融, (2): 10-14.

温小霓, 武小娟. 2014. P2P网络借贷成功率影响因素分析——以拍拍贷为例. 金融论坛, (3): 3-8.

吴佳哲. 2015. 基于羊群效应的P2P网络借贷模式研究. 国际金融研究, (11): 88-96.

吴文丹. 2011. 我国中小企业网络融资发展对策探析. 现代商贸工业, 23 (9): 143-144.

吴晓光, 曹一. 2011. 论加强P2P网络借贷平台的监管. 南方金融, (4): 32-35.

肖铁. 2008. 基于 Agent 的 P2P 平台仿真. 西安电子科技大学硕士学位论文.

辛宪. 2009. P2P 运营模式探微. 商场现代化，（21）：19-22.

薛群群. 2013. 国内外 P2P 小额信贷企业运营模式研究及实例分析. 中央民族大学博士学位论文.

杨姗媛. 2014. P2P 借贷平台的信息安全风险分析. 现代经济信息，（1）：283-285.

杨之曙，姚松瑶. 2004. 沪市买卖价差和信息性交易实证研究. 金融研究，（4）：45-56.

叶湘榕. 2014. P2P 借贷的模式风险与监管研究. 金融监管研究，（3）：71-82.

于秀. 2013. 给 P2P 网贷上个安全阀. 理财，（1）：23.

俞林，康灿华，王龙. 2015. 互联网金融监管博弈研究：以 P2P 网贷模式为例. 南开经济研究，
　　（5）：126-139.

岳朝龙，储灿春. 2010. 股市波动、金融政策和宏观经济关系研究——基于因子 VAR 模型. 广
　　东金融学院学报，（6）：3-16.

岳中刚，周勤，杨小军. 2016. 众筹融资、信息甄别与市场效率——基于人人贷的实证研究. 经
　　济学动态，（1）：54-62.

张玉梅. 2010. P2P 小额网络贷款模式研究. 生产力研究，（12）：162-165.

赵精武. 2013. P2P 网络借贷的债权人保护问题. 法制与社会，（23）：64-66.

赵尚梅，孙桂平，杨海军. 2015. 股票期权对股票市场的波动性分析：基于 Agent 的计算实验金
　　融仿真角度. 管理工程学报，（1）：207-215.

庄雷，周勤. 2015. 身份歧视：互联网金融创新效率研究——基于 P2P 网络借贷. 经济管理，（4）：
　　136-147.

Allen F，Gale D. 1991. Arbitrage，short sales，and financial innovation . Econometrica，59（4）：
　　1041-1068.

Altman E I，Saunders A. 1997. Credit risk measurement：developments over the last 20 years. Journal
　　of Banking & Finance，21（11-12）：1721-1742.

Anderson E，Weitz B. 1989. Determinants of continuity in conventional industrial channel dyads.
　　Marketing Science，8（4）：310-323.

Armstrong M. 2006. Competition in two-sided markets. The RAND Journal of Economics，37（3）：
　　668-691.

Ashta A. 2010. Advanced technologies for microfinance：Solutions and Challenges. Hershey：IGI
　　Global：185-187.

Ashta A，Assadi D. 2009. An analysis of european online micro-lending websites. Cahiers du
　　CEREN，29：147-160.

Atiya A F. 2001. Bankruptcy prediction for credit risk using neural networks：a survey and new
　　results. IEEE Transactions on Neural Networks，12（4）：929-935.

Barberis N，Thaler R. 2003. A Survey of Behavioral Finance. Holland：North Holland Publisher.

Berger A N，Udell G F. 1995. Relationship lending and lines of credit in small firm finance. Journal of

Business，68（3）：351-381.

Berger S C，Gleisner F. 2009. Emergence of financial intermediaries in electronic markets：the case of online P2P lending . Business Research，2（1）：39-65.

Bhattacherjee A. 2002. Individual trust in online firms：scale development and initial test. Journal of Management Information Systems，19（1）：211-241.

Biais B. 1993. Price formation and equilibrium liquidity in fragmented and centralized markets. Journal of Finance，48（1）：157-185.

Blankespoor E A. 2012. The impact of investor information processing costs on firm disclosure choice：evidence from the XBRL mandate. Ph.D.Dissertation of Michigan University.

Bohme R，Stefanie P. 2010. Privacy in online social lending. National Conference on Artifical Intelligence：Velencia.

Bourdieu P. 1986. The Forms of Capital. New York：Taylar and Francis.

Richardson J. 1986. Handbook of Theory and Research for the Sociology of Education. Santa Barbara Greenwood Press.

Caillaud B，Jullien B. 2003. Chicken & egg：competition among intermediation service providers. Rand Journal of Economics，34（2）：309-328.

Ceyhan S，Shi X，Leskovec J. 2011. Dynamics of bidding in a P2P lending service：effects of herding and predicting loan success. International Conference on World wide web：547-556.

Chen D，Lai F，Lin Z. 2014. A trust model for online peer-to-peer lending：a lender's perspective. Information Technology and Management，15（4）：239-254.

Chen Y，Peng Y. 2002. An extended bayesian belief network model of multi-agent systems for supply chain managements. Berlin：Heidelberg.

Collier B C，Hampshire R. 2010. Sending mixed signals：multilevel reputation effects in peer-to-peer lending markets. ACM Conference on Computer Supported Cooperative Work：Savannah.

Crouhy M，Galai D，Mark R. 2000. A comparative analysis of current credit risk models. Journal of Banking & Finance，24（1）：59-117.

Denis D J，Mihov V T. 2002. The choice among bank debt，non-bank private debt，and public debt：evidence from new corporate borrowings . Ssrn Electronic Journal，70（1）：3-28.

Diamond D W. 1984 Financial intermediation and delegated monitor. Review of Economic Studies，51（3）：393-414.

Duarte J，Siegel S，Young L. 2012. Trust and credit：the role of appearance in peer-to-peer lending. Review of Financial Studies，25（8）：2455-2483.

Efron B，Hastie T，Johnstone I，et al. 2004. Least angle regression. Annals of Statistics，32（2）：407-451.

Emekter R，Tu Y. 2015. Evaluating credit risk and loan performance in online peer-to-peer（P2P） lending. Applied Economics, 47（1）: 54-70.

Eunkyoung L, Byungtae L. 2012. Herding behavior in online P2P lending: an empirical investigation. Electronic Commerce Research and Applications, 11（5）: 495-503.

Everett C R. 2015. Group membership, relationship banking and loan default risk: the case of online social lending. Banking & Finance Review, 7（2）: 1-31.

Fagiolo G, Roventini A. 2012. Macroeconomic policy in DSGE and agent-based models. Revue De Lofce, 124（5）: 67-116.

Fischer T, Riedler J. 2014. Prices, debt and market structure in an agent-based model of the financial market. Journal of Economic Dynamics & Control, 48（C）: 95-120.

Freedman S, Jin G Z. 2008. Do social networks solve information problems for peer-to-peer lending? Evidence from prosper. com. NET Institute Working Paper, 14: 8-43.

Freedman S, Jin G Z. 2014. The information value of online social networks: lessons from peer-to-peer lending. International Journal of Industrial Organization, （51）: 185-222.

Frerichs A, Schumann M. 2008. Peer to peer banking-state of the art. Institut für Wirtschaftsinformatik der Georg-August-Universität Göttingen, 2: 80.

Friedman J, Hastie T, Tibshirani R. 2010. Regularization paths for generalized linear models via coordinate descent. Journal of Statistical Software, 33（1）: 1.

Galloway I. 2009. Peer-to-peer lending and community development finance. Community Development Investment Center Working Paper.

Ganganwar V. 2012. An overview of classification algorithms for imbalanced datasets. International Journal of Emergirg Technology and Advanced Engineering, 2（4）: 2250-2459.

Garman S R, Hampshire R C, Krishnan R. 2008. Person-to-person lending: the pursuit of（more）competitive credit markets. International Conference on Information Systems: Paris.

Gefen D, Straub D W. 2003. Trust and TAM in online shopping: an integrated model. MIS Quarterly, 27（1）: 51-90.

Gefen D, Straub D W. 2004. Consumer trust in B2C e-Commerce and the importance of social presence: experiments in e-products and e-services. Omega, 32（6）: 407-424.

Gonzalez L, Loureiro Y K. 2014. When can a photo increase credit? The impact of lender and borrower profiles on online peer-to-peer loans. Journal of Behavioral & Experimental Finance, 2: 44-58.

Gorsky M. 1998. Mutual aid and civil society: friendly societies in nineteenth-century Bristol. Urban History, 25（3）: 302-322.

Grazioli S, Jarvenpaa S L. 2000. Perils of Internet fraud: an empirical investigation of deception and trust with experienced Internet consumers. IEEE Transactions on Systems, Man, and Cybernetics-Part A: Systems and Humans, 30（4）: 395-410.

Greiner M E, Wang H. 2009. The role of social capital in people-to-people lending marketplaces. ICIS 2009 Proceedings, 1: 29.

Hadlock C J, James C M. 2002. Do banks provide financial slack?. The Journal of Finance, 57 (3): 1383-1419.

Heng S, Meye T, Stobbe A. 2007. Implications of web 2.0 for financial institutions: be a driver, not a passenger. Beutsche Bank Research, Economics, 63 (1): 25-35.

Herrero-Lopez S. 2009. Social interactions in P2P lending. The Workshop on Social Network Mining and Analysis, 54 (33): 1-8.

Herzenstein M, Andrews R L. 2008. The democratization of personal consumer loans? Determinants of success in online peer-to-peer loan auctions. Bulletin of the University of Delaware, 15 (3): 274-277.

Herzenstein M, Dholakia U M, Andrews R L. 2010. Strategic herding behavior in peer-to-peer loan auctions. Journal of Interactive Marketing, 25 (1): 27-36.

Hodrick R J, Prescott E, C. 1997. Postwar U. S. business cycles: an empirical investigation. Journal of Money Credit & Banking, 29 (1): 1-16.

Hollis A, Sweetman A. 2001. The life-cycle of a microfinance institution: the Irish loan funds. Journal of Economic Behavior & Organization, 46 (3): 291-311.

Holsti O R. 1969. Content Analysis for the Social Sciences and Humanities. Boston: Addison-Wesley Publication Corporation.

Iyer R. 2011. Screening in new credit markets: can individual lenders infer borrower creditworthiness in peer-to-peer lending? AFA 2011 Denver Meetings Paper.

Jarrow R A, Turnbull S M. 1995. Pricing derivatives on financial securities subject to credit risk. The Journal of Finance, 50 (1): 53-85.

Klafft M. 2008a. Online peer-to-peer lending: a lenders' perspective. International Conference on E-Learning, E-Business, Enterprise Information Systems, and E-Government, 2(2): 371-375.

Klafft M. 2008b. Peer to peer lending: auctioning microcredits over the Internet. https://ssrn.com/abstrach=1352383.

Kumar R, Liu Y, Ross K. 2007. Stochastic fluid theory for P2P streaming systems. IEEE International Conference on Computer Communications: Barcelona.

Larrimore L, Jiang L, Larrimore J, et al. 2011. Peer to peer lending: the relationship between language features, trustworthiness, and persuasion success. Journal of Applied Communication Research, 39 (1): 19-37.

Lee E, Lee B. 2012. Herding behavior in online P2P lending: an empirical investigation. Electronic Commerce Research and Applications, 11 (5): 495-503.

Li B, Niu D. 2011. Random network coding in peer-to-peer networks: from theory to practice.

Proceedings of the IEEE, 99（3）: 513-523.

Lin M. 2009. Peer-to-peer lending: an empirical study. AMCIS 2009 Doctoral Consortium. San Francisco: 17.

Lin M, Prabhala N R, Viswanathan S. 2013. Judging borrowers by the company they keep: friendship networks and information asymmetry in online peer-to-peer lending. Management Science, 59（1）: 17-35.

Liu D, Brass D J, Lu Y, et al. 2015. Friendships in online peer-to-peer lending: pipes, prisms, and relational herding. MIS Quarterly, 39（3）: 729-742.

Lux T, Marchesi M. 1999. Scaling and criticality in a stochastic multi-agent model of a financial market. Nature, 397（6719）: 74-75.

Magee D J. 2008. Orthopedic Physical Assessment. New York: Elsevier Health Sciences.

Magee J R. 2011. Peer-to-peer lending in the United States: Surviving after Dodd-Frank. North Carolina School Banking Institute, 15: 139-172.

Malekipirbazari M, Aksakalli V. 2015. Risk assessment in social lending via random forests . Expert Systems with Applications, 42（10）: 4621-4631.

Mare D S. 2015. Contribution of macroeconomic factors to the prediction of small bank failures. Journal of International Financial Markets, Institutions and Money, 39: 25-39.

Matusik S F. 2014. A theoretical disaggregation and integration of crowdfunding: Crowd motives and engagement and their consequences. https://ssrn.com/abstract=2613517.

Mcknight D H, Choudhury V, Kacmar C. 2002. Developing and validating trust measures for e-commerce: an integrative typology. Information Systems Research, 13（3）: 334-359.

Meyskens M, Bird L. 2015. Crowdfunding and value creation. Entrepreneurship Research Journal, 5（2）: 155-166.

Ohlson J A. 1980. Financial ratios and the probabilistic prediction of bankruptcy. Journal of Accounting Research, 18（1）: 109-131.

Palvia P. 2009. The role of trust in e-Commerce relational exchange: a unified model. Information & Management, 46（4）: 213-220.

Paravisini D, Rappoport V, Ravina E. 2010. Risk aversion and wealth : evidence from person-to-person lending portfolios. Management Science, 63（2）: 279-297.

Petty R E, Cacioppo J T, Schumann D. 1983. Central and peripheral routes to advertising effectiveness: the moderating role of involvement. Journal of Consumer Research, 10（2）: 135-146.

Pinto J K, Slevin D P, English B. 2009. Trust in projects : an empirical assessment of owner/contractor relationships. International Journal of Project Management, 27（6）: 638-648.

Pope D G, Sydnor J R. 2011. What's in a picture? Evidence of discrimination from prosper.com.

Journal of Human Resources, 46 (1): 53-92.

Puro L, et al. 2010. Borrower decision aid for people-to-people lending. Decision Support Systems, 49 (1): 52-60.

Ravina E. 2012. Love & Loans: The effect of beauty and personal characteristics in credit markets. Ssrn Electronic Journal.

Rochet J C, Tirole J. 2003. Platform competition in two-sided markets. Journal of the European Economic Association, 1 (4): 990-1029.

Rousseau D M, Sitkin S B, Burt R S, et al. 1998. Not so different after all: a cross-discipline view of trust. Academy of Management Review, 23 (3): 393-404.

Schenone C. 2004. The effect of banking relationships on the firm's IPO underpricing. The Journal of Finance, 59 (6): 2903-2958.

Shapiro S P. 1987. The social control of impersonal trust. American Journal of Sociology, 93 (3): 623-658.

Shen J, Yan H, Zhang J. 2012. Collateral-motivated financial innovation. Ssrn Electronic Journal, 27 (10): 2961-2997.

Simon N, Friedman J, Hastie T, et al. 2011. Regularization paths for Cox's proportional hazards model via coordinate descent. Journal of Statistical Software, 39 (5): 1.

Singer H M, Singer I, Herrmann H J. 2009. Agent-based model for friendship in social networks. Physical Review E Statistical Nonlinear & Soft Matter Physics, 80 (2): 1-5.

Squazzoni F, Gandelli C. 2013. Opening the black-box of peer review: an agent-based model of scientist behaviour. Journal of Artificial Societies & Social Simulation, 16 (2): 3.

Stiglitz J E, Weiss A. 1981. Credit rationing in markets with imperfect information . The American Economic Review, 71 (3): 393-410.

Thomas L, Michele M. 2011. Volatility clustering in financial markets: a microsimulation of interacting agents. International Journal of Theoretical & Applied Finance, 3 (4): 675-702.

Tibshirani R. 1996. Regression shrinkage and selection via the Lasso. Journal of the Royal Statistical Society, 58 (1): 267-288.

Venkatraman N. 1989. The concept of fit in strategy research: toward verbal and statistical correspondence. Academy of Management Review, 14 (3): 423-444.

Wahid A N M. 1994. The Grameen Bank and poverty alleviation in Bangladesh: theory, evidence and limitations . American Journal of Economics & Sociology, 53 (1): 1-15.

Wang H, Greiner M E, Aronson J E. 2009. People-to-People Lending: the Emerging e-Commerce Transformation of a Financial Market. Americas Conference on Information System.

Weiss G N F, Pelger K, Horsch A. 2010. Mitigating Adverse Selection in P2P Lending-Empirical Evidence from Prosper.com. Social Science Electronic Publishing.

Wojciechowski A. 2009. Models of Charity Donations and Project Funding in Social Networks. Berlin：Springer.

Yum H，Lee B，Chae M. 2012. From the wisdom of crowds to my own judgment in microfinance through online peer-to-peer lending platforms. Electronic Commerce Research & Applications，11（5）：469-483.

Zhao H，Wu L，Liu Q，et al. 2014. Investment recommendation in P2P lending：a portfolio perspective with risk management. IEEE International Conference on Data Mining，2（1）：1109-1114.

Zou H. 2006. The adaptive Lasso and its oracle properties. Journal of the American Statistical Association，101（476）：1418-1429.

附　　录

债权众筹平台客户调查问卷

注：问卷中提到的债权众筹平台即为 P2P 网络借贷平台。

一、投资经历

1. 您目前使用的平台模式是（可多选）？

□传统模式：线上平台充当中介角色不介入资金往来

□债权转让模式：平台出资购买债权再拆分打包转让给投资人

□担保模式：平台或第三方为投资者提供本金（连带利息）担保

其他 _____

2. 您关注债权众筹的时间是？

□1 年以下　　□1~2 年　　□2~3 年　　□3~4 年　　□4 年以上

3. 这是否是您第一次体验债权众筹及其产品？

□是　　　□否

4. 您是否在使用债权众筹时蒙受过损失？

□是　　　□否

5. 您通过什么渠道了解债权众筹平台？

□网络搜索　　□广告宣传　　□朋友推荐

其他_____

6. 您周围是否有人投资和您相同或者交易模式相似的债权众筹平台？

□没有人　　□较少人　　□一些人　　□较多人　　□很多人

7. 您周围人是否有人投资债权众筹平台及其产品？

□没有人　　□较少人　　□一些人　　□较多人　　□很多人

8. 对于以下几种投资渠道，您的选择意愿是？

（1）债权众筹理财

□非常不愿意　　□不愿意　　□不一定　　□愿意　　□非常愿意

（2）银行储蓄

□非常不愿意　　□不愿意　　□不一定　　□愿意　　□非常愿意

（3）银行理财

□非常不愿意　　□不愿意　　□不一定　　□愿意　　□非常愿意

（4）购买基金、保险、券商理财产品、信托等

□非常不愿意　　□不愿意　　□不一定　　□愿意　　□非常愿意

（5）房地产投资

□非常不愿意　　□不愿意　　□不一定　　□愿意　　□非常愿意

（6）外币投资

□非常不愿意　　□不愿意　　□不一定　　□愿意　　□非常愿意

（7）您在投资过程中用到以上几种投资渠道？

□0　　□1　　□2　　□3　　□4 或 4 以上

9. 人们通常都是可信任的。

□非常不同意　　□不同意　　□不确定　　□同意　　□非常同意

10. 除了特殊原因，我一般都会信任别人。

□非常不同意　　□不同意　　□不确定　　□同意　　□非常同意

11. 收益率越高风险越大。

□非常不同意　　□不同意　　□不确定　　□同意　　□非常同意

二、信任因素

1. 我相信大部分债权众筹平台会确保交易信息的保密性。

□非常不同意　　□不同意　　□不确定　　□同意　　□非常同意

2. 我认可平台运作机制。

□非常不同意　　□不同意　　□不确定　　□同意　　□非常同意

3. 在选择借款人进行投标时，我对决策会产生好的结果十分自信。

□非常不同意　　□不同意　　□不确定　　□同意　　□非常同意

4. 借款人会诚实提供详细信息，平台会有效监督和核实信息。

□非常不同意　　□不同意　　□不确定　　□同意　　□非常同意

5. 平台会长期正常运作不会出现跑路。

□非常不同意　　□不同意　　□不确定　　□同意　　□非常同意

6. 平台上的借款人是值得信赖的，其行为符合预期。

□非常不同意　　□不同意　　□不确定　　□同意　　□非常同意

7. 平台有能力保护投资人的利益。
□非常不同意　　□不同意　　□不确定　　□同意　　□非常同意

三、风险因素

1. 大部分债权众筹平台运行状况良好，坏账率低。
□非常不同意　　□不同意　　□不确定　　□同意　　□非常同意

2. 通常债权众筹平台的信誉都有保障。
□非常不同意　　□不同意　　□不确定　　□同意　　□非常同意

3. 债权众筹平台信息披露机制完善。
□非常不同意　　□不同意　　□不确定　　□同意　　□非常同意

4. 债权众筹平台具有成熟的借款人审核条件及借款人信用评级体系。
□非常不同意　　□不同意　　□不确定　　□同意　　□非常同意

5. 您可以通过平台了解到必要的借款人信息、资金用途及还款保障。
□非常不同意　　□不同意　　□不确定　　□同意　　□非常同意

6. 平台具有第三方担保或者风险保证金或者资金托管。
□非常不同意　　□不同意　　□不确定　　□同意　　□非常同意

7. 平台没有第三方担保或者风险保证金或者资金托管也可以有效控制风险。
□非常不同意　　□不同意　　□不确定　　□同意　　□非常同意

8. 平台与商业银行合作会增加平台的安全性。
□非常不同意　　□不同意　　□不确定　　□同意　　□非常同意

9. 与借款人之间信息不对称现象。
（1）在还款能力上存在信息不对称
□非常不同意　　□不同意　　□不确定　　□同意　　□非常同意
（2）在还款意愿上存在信息不对称
□非常不同意　　□不同意　　□不确定　　□同意　　□非常同意
（3）在借款人信用资质上存在信息不对称
□非常不同意　　□不同意　　□不确定　　□同意　　□非常同意

四、收益因素

1. 您在债权众筹平台的投资金额是？
□1 万元以下　　□1 万~10 万元　　□10 万~30 万元
□30 万~50 万元　　　　□50 万元以上

2. 您在债权众筹平台投资的金额占储蓄比例是？
□低于 20%　　□20%~40%　　□40%~60%　　□60%~80%　　□80%以上

3. 您选择的产品平均年化收益率是?

□4%~8%　□8%~10%　□10%~15%　□15%~20%　□20%以上

4. 您认为债权众筹产品合理的平均年化收益率应该能保证在?

□4%~8%　□8%~10%　□10%~15%　□15%~20%　□20%以上

5. 您认为债权众筹产品的收益率比您的预期?

□难以接受　□较低　□相符　□较高　□非常高出预期

6. 您认为债权众筹产品的收益率比您了解的其他类型网络借贷平台相比?

□难以接受　□较低　□相符　□较高　□非常高出预期

7. 您认为债权众筹产品的收益率比您了解的其他投资渠道相比?

□难以接受　□较低　□相符　□较高　□非常高出预期

8. 债权众筹平台及产品手续费较低。

□难以接受　□较低　□相符　□较高　□非常高出预期

9. 您选择债权众筹平台时对投资项目借款期限及资金流动性是否满意?

□十分不满意　□不满意　□一般　□满意　□十分满意

10. 债权众筹平台自身拥有足够的利润空间?

□非常不同意　□不同意　□不确定　□同意　□非常同意

五、公司运营及平台服务

1. 您是否关注平台的交易模式或者盈利模式?

□非常不关注　□不关注　□一般　□比较关注　□十分关注

2. 您选择债权众筹平台时是否关注平台的成立时间?

□非常不关注　□不关注　□一般　□比较关注　□十分关注

3. 债权众筹平台具有一流专业背景高管团队。

□非常不同意　□不同意　□不确定　□同意　□非常同意

4. 平台拥有专业的产品、技术团队（产品经理、技术人员和设计师等）。

□非常不同意　□不同意　□不确定　□同意　□非常同意

5. 债权众筹平台通常操作便捷，流程简单。

□非常不同意　□不同意　□不确定　□同意　□非常同意

6. 债权众筹平台与用户的沟通及时有效。

□非常不同意　□不同意　□不确定　□同意　□非常同意

7. 平台能够保证交易信息在网络传输过程中不会由于发生意外而被改变或被破坏。

□非常不同意　□不同意　□不确定　□同意　□非常同意

8. 平台会提供有效的投资建议。

□非常不同意　□不同意　□不确定　□同意　□非常同意

六、用户反馈

1. 与您的预期相比，您现在选择的债权众筹平台产品是否满意？
□十分不满意　　□不满意　　□一般　　□满意　　□十分满意
2. 您选择的债权众筹平台已经尽其所能提供服务满足您的需要。
□非常不同意　　□不同意　　□不确定　　□同意　　□非常同意
3. 目前对于债权众筹理财不同的交易模式，您的选择意愿是？
（1）传统模式
□非常不愿意　　□不愿意　　□不一定　　□愿意　　□非常愿意
（2）债权转让模式
□非常不愿意　　□不愿意　　□不一定　　□愿意　　□非常愿意
（3）担保模式
□非常不愿意　　□不愿意　　□不一定　　□愿意　　□非常愿意
（4）其他_____
4. 我会长期投资债权众筹理财产品。
□非常不同意　　□不同意　　□不确定　　□同意　　□非常同意
5. 我打算以后继续选择这个债权众筹平台进行投资。
□非常不同意　　□不同意　　□不确定　　□同意　　□非常同意
6. 我会极力推荐其他人使用这个债权众筹平台。
□非常不同意　　□不同意　　□不确定　　□同意　　□非常同意
7. 我认为债权众筹平台规范性还有待提高。
□非常不同意　　□不同意　　□不确定　　□同意　　□非常同意
8. 我看好以后债权众筹平台的发展前景。
□非常不同意　　□不同意　　□不确定　　□同意　　□非常同意

七、个人信息

1. 您的性别是？
□男　　□女
2. 您的年龄是？
□18~29 岁　　□30~39 岁　　□40~49 岁　　□50~59 岁　　□60 岁以上
3. 您的文化程度是？
□高中/中专　　□大专　　□大学　　□硕士　　□博士
其他（请列明）：_____
4. 您参与工作的年数是？
□1 年以下　　□1~3 年　　□3~5 年　　□5~10 年　　□10 年以上

5. 您的年收入是?

□5 万元以下　　□5 万~10 万元　　□10 万~15 万元

□15 万~25 万元　　　　□25 万元以上

6. 您的工作是?

□学生　　□私营业者　□金融业从业人员　　□公务员